Visions et stratégies pour le développement de la Province du Sankuru, RDC

Dernières parutions de la Collection « Dossiers, études et documents » chez L'Harmattan

*Jean MPISI, *Ali-Foreman, le combat du (XXe) siècle,* septembre 2020, 568 pages.

*Mathias BUABUA wa Kayembe, *Droit économique congolais*, septembre 2021, 288 pages.

*Laurent KALOMBO Tsindela, *Propos autour de la littérature congolaise*, mars 2023, 436 pages.

*Ansoom Bwang Bazol Rogatien ONDAIN , *Paradigmes spatiaux et épuration des mœurs sociales congolaises dans Le Délégué Général de Mathias Buabua wa Kayembe*, mai 2023, 208 pages.

*Casimir ILUNGA Kasambay, *La publicité – Concepts et principes*, décembre 2023, 103 pages.

*Casimir ILUNGA Kasambay, *L'essentiel du marketing*, décembre 2023, 104 pages.

*Paul BAZAKANA Bayete, *Journaliste de Kinshasa à Paris,* décembre 2023, 122 pages.

*Paul BAZAKANA Bayete, *Dans l'ombre de Tabu Ley. Anecdotes et souvenirs*, janvier 2024, 188 pages.

*Erasme FUNDJI Ngungu, *Crise de l'enseignement en RDC. Politique et stratégies de sa résolution*, novembre 2024, 207 pages.

*Mathias BUABUA wa Kayembe, *Finances publiques congolaises. De l'orthodoxie et de la mobilisation des ressources*, novembre 2024, 92 pages.

Sous la direction de

Pierre-Claude OKONDJO WANDJA

Visions et stratégies pour le développement de la Province du Sankuru, RDC

L'Harmattan

Légende de la photo de couverture :

Effondrement du pont sur la rivière Lonya, route reliant la cité de Katako-Kombe et Lumumbaville, dans le territoire de Katako-Kombe, au Sankuru.

5-7, rue de l'École-Polytechnique - 75005 Paris

www.editions-harmattan.fr

ISBN : 978-2-336-52752-9
EAN : 9782336527529

Activités et œuvres de Pierre-Claude OKONDJO WANDJA

Le professeur Pierre-Claude OKONDJO WANDJA enseigne :

- à l'Institut Supérieur Pédagogique de Tshikapa (ISP-Tshikapa) et à l'Institut Supérieur Technique du Sankuru (IST-SAN), les cours de : *Informatique* et *Initiation à la recherche et à la rédaction d'un travail scientifique* ;

- à l'Institut Supérieur Pédagogique de Tshikapa (ISP-Tshikapa), également les cours de : *Marketing digital*, *Questions spéciales de Marketing* et *Problèmes pratiques de communication sociale* ;

- à l'Université de Kinshasa (UNIKIN), les cours de : *Théorie des organisations et ses différents courants de pensée* et *Élaboration et gestion de projets* dans la Faculté des Lettres et Sciences Humaines, au Département des Sciences de l'Information et de la Communication.

Chercheur de filière de l'information et de la communication, il a publié de nombreux articles.

Membre du Club des rédacteurs chez « AgoraVox »,

- il est l'auteur de : *La famille à l'épreuve de la culture télévisuelle. Repères pour un guide pastoral,* édition Edilivre-Aparis, Paris, 2010, 296 pages ;

- sous sa direction, il a été publié *Centenaire d'évangélisation de la paroisse de Katako-Kombe (1913-2013). Relecture de l'histoire pour la promotion de la nouvelle évangélisation,* édition Edilivre-Aparis, Paris, 2015, 374 pages.

Conseiller en communication, il est le promoteur de « *Sankuruvox TV* », une chaîne YouTube sur la province du Sankuru.

Le développement durable et l'émergence de la province rurale du Sankuru, sa province natale, constituent sa principale préoccupation.

À la mémoire du regretté Mgr Jean-Adalbert NYEME TESE

La vie sur terre est un passage, un pèlerinage. Les auteurs dédient ce travail à la mémoire du regretté Mgr Jean-Adalbert NYEME TESE, Chapelain de Sa Sainteté, le défunt pape Benoît XVI.

Mgr Jean-Adalbert NYEME a su mettre ses relations, sa célébrité, sa fortune intellectuelle et économique au profit de l'émergence et du développement durable du Sankuru à travers l'Université Notre-Dame de Tshumbe ainsi que ses extraordinaires réalisations.

Pilier du dévelopement, nous reconnaissons et saluons en lui les qualités d'un homme de travail, d'un prêtre modeste et entreprenant.

Puisse Jésus Miséricordieux prendre en pitié l'âme de son serviteur qui a été rappelé à Lui.

Requiescat in Pace !

Remerciements

Je suis sincèrement reconnaissant envers tous les contributeurs auteurs qui ont répondu avec entrain à la réalisation de ce travail d'équipe. Chacun d'eux a su fournir un travail intense, en sus des obligations personnelles, dans un temps relativement bref, sur un argumentaire complexe.

Nos contributions, soyons-en sûrs, auront un impact significatif sur le développement durable de la province rurale du Sankuru et permettront de donner naissance à d'autres initiatives semblables à son profit.

Cette façon de penser à la province rurale du Sankuru se veut désormais un accord de partenariat entre sankurois dans la détermination et la conjugaison des efforts pour sa prise en charge. Nous espérons poursuivre cette relation et la maintenir jalousement immaculée.

Je remercie également l'éditeur, L'Harmattan, qui a pris en charge la confection technique et la publication de l'ouvrage.

Professeur Pierre-Claude OKONDJO WANDJA

Directeur de l'ouvrage

Avant-propos

La province du Sankuru et les Atɛtɛla

À la suite du démembrement intervenu en République Démocratique du Congo en 2015 et de l'éclatement de la province historique du Kasaï-Oriental, le district du Sankuru se compte désormais parmi les nouvelles provinces. Il change ainsi son ancien costume et endosse un costume nouveau ; il devient la province du Sankuru, située au cœur du pays. Son chef-lieu est Lusambo. Cette nouvelle province compte six territoires administratifs : Katako-Kombe, Kole, Lodja, Lomela, Lubefu et Lusambo. Elle est habitée majoritairement par les Atɛtɛla dont la langue principale est l'Ɔtɛtɛla.

De l'anthropologie de la communication

Du point de vue communicationnel, entre les habitants du Sankuru, les différences sont de l'ordre du détail. Ɔtɛtɛla est la langue dont les locuteurs sont disséminés à travers les six territoires adminitratifs de la province et la plus diffusée. Elle est la langue d'unité, d'unification, du travail et du quotidien de la vie.

Se reconnaissant descendants d'un ancêtre commun du nom de Mɔngɔ, les Atɛtɛla sont des bantous d'Afrique centrale. Ils sont établis principalement dans la province du Sankuru et à l'Ouest de la province du Maniema, au Sud-Est du bassin du fleuve Congo, entre la rivière Lomami et le fleuve Congo, en République Démocratique du Congo.

De la vision d'un peuple

Chaque peuple doit se doter d'une vision spécifique afin de choisir son mode de vie, définir ses lignes directrices et chercher à se projeter dans un avenir rassurant.

Sous cet angle, la vision représente ici l'aboutissement souhaité et agit comme un phare alors que le peuple navigue à travers ses différentes opportunités et ses nombreux défis.

Le Sankuru n'est pas un village abandonné sans espoir ; il est plein d'opportunités. Celles-ci sont fondées sur l'amour patriotique, le don de soi et même le sacrifice suprême légués par les héros de la cause du peuple.

Issus d'un ancêtre commun, les Atɛtɛla se caractériseraient par l'unité et la solidarité. Car, sans l'unité et la solidarité, il n'y a ni choix ni orientation propre ; le risque est d'avancer à l'aveuglette, de prendre des détours sans jamais atteindre l'objectif souhaité. C'est pourquoi la vision de l'unité donne justement le ton à la réflexion stratégique du présent ouvrage, aux autres initiatives louables et aux voies et méthodes à adopter pour impulser le développement durable du Sankuru. En dépit de cela, une pédagogie de projet devient une nécessité.

De la pédagogie de projet

En tant qu'une pratique de pédagogie active, la *pédagogie de projet* a permis à un collectif de Sankurois de réfléchir ensemble afin de peaufiner des stratégies qui puissent permettre de générer à travers des recherches multisectorielles la réalisation d'une production concrète.

Ce projet est bien entendu d'essor commun. Il ne peut permettre de réaliser une production concrète socialisable qu'en intégrant des savoirs multidisciplinaires.

Pour cette raison, sous les lanternes de la pédagogie de projet, nous avons cherché à réunir plusieurs ressources et compétences intellectuelles au profit du développement durable du Sankuru. En d'autres termes, nous avons voulu nous rejoindre à l'unisson dans ce projet pour produire un résultat final transversal.

Pour tout dire, l'idée principale de notre méthodologie est de pouvoir relier des sujets qui, à première vue, n'ont rien en commun, afin que les potentiels acteurs du développement y trouvent plus de valeur à leurs actions.

La pédagogie de la vision

Vivre dans l'esprit visionnaire est une caractéristique d'un peuple mature.

La vision, en effet, est intentionnelle et stratégique. Elle rime avec passion. La passion entendue comme "amour intense". Et ici, il ne peut s'agir alors que de l'amour de la "patrie" ; mieux la passion ou l'amour intense de la province du Sankuru, notre "maison commune".

Si effectivement nous considérons le Sankuru comme la maison commune des Sankurois[1], il en va alors de la responsabilité collective, inclusive et provinciale des uns et des autres pour œuvrer à son émergence et son développement.

En fils du terroir, il n'est nul doute que le Sankuru post-colonial croupit dans la misère sociale, dans l'enclavement complet et la pauvreté la plus abjecte. Il est coupé du monde et du reste de la nation à cause de son sous-développement.

N'ayant pas d'accès à l'eau potable, la population du Sankuru ne bénéficie d'aucune énergie fiable et sûre. D'où l'élimination de tous ces maux ne s'avère pas seulement comme une nécessité économique. Elle exige aussi une responsabilité collective, inclusive et provinciale. Autrement, il y a risque que l'on s'habitue à un état de vie avilissant.

Ainsi, profondément touché par la dégradation du Sankuru, le panel des Sankurois en a procédé à la mise en place d'un échantillon de visions et de stratégies. À l'instar de Néhémie, ces fils du terroir racontent aux Sankurois comment la détermination et la bonne volonté peuvent faire émerger et développer la province rurale du Sankuru. À l'unisson, ils leur disent : "levons-nous, et bâtissons !" (Néhémie 2, 18). Puissent les Sankurois et les amis du Sankuru se fortifier dans cette bonne résolution.

En fait, cette exhortation n'est rien d'autre qu'un appel à l'auto-prise en charge des fils et filles du Sankuru afin que, par une conjugaison d'efforts singuliers, ils puissent parvenir à bâtir leur province. Car le Sankuru périt, et le peuple trime !

Le reconnaitre ainsi signifie que, avant de compter sur autrui ou d'en appeler à Dieu, cet échantillon de Sankurois estime qu'il faut de prime abord savoir fournir les efforts nécessaires. Autrement dit, au lieu de se plaindre de la dégradation du Sankuru et de la précarité sociale, il sied de s'examiner, de faire amende honorable et de tenter toutes les solutions possibles. C'est la sagesse et l'intelligenece d'un proverbe bien connu : “aide-toi, le ciel t'aidera”.

C'est la raison pour laquelle, à partir de l'urgence d'une mise en commun de certaines réflexions et visions, le panel des Sankurois est bien conscient qu'il ne faut pas attendre tout de l'autre, du gouvernement ou de Dieu si l’on n’agit pas par soi-même pour améliorer le bien-être social.

Le Programme des Nations Unies pour le Développement (PNUD) ne cessera point de le souligner : *"La vie des personnes est améliorée lorsque le gouvernement est efficace et réactif. Lorsque les citoyens, toutes catégories sociales confondues, participent aux processus de prise de décisions qui affectent leur vie et ont accès sur un pied d'égalité à des institutions qui fournissent des services et administrent la justice en toute équité, ils ont davantage confiance en leur gouvernement"*[2].

Penser au développement durable du Sankuru constitue assurément un projet de société, mais une société confrontée à diverses crises. Pour résorber ces crises, la première tâche consiste à cerner le diagnostic et l'analyse des faits qui entravent, à l’interne comme à l’externe, l’avancement de la province. De ce diagnostic, il a été constaté la passion de domination de la politique locale et l'ethnicité comme drame du Sankuru et comme mode opératoire de ses acteurs politiques. La redevabilité du pouvoir politique au Sankuru a été passée au peigne fin afin de pénétrer l'intelligence des droits et devoirs des électeurs et des élus.

À la lumière du discours parémiologique des Atɛtɛla, il est conseillé de se référer, de recourir et de se ressourcer, en matière de la bonne gouvernance au Sankuru, à la sagesse millénaire des descendants de Mɔngɔ afin de promouvoir la protection des droits, l'unité et la paix. De toute évidence, ce discours vise à conscientiser, à moraliser, à interpeller et à mobiliser les Sankurois.

Penser au développement durable du Sankuru, c'est également entrevoir quelques visions et stratégies pour l'émergence de cette entité administrative. Ainsi, pour refonder la province du Sankuru, le développement durable doit s'enrichir de la sagesse millénaire, des questions du présent et d'utopies d'avenir.

Concrètement, le développement durable du Sankuru est une façon d'organiser la société de manière à lui permettre d'exister sur le long terme. Cela implique de prendre en compte à la fois les impératifs présents mais aussi ceux du futur, comme la préservation de l'environnement et des ressources naturelles ou l'équité sociale et économique.

Tel qu'il fut utilisé pour la première fois par une institution internationale, "*le développement durable est un mode de développement qui répond aux besoins des générations présentes sans compromettre la capacité des générations futures de répondre aux leurs. Deux concepts sont inhérents à cette notion: le concept de «besoins», et plus particulièrement des besoins essentiels des plus démunis, à qui il convient d'accorder la plus grande priorité, et l'idée des limitations que l'état de nos techniques et de notre organisation sociale impose sur la capacité de l'environnement à répondre aux besoins actuels et à venir.*"[3]

De manière simple et synthétique, le développement durable est une expression qui renferme l'idée que les sociétés humaines doivent vivre et répondre à leurs besoins sans compromettre la capacité des générations futures à répondre à leurs propres besoins.

Développer et faire émerger le Sankuru, c'est rompre avec la démagogie des hommes politiques et les pratiques du passé ; c'est s'employer à la prise en charge de la province par ses propres fils et filles.

L'auto-prise en charge est entendue ici comme la capacité des Sankurois à promouvoir l'émergence de leur province avec ou sans le soutien d'un tiers. Elle signifie que chacun des fils et filles du Sankuru doit se considérer comme source d'énergie et de potentialité capable d'innover, de transformer et de refonder le Sankuru. Cette tâche est la tâche d'aujourd'hui et non de demain.

Le « aujourd'hui » et non le « demain », c'est cueillir le jour présent sans s'attarder à se soucier du lendemain. C'est le « *carpe diem*» du célèbre poète latin Horace. Car le développement durable du Sankuru n'est pas un état, il est un devenir. « **Levons-nous et bâtissons** ! »

Introduction générale

1. Présentation du thème de la recherche

Démembrée depuis 2015, la République Démocratique du Congo (RDC) compte le district du Sankuru parmi les nouvelles provinces. Jadis reliés sans entraves, les six territoires administratifs du Sankuru se trouvent aujourd'hui encastrés. L'enclavement de la province est de toute part. Toutes les infrastructures sont frappées d'obsolescence : les routes, les ports et les ponts, les bâtiments administratifs et l'habitat, les hôpitaux et les écoles, les rivières et les points d'eau, etc.

La mobilité géographique se réduit du jour au lendemain. La circulation des personnes, des services et des biens devient un rêve. La connectivité entre les espaces habités est crucifiée.

L'insécurité bloque le passage à l'investissement. Régulièrement, des conflits sont entrainés par de nombreux acteurs socio-politiques. À titre de quelques exemples, nous pouvons nous rappeler, dans le territoire de Lodja, les affrontements intercommunautaires sanglants qui avaient opposé les habitants du village Mongo, situé au secteur de Mvunge, à ceux du village Elonge, du secteur de Nambelo Lohembe. De ce conflit malheureux, 144 maisons, une école et un centre de santé ont été incendiés au village Mongo déserté par ses habitants. Il sied de signaler également le conflit qui avait surgi autour des gisements miniers de Lusambo, Lowela, Kondo-Tshumbe, Loteta, etc., entre les anciens Gouverneurs. Dans le territoire de Katako-Kombe, on n'oublie pas les nombreuses altercations avec des échanges et propos désobligeants et vifs entre les individus et/ou entre les communautés, causant des pertes en vies humaines et les incendies des maisons. L'on peut encore mentionner, sans être exhaustif, la terreur semée à Lomela entre les partisans d'un politicien et de l'autre ainsi que l'éternel conflit Ekonda-Eswe. Le constat est évidemment amer : l'unité sociale se brise, et la population croupit dans la misère.

Si d'une part, les sentiments de nostalgie se bousculent, d'autre part, ceux de plein essor se réclament. Alors que le 30 juin 2024, le peuple congolais vivant au Sankuru s'invitait au rendez-vous de 64 ans du jour de l'accession du pays à l'indépendance, date à laquelle les Congolais, en général, et les Sankurois, en particulier, se souviennent de Patrice-Emery LUMUMBA, digne fils de la province, symbole de la lutte pour l'indépendance et pour la dignité négro-africaine, une initiative vit le jour. Il s'agit d'élaborer un opuscule sur le Sankuru, qui est une oeuvre de quelques-uns des fils originaires de cette province. Cette initiative rassemble des visions et des stratégies susceptibles de faire accéder la province rurale du Sankuru à l'émergence et au développement durable.

2. Objectif du travail

Le Sankuru est une province qui dispose d'énormes richesses : la richesse humaine avec une population composée d'opérateurs économiques et d'une crème intellectuelle importante ; la richesse économique et agricole avec son sol, son sous-sol, ses rivières et ses forêts vierges.

Baliser le terrain pour faire accéder la province du Sankuru à l'émergence et au développement durable est l'objectif que poursuit ce travail d'équipe.

Par ce travail, nous entendons faire révéler aux Sankurois la façon dont ils doivent vivre aujourd'hui s'ils espèrent avoir des lendemains meilleurs, car le développement se veut durable lorsqu'on agit afin de « chercher à répondre aux besoins actuels sans compromettre les chances des générations futures de satisfaire leurs besoins ».

En effet, quand le développement est durable, chacun a accès à un travail décent, à des soins de santé adéquats et à une éducation de qualité. Toutefois, les choix d'une politique publique doivent rassurer pour garantir que personne n'est laissé pour compte en raison d'un désavantage ou d'une discrimination. Ici entre alors en jeu le profil de l'homme et du politique sankurois.

De quel type de personnalité – ou de personne – sociale et politique regorge le Sankuru ? À qui ou à quoi ressemble-t-il ? Comment agit-il ou devrait-il agir ?

Les Sankurois ! Qu'ont-ils fait de leur Province et entrepris dans leur Province ? Quelle est la responsabilité de chacun d'eux dans la descente aux enfers de notre Province ? Sont-ils devenus traîtres à leur propre cause ? Comment expliquer que la politique avec des mots dont le sens se perd un peu plus chaque jour, n'a pas conservé la mémoire du devoir d'éclairer la route et de rendre la progression possible ? Autant d'interrogations qui taraudent nos esprits !

En écoutant l'histoire de la vie politique de la RDC racontée par les politiciens, un personnage congolais connu sous le pseudonyme de Ne Muanda Nsemi (« l'esprit créateur », en langue Kikongo), de son vrai nom Zacharie Badiengila, homme politique et chef religieux de Bundu Dia Kongo (devenu plus tard Bundu Dia Mayala), né en 1946 dans la province du Bas-Congo, au Congo belge, et décédé le 18 octobre 2023 à Kinshasa, en République Démocratique du Congo, ne croyait pas si bien savoir décrire les hommes politiques du Sankuru.

Selon lui, les hommes politiques du Sankuru dont Lambert MENDE Omalanga, Léonard SHE OKITUNDU, Christophe LUTUNDULA Apala Pene Apala, Joseph OLENGANKOY Mukundji, Emery OKUNDJI Ndjovu, Jean-Albert EKUMBAKI Ombata, Berthold ULUNGU Ekunda Lukata, Franck DIONGO Shamba, Daniel ASELO Okito Wa Nkoy, Moïse EKANGA Lushima, Adolphe ONUSUMBA Yemba, Henriette WAMU Atamina, Philomène OMATUKU Otshakawo Akatshi[4], Benoît OLAMBA Odimba, Jules LODI Emongo, etc., vus par les électeurs sankurois et les politiciens de la RDC, ne sont rien d'autre que leurs propres ombres. C'est une caste sociale qui accumule les capitaux pour eux-mêmes en appauvrissant la province. Ils émergent en immergeant le Sankuru. Ils apparaissent partout à la surface en faisant noyer leurs électeurs, attendu que dans les différents régimes politiques que la RDC a connus, aucune fois le Sankuru n'a manqué d'être représenté. Nombreux de ses élus s'y sont retrouvés. Ils ont figuré dans les organes de décision du pays sans laisser aucun impact pour le Sankuru.

Dès l'accession du pays à l'indépendance, les Sankurois ont toujours été membres de différents gouvernements sans rien accomplir chez eux[5] et cela jusqu'au dernier gouvernement de Jean-Michel SAMA Lukonde Kyenge réputé démissionnaire en 2024.

Raison pour laquelle l'absence des hommes politiques susmentionnés à l'actuel gouvernement de la Première Ministre Judith SUMINWA TULUKA n'émeut aucun Sankurois. Bien au contraire, elle les fait jubiler de joie, car en dépit de la présence des hommes politiques du Sankuru dans les organes de décision qui se sont succédé en RDC, aucune action concrète n'a été ni visible ni entreprise par un seul d'entre eux en faveur de la Province.

Par contre, quoi qu'élus du Sankuru, ils ont préféré le déserter, pour aller émerger en dehors de leur Province d'origine, en y laissant pousser des constructions, des entreprises et des initiatives sociales.

C'est pourquoi, les politiques du Sankuru, sans exception aucune, sont vus purement et simplement comme des opportunistes, des démagogues en quête de positionnement vis-à-vis de leurs électeurs.

En langue ɔtɛtɛla, cette qualification des politiques sankurois s'exprimerait mieux en puisant à la sagesse ancestrale. Ainsi, au Sankuru, quand les électeurs parlent de leurs élus, ils les nomment «***owala lasha losoko ko hasha cina***». Qu'est-ce à dire ?

De fait, *Owala*, c'est le nom d'un arbre, le signifiant métaphorique dont le fruit déhiscent laisse échapper ses graines en les projetant au loin, et non au pied de l'arbre. Ce signifiant métaphorique est un mot-thème accompagné de deux mots-clés qui sont «*cina*» et «*losoko*». Ces derniers peuvent s'ouvrir et donner lieu à une infinité de comparaisons. «*Owala*» est un arbre qui ne nourrit pas ses pieds pour assurer sa croissance, mais donne ses fruits à la forêt secondaire.

Dans un proverbe proche de celui-ci, on dit « ***owala lɛɛnya okonda wɛɛnyi***[6] ***ko cina waasaase*** », ou en termes simples « ***owala la ngɛnyangɛnya okonda ko cikaka cina la paa*** ».

En effet, l'ouverture à la compréhension de ce proverbe peut atteindre plusieurs exemples. Notamment, des fortunés (hommes politiques du Sankuru) qui vont faire construire des maisons à l'étranger et non chez eux[7]..., ou bien ceux qui signent des accords commerciaux avec des étrangers au profit des étrangers..., ou encore ceux qui préfèrent apprendre et assimiler l'orthographe des langues étrangères plutôt que celle de la leur...

En réponse à la critique des électeurs du Sankuru, les hommes politiques sankurois reviendraient à la raison en acceptant de divorcer d'avec les habitudes et les pratiques déplaisantes contraires au développement de leur Province. Ils se hâteraient d'obéir à l'intelligence de «la charité bien ordonnée commence par soi-même[8]».

Dès lors qu'il importe de contribuer à l'émergence et au développement du Sankuru, les hommes politiques sankurois doivent s'activer à penser d'abord à eux-mêmes avant de s'occuper des autres ; ils doivent chercher à investir de prime abord chez eux plutôt qu'ailleurs.

3. Contenu du travail

Une évidence de comptoir crève les yeux. Pour accéder au pouvoir dans ce pays, les candidats aux postes de responsabilités politiques défendent leurs projets de société devant leurs électeurs, leur font des promesses multi-sectorielles, les séduisent parfois avec des discours démagogiques afin de s'assurer d'obtenir leurs voix.

Devenus gouvernants, ils deviennent méconnaissables, s'enlisent, se trahissent et se servent eux-mêmes au lieu de satisfaire les besoins de leurs électeurs. C'est pourquoi l'enclavement de la Province et la précarité sociale des Sankurois ne font que s'endurcir et se pérenniser.

Que faire pour rompre avec cet esprit de traîtrise des fils du Sankuru et avec tout ce qui a compromis notre destin commun et castré nos rêves légitimes d'un Sankuru développé et modernisé ?

Sur la base de la préoccupation qu'est la nôtre, trois parties suffiront pour étayer l'espérance d'un Sankuru émergent et développé.

La première portera un regard sur le diagnostic des entraves endogènes et exogènes à l'émergence et au développement durable du Sankuru. De ces entraves, les auteurs mettent un accent particulier sur la passion de domination de la politique locale avec la montée des démons de la division et des clivages locaux, la lutte de positionnement et la prise en otage des communautés entières qui menacent de naufrage toute initiative au développement de la province du Sankuru et de sa population.

En outre, face à la responsabilité politique d'un élu, le principe de "redevabilité" se veut un "effet miroir" et est susceptible de créer des politiques publiques efficaces au Sankuru.

Par ailleurs, "sans communication, soutient Thierry Libaert, il n'y a pas de développement durable".

Dans le développement durable, somme toute, la communication possède une faculté motrice. Cependant, cette communication ne peut pas se réduire seulement à la transmission. Il faut y envisager l'échange, le dialogue, la concertation voire la confrontation. Ainsi, avons-nous voulu que l'objet de la deuxième partie de ce travail repose sur les enjeux de la communication et des médias locaux.

En présence d'une telle structure du travail, nous avons estimé, dans la troisième partie, qu'il est opportun de brosser quelques visions et stratégies conçues pour parvenir à l'émergence et au développement durable du Sankuru.

Dans cette dernière partie, les auteurs ont attiré l'attention des uns et des autres sur le fait que le projet créateur de vie, d'équilibre et d'harmonie ne peut pas se passer de la pratique de "l'éthique de la discussion" où les partenaires dialoguant s'écoutent et se considèrent. Ce fait ne peut pas non plus se passer de la conscience politique provinciale et nationale refondée.

Le défi du développement durable, en fait, consiste à répondre justement aux attentes de l'émergence et du bien-être, en plaçant les besoins sociaux et environnementaux au cœur des décisions. La qualité environnementale à toutes les étapes de la conception, de la production et de la distribution ainsi que le respect des valeurs éthiques fondamentales, constituent les clefs de voûte d'une démarche à la fois responsable de ses impacts et solidaire de l'ensemble des acteurs sociaux.

Première Partie

Diagnostic des entraves endogènes et exogènes au développement durable du Sankuru

Chapitre I

Le drame du Sankuru ou la passion de domination de la politique locale

André NGUWO NDJOVU,
Poète et écrivain

Directeur scientifique
de la COPREMASCO (Commission Provinciale de Rédaction des Manuels Scolaires en Otetela)

Résumé : *La montée des démons de la division et des clivages, le manque de collaboration et de solidarité au sein de la classe politique du Sankuru, le déficit communicationnel consécutif à toutes ces velléités, la lutte de positionnement et la prise en otage des communautés entières menacent de naufrage toute initiative au développement et bloquent le Sankuru. Assujettie à cette passion de domination de la politique locale, la province du Sankuru vit le drame de manquer un schéma prévisionnel de développement autogène et durable. Néanmoins, le Sankuru n'est pas un village abandonné sans espoir ; il est plein d'opportunités qui, poussées à la réflexion, peuvent changer sa physionomie.*

Mots-clés : Drame, domination, politique, développement, blocage, syndrome rachitique, défi.

Introduction

Le drame du Sankuru postcolonial, c'est d'être assujetti à la passion de domination d'une certaine politique locale tenant lieu de la bourgeoisie compradore et de manquer un schéma prévisionnel de développement autogène, le schéma colonial étant devenu non opérationnel du fait de sa destruction par le démembrement consécutif à la perte du pouvoir d'organisation et de commandement.

Mais le Sankuru n'est pas un village abandonné sans espoir, il est plein d'opportunités qui poussent la réflexion à l'interrogation relevant de la sagesse ancestrale "*Laa daala ko mponja nkawe ?*" (Comment est-il possible de faire pourrir une antilope derrière la case?) ou encore : "*Ashi akela ko wee ndala la njala*" (Peut-on mourir de faim au bord de la rivière ?)[9]. C'est dire que les gouvernants et les gouvernés du Sankuru ne devraient s'en prendre qu'à eux-mêmes s'ils se faisaient priver consciemment ou inconsciemment des possibilités inouïes qu'ils ont de se développer au lieu de stagner et de se trouver bloqués.

L'équation récursive de J.J. Rousseau stipule que "la patrie ne peut subsister sans liberté, la liberté sans la vertu, la vertu sans les citoyens, les citoyens sans la patrie". De même, la thèse essentielle à soutenir ici est celle qui fait de la formation des citoyens la condition de possibilité nécessaire et suffisante pour avoir la patrie, la liberté et les vertus[10]. Le contrat social, cette vision des choses et de l'histoire, permet de comprendre aisément pourquoi les termes de référence dans le projet d'édification du Sankuru devraient être le seuil de compétence des uns et des autres ainsi que l'identification des obstacles à surmonter pour renforcer la capacité d'indépendance et d'auto-développement politique, économique, social et intellectuel.

1. Question conjoncturelle : le blocage du Sankuru

Le retour aux affaires des acteurs politiques et la montée en puissance des démons de la division et des clivages de triste mémoire[11], le manque de collaboration et de solidarité au sein de la classe politique sur les épaules de qui reposent les espoirs du Sankuru, le déficit communicationnel consécutif à toutes ces velléités, la lutte de positionnement et la prise en otage des communautés entières ainsi que les menaces de naufrage sous le poids de toutes ces pesanteurs[12], imposent à la conscience culturelle du Sankuru une interrogation à partir de laquelle doit se dérouler une réflexion pointue qui ne ménage aucun acteur, qu'il s'agisse des institutions de la République, de ses animateurs ou des Sankurois eux-mêmes : ***"Pourquoi le Sankuru est-il bloqué ?"***

La question de la carence de la réalisation effective des opportunités au sein desquelles baigne le Sankuru est celle de tous les espoirs et, en raison des espoirs qu'elle autorise, ne permet aucune complaisance dans son traitement. Question centrale, elle doit être au cœur du questionnement sur le devenir et le développement du Sankuru. Son approfondissement permettra de constater que le Sankuru comme espace, comme communauté, est à construire ou à reconstruire[13].

2. Prospection des opportunités de décollage

Un regard transversal sur la composition organique et géostratégique du Sankuru nous fait découvrir que la province regorge de beaucoup d'opportunités :

1°) Le Sankuru est l'épicentre politico-administratif de la République Démocratique du Congo. Il en est le cœur dont les actions telles une onde de choc peuvent rayonner dans toutes les directions comme durant la période précoloniale avec les migrations multidirectionnelles et l'épopée de NGONGO LEETETA ou colonial avec sa position privilégiée dans la province du Congo-Kasai ou du Katanga[14].

2°) Pour son développement endogène, le Sankuru a la capacité d'indépendance et de perfectionnement comme communauté ethniquement bien identifiée puisque durant la période coloniale il a été conçu comme une entité qui devait, par son travail productif, pourvoir à ses propres besoins[15]. Il n'est pas un projet spontané mais pensé et devant être laborieusement construit. Il repose relativement à son schéma pré-visonnel de base, à l'organisation matérielle et sociale des ressources, aux structures de commandement, aux mécanismes de coordination de l'ensemble des sous-systèmes et à la régularité du contrôle que sa fiabilité, sa capacité d'être amélioré, corrigé pour plus de performance[16].

3°) La dynamique sociale du Sankuru repose sur les rapports entre, d'une part, les progrès de l'esprit, de la conscience, de la science et des technologies, et la fertilité de la nature ; entre la capacité et l'incapacité des gouvernants d'une part, et, d'autre part, entre la capacité et l'incapacité des gouvernés, ainsi que l'impérieuse nécessité pour tous les acteurs sociaux de requalifier leurs passions et leurs ambitions pour profiter au maximum des opportunités qui s'offrent à eux. Dans ce Sankuru-là, il s'est dégagé un vif intérêt, surtout en ce moment, sur les possibilités de réalisation de certains atouts prometteurs, pour deux raisons :

- À cause du tableau sombre de l'absence de croissance économique de la région du fait de la pauvreté de la population, de l'inexistence des industries productives ou de transformation, et du fait du manque de solidarité et de lucidité en faveur des intérêts bien compris du Sankuru au sein de son élite, laquelle lui a fait rater des opportunités telles que "Le fonds social de la République" ou les "cinq chantiers" ;

- Ainsi que le plan stratégique de distribution des opportunités de développement à l'échelle nationale. À ce sujet, il y a comme une conspiration du silence, un mutisme concerté.

3. Pari du décollage

La question cruelle, mais légitime, de savoir ce que peut espérer le Sankuru pour son avenir continue à se poser, surtout en raison de plusieurs pesanteurs inhérentes à la décentralisation avec un horizon qui semble de plus en plus sombre. Les années passent sans qu'il se dégage des actions de redressement ou de qualification des comportements politiques notables. On évolue d'un clientélisme à un autre vers le seuil de plus en plus grand d'intolérance frisant la démesure.

Dans ce même ordre d'idées, on comprend que l'absence de changement est suicidaire d'autant plus que le Sankuru, après l'enclavement et l'exclusion consécutifs à la colonisation et aux cinquante ans d'indépendance, est tombé sous la dépendance meurtrière des grands centres urbains qui l'instrumentalisent à souhait, le vidant de ses énergies et de ses ressources humaines par l'exode rural et la fuite des cerveaux. Il est alors difficile, très difficile voire même impossible, si on ne change pas de politique qualitativement et de profil des dirigeants, d'entrevoir le cas de figure qui pourrait permettre au Sankuru de tirer des opportunités que la décentralisation, l'allègement de la dette extérieure et de la coopération interprovinciale et internationale présagent.

Ainsi donc, par manque de politique volontariste sous-tendue par une économie pragmatique fondée sur des activités compatibles avec les ouvertures de progrès, il s'avère difficile de concevoir comment les activités fondamentales telles que l'enseignement dans la diversité de ces cycles ou l'agriculture dans sa structuration de sous-production pourraient atteindre un seuil de développement véritablement émancipatoire et compétitif.

4. Diagnostic du syndrôme rachitique

Pourquoi face au naufrage qui menace le Sankuru par le poids des pesanteurs de division et d'assujettissement qui, pour les gouvernés, reviendrait à se laisser assujettir par les intérêts égoïstes sous le fallacieux prétexte de développement, la seule thérapie possible est celle du marin qui consiste à évacuer l'eau et à colmater les brèches quand le vaisseau est menacé de naufrage ?[17] Pour l'avenir du Sankuru, une autre vision des choses et des conduites s'impose. Ce qui, en clair, revient à dire que pour sauver le Sankuru du naufrage, il faut non seulement combattre les effets des démons de la division politicienne entretenue par des leaders en mal de positionnement, mais aussi les causes profondes de toutes ces divisions artificielles par la sauvegarde de l'unité du territoire et de la communauté ainsi que toutes les voies par lesquelles cette division accompagne d'autres maux qui prennent de plus en plus racines dans la communauté[18].

Le Sankuru ne peut se priver de cette thérapie sans automatiquement perdre les chances de capitaliser les opportunités fondées sur l'amour patriotique, le don de soi et même le sacrifice suprême légués par les héros de la cause du peuple. Ces opportunités se présentent comme opposées à l'opportunité coloniale et néocoloniale d'un Congo devenu une "affaire de gros sous"[19].

5. Debout Sankuru, est-ce un leurre ?

À la suite du long sommeil hivernal dans lequel l'avait plongé la perte de mémoire historique consécutive à l'absence d'une éducation citoyenne et véritablement démocratique et le déficit de communication lié aux enjeux non maitrisés par l'effet des contradictions structurelles, le Sankuru souffrant d'un mal qui a pour nom "la crise de schéma prévisionnel" sur tous les plans, hésite de s'interroger aussi bien sur le passé, le présent que sur l'avenir. Voilà pourquoi nous avons convenu qu'il était de bonne politique de secouer la conscience culturelle des gouvernés du Sankuru pour qu'ils cherchent eux-mêmes à s'assumer autour de la question majeure de l'auto-développement par le jeu de la décentralisation en revisitant le schéma prévisionnel du développement du Sankuru de 1960-1961, de s'interroger sur les causes profondes de l'absence d'un autre schéma prévisionnel durant trois ou quatre décennies[20]. Et cela à la veille des opportunités qui sont irréversibles afin de tenter de dégager comment se comporter pour se construire et construire un développement autogène compatible avec les objectifs de son émergence[21]. .

La condition primordiale à cette démarche consiste à relever les défis de la bonne gouvernance, c'est-à- dire de la manière efficace de maitriser les mécanismes de la gestion de la communauté dans tous les secteurs de la vie économique, politique et socio-culturelle.

6. Le défi à relever : le défi de la gouvernance

La gouvernance qui est devenue le leitmotiv du discours politique rationalisé peut être définie comme "la manière de gouverner" où la gestion des affaires publiques menées avec rigueur, c'est-à- dire en respectant scrupuleusement les principes administratifs et en se conformant fermement à l'orthodoxie financière, de manière à qualifier la gestion de bonne ou pas et surtout à voir si elle se traduit par la satisfaction ou non des aspirations légitimes des populations administrées. La bonne gouvernance qui est devenue le critère clé de gestion du public est une notion qui est imposée par les institutions financières internationales dans le cadre de la politique d'ajustement structurel comme une des conditionnalités de l'octroi de l'aide aux développementaux états qui en ont besoin[22].

Toutefois, la bonne gouvernance étant une notion empreinte de fluidité, la pratique courante des États la mesure à partir de certains critères préétablis et la conçoit dans un programme qui énumère les secteurs stratégiques d'intervention gouvernementale susceptible d'avoir un effet d'entrainement sur les autres. La question fondamentale qui se pose ici est celle de savoir quand est ce qu'il y a bonne gouvernance ? La réponse à cette question qui dépend de la perspective d'approche et les éléments de solution est loin de faire l'unanimité. Nous considérons que la bonne gouvernance se reflète à travers quelques données de base et des ressources mises en œuvre en vue de leur réalisation. Les éléments fondamentaux sont : une vision, une mission, un programme, un contrat social et un contrôle.

1°) Une vision : c'est-à-dire le type de société que l'on veut bâtir et qui constitue l'idéal vers lequel on mène le groupe social dont on a la charge. Un responsable politique consciencieux et qui se fait une haute idée de son devoir doit, avant de s'engager dans la politique avoir une vision et prouver par des actes concrets qu'il milite pour sa réalisation. C'est pourquoi certains responsables politiques démissionnent dès que s'assombrissent les perspectives de réalisation de leur vision.

2°) Une mission : qui est l'engagement social ou le serment que l'on fait avec soi-même et avec le peuple en vue de le conduire dans la voie du progrès.

3°) Un programme : c'est-à-dire un catalogue des actions concrètes à mener et un chronogramme de leur réalisation.

4°) Un contrat social : ou l'identification des gouvernés aux gouvernants et la capacité de ceux-ci à ne pas occasionner la rupture intempestive de l'engagement pris.

5°) Le contrôle et la transparence : dans la gestion de la chose publique[23]. En termes de ressources pour la réalisation de ces critères, il y a les ressources humaines, idéologiques, financières, temporelles et matérielles.

1°) Les ressources humaines : ce sont des hommes acteurs et bénéficiaires du programme de gouvernance. Ainsi, sans des dirigeants dotés d'esprit d'initiatives et sans un peuple docile le programme de gouvernance resterait lettre morte.

2°) La ressource idéologique : c'est l'identification de la voie à adopter pour promouvoir la bonne gouvernance: socialiste, capitaliste ou nationaliste libéral, etc.

3°) Les ressources financières : ce sont les voies et moyens disponibles pour promouvoir la bonne gouvernance. Leur possession et leur gestion suivant la chaine des dépenses sont des atouts indéniables pour assurer la bonne gouvernance.

4°) La ressource temporelle ou la gestion du temps par rapport à la bonne gouvernance, c'est le chronogramme des actions de développement.

5°) Les ressources matérielles: elles ont trait à la logistique mise à la disposition des responsables politiques en vue de promouvoir la bonne gouvernance.

7. Les axes sectoriels de la gouvernance locale

Le cadre de référence historique à partir duquel il faut évaluer le Sankuru politique et social est une période caractérisée par des crises multiformes : sécessions, rébellions, guerres, pillages, violences aux conséquences économiques et sociales énormes. Des milliers des vies humaines ont été sacrifiées et l'Etat lui-même a été progressivement réduit à l'informel. L'histoire et la mémoire ont été falsifiées pour servir de sousbassement à la dictature. La pauvreté et la misère sont devenues une dominante de la vie quotidienne des populations. Les attentes et les espérances provoquées par l'indépendance nationale ont conduit aux désillusions à la base du fatalisme et du culte de la fatalité[24].

Cependant au-delà de ces vicissitudes et défis existentiels, il s'est manifesté, de manière permanente, une volonté de vivre ensemble, de partager les mêmes aléas de la vie et les mêmes rêves. L'émergence progressive de cette conscience, sa confirmation au cours du temps, a fait échouer les tentatives de balkanisation de la région jusqu'à la longue transition qui a conduit à l'avènement des institutions démocratiques dont les retombées sont attendues. Car à partir de cette espérance, les sociétés politiques et civiles manifestent l'intention de construire un pays nouveau. C'est dans cette opportunité de la renaissance du Congo que doit être envisagée la question suivant trois axes sectoriels :

a) La gouvernance politique comprend la constitution, les lois et la vie politique, l'administration et l'aménagement du territoire, la sécurité et la coopération.

b) La gouvernance économique comprend l'économie réelle, les finances et les industries.

c) La gouvernance sociale comprenant l'identité culturelle, la santé, l'éducation, la culture et la sécurité sociale et alimentaire[25].

7.1 De la gouvernance politique

À l'instar de la République Démocratique du Congo, les défis majeurs de la gouvernance politique du Sankuru émergent: de la crise de légitimité datant des années 60 ; des transitions politiques non efficientes ; des pratiques cleptocratiques mises en place depuis l'indépendance ; des défaillances générées par le clientélisme politique; de la non application efficiente des dispositions de la constitution ; de l'exacerbation du tribalisme ; de la persistance de l'insécurité judiciaire; de l'absence d'organisation du secteur de la sécurité ; de l'absence de culture politique des communautés de base.

Dès 1960, les opérateurs politiques ont cherché à contrôler l'État, de l'affaiblir en vue de **construire un pouvoir économique de prédation** et tous les acteurs se sont positionnés pour partager le gâteau de la République. La restauration de la légitimité démocratique amorcée avec la troisième République reste particulièrement aléatoire suite aux distorsions issues de l'architecture globale de la constitution. Aussi la mise en place des institutions crée-t-elle des malaises dans leur fonctionnement. Comment s'attendre au respect des dispositions constitutionnelles au Sankuru quand on sait par exemple, que les institutions municipales et locales n'ayant pas été mises en place, il devient difficile que le délai buttoir de trois ans prévu pour le découpage territorial devrait être comptabilisé à partir de l'installation des Sénateurs, eux-mêmes paradoxalement représentants des entités administratives ineffectives ? Les tiraillements notés entre le Gouvernement central et les gouvernements provinciaux relèvent clairement des pouvoirs excessifs dont sont revêtues les assemblées provinciales, alors qu'elles n'ont pas un personnel expérimenté et que globalement leur bilan législatif est très faible[26].

Les difficultés liées à la décentralisation territoriale ne sont pas simplement dues à l'absence de volonté politique car les contraintes liées à l'affectation des ressources financières substantielles, à la construction des infrastructures et au remboursement de la dette ne peuvent pas faciliter l'application de la rétrocession automatique. Bien plus, la législation relative à l'organisation administrative et politique des entités décentralisées et déconcentrées ne recèle de nombreux écueils qu'il faudrait judicieusement éviter.

Tous ces problèmes sont à traiter dans le contexte d'une réforme politique post-conflit avec le spectre du tribalisme et du régionalisme ainsi que les défis d'une urbanisation accélérée. Les indicateurs sécuritaires n'étant pas encore structurés, on ne peut compter ni sur une justice saine ni sur les services de sécurité efficaces. À l'échelle nationale, la justice peine à réaliser son assainissement, la corruption prend la population et l'Etat engagé dans la consolidation de la paix, tarde à s'affirmer dans le pays et dans la sous-région. Les défis de la gouvernance politique ne pourront être relevés au Sankuru qu'à condition que la dynamique de la volonté politique pour une bonne gouvernance soit mise en route et ses applications se répercutent effectivement sur la décentralisation constitutionnelle.

7.2 De la gouvernance économique

Engrammé dans la République Démocratique du Congo, l'évolution de l'organisation sociale du Sankuru dans le secteur de la gouvernance économique révèle une déplorable tradition de désintérêt des gouvernants vis-à-vis de la réflexion économique en faveur des débats politiques. La gouvernance économique du Sankuru porte les stigmates indélébiles du désintérêt des politiciens depuis l'accession du pays à l'indépendance. Il en résulte : un déficit dans la maitrise des données ; une inexistence de la gestion des finances publiques et des entreprises publiques ; une impasse dans la mise en œuvre de l'économie agricole ; une incapacité à assurer l'autosuffisance alimentaire.

L'organisation de la production des richesses est aléatoire et elle se fait sous le mode de la cueillette et de la prédation. Faute de mobilisation des ressources intérieures, on fonctionne sous le régime des dons et des projets extravertis en pressurant le secteur informel qui évolue dans la précarité sans planification[27].

Au niveau national, la gestion des entreprises publiques est souvent confiée à une clientèle politique qui creuse d'avantage le fossé entre les dirigeants et la masse déshéritée et mise hors périmètre d'intervention. Même les mesures d'assainissement préconisées ne produisent pas les effets escomptés à cause du temps élastique de finalisation ou les atermoiements dans le changement des gestionnaires indélicats ou la cacophonie entre les ministères rivaux et les partis politiques en compétition d'enrichissement[28]. Des confusions déplorables sont entretenues entre l'embauche d'un personnel pléthorique et la création réelle d'emplois économiquement rentables. Des entraves sont mises à la mobilisation des recettes à la bancarisation, à la récupération des impôts des citoyens alors que se développent et se renforce la logique anachronique de l'approvisionnement du trésor public à travers les douanes et accises au détriment de la mise en place nécessitant la refondation et un assainissement des services administratifs à tous les niveaux. La gouvernance économique tant au niveau national que provincial est tributaire de la souscription à la logique de rentabilité économique, du soutien actif aux structures de création des richesses, de la promotion de l'épargne et de la bancarisation[29].

7. 3 De la gouvernance socio-culturelle

À ce niveau, les défis majeurs font état: de la fragilisation de l'identité communautaire par l'instrumentalisation des données tribales et régionales ; de la dégradation de l'écosystème et du faible aménagement du milieu de vie ; de la dégradation du sol et du sous-sol; du pillage des ressources naturelles ; et enfin de l'absence de soutien efficient au système éducatif et sanitaire, fer de lance du développement.

L'identité communautaire

L'identité est une histoire de vie, la vie d'une communauté qui s'est construite sur un terroir, qui a développé une culture, qui a des modes de convivialité et de production des richesses, avec un processus au cours duquel un destin communautaire s'est affirmé à travers une floraison de clans qui ont irradié dans le territoire pour constituer une culture.

Contre les multiples dangers qui menacent l'identité communautaire du Sankuru il y a *l'instrumentalisation de la tribu par des opérateurs politiques* en quête de suffrage et à la recherche d'un espace pour territorialiser leurs ambitions. Dès lors, l'option de la décentralisation, initialement à valence neutre, est transformée en un enjeu d'expression des rivalités tribales. Des idéologies valorisant les données inoxydables de la philosophie existentielle de la communauté.

Pour gagner le pari du développement, l'identité du Sankuru doit être forgée par des élites de valeur permettant à la communauté de résister contre les risques d'implosion. C'est tout le rôle de la conscience culturelle au sein de laquelle elle doit être cultivée, de la préservation de l'existence contre les désordres susceptibles de miner la conscience communautaire en la faisant chanceler. Cultiver la conscience de l'identité Sankuroise c'est forcément œuvrer en faveur d'une symbiose avec l'environnement géophysique en vue de permettre un ajustement de l'organisation sociale dans lequel on évolue[30]. Cet environnement qui participe à l'identité communautaire mérite à ce que par le mode de vie, la science et la technologie, on puisse préserver la santé de la communauté et de l'environnement en investissant de manière significative dans l'éducation et la science en vue de produire des compétences effectives, fiables et crédibles. Mais pour la mise en route de cette opportunité de la renaissance du Sankuru pratique de la gouvernance participative, il faudra régénérer l'administration qui est la gestion concrète de la vie en société.

L'administration est l'instrument dont se sert le pouvoir gouvernemental pour l'application de ses directives dans la gestion de la nation. C'est la corrélation entre l'autorité politique et l'autorité administrative qui se conjugue dans la fonction de l'autorité politico-administrative.

En effet, par autorité politique, il faut entendre celle qui est compétente pour tracer les grandes orientations de la vie de la nation et de ce fait dispose du monopole de légitimité de sa plénitude. Par contre, l'autorité administrative est essentiellement chargée de l'exécution concrète des programmes tracés et des décisions prises par les autorités politiques. Quant à l'autorité politico-administrative, elle procède de l'exécution des décisions politiques et de la participation au processus décisionnel, ce qui en fait de plus en plus une autorité politique. L'adjonction de l'attribut politique à l'administration en République Démocratique du Congo est une survivance têtue de l'administration mobutiste caractérisée par l'absence notoire et la neutralité pour les autorités administratives.

On sait, en effet, qu'au nom de l'idéologie de "l'authenticité" et des nécessités de propagande du M.P.R., Parti-État, le militantisme avait été retenu comme un des critères-clés d'accès à la fonction publique. Il postule donc l'implication active des autorités administratives aussi bien dans la conception et l'élaboration que dans l'exécution des décisions des organes du parti d'où l'appellation "d'autorités politico-administratives". Ces autorités sont aussi bien les responsables des entités déconcentrées et des entités territoriales décentralisées que les organismes et services publics qui exercent des compétences de proximité sur les administrés et disposent des prérogatives importantes dans l'accomplissement de leur mission d'intérêt général assorties des privilèges pour sauvegarder l'équilibre entre les prérogatives essentielles de l'administration et les droits fondamentaux des administrés.

Il résulte de ce qui précède que les autorités politico-administratives disposent de grands pouvoirs et de gros moyens (juridiques, humains, financiers et matériels) pouvant leur permettre de réaliser l'intérêt général. Toutefois, suite au nonrespect des cadres tracés par les textes légaux et réglementaires, on assiste à la violation permanente du contrat de gouvernance conclu avec le peuple. Dans ces conditions la réalisation du programme national de gouvernance devient difficile, l'administration se présentant comme en contradiction avec les objectifs qui lui sont assignés.

Ce regard sur la notion et l'action des autorités politico-administratives en tant qu'auteurs de la gouvernance nous conduit à envisager les causes de la mauvaise gouvernance, obstacle au développement des entités nationales.

Les goulots d'étranglement du développement de la R.D.Congo en général et du Sankuru en particulier sont : 1) le déficit de l'esprit nationaliste, 2) l'excentrement du jeu politique et 3) le non respect des principes administratifs.

1. Le déficit de l'esprit nationaliste.

Le nationalisme se définit comme la doctrine qui affirme la prééminence de l'intérêt de la nation par rapport aux intérêts des groupes, des classes et des individus qui la composent. A ce titre, il se présente comme la garantie de l'intérêt général, un instrument de résistance contre tout ce qui de l'intérieur ou de l'extérieur viendrait y porter atteinte. L'état d'esprit qu'il crée est le facteur du développement du pays.

Vu dans la perspective de la bonne gouvernance, l'esprit nationaliste se matérialise essentiellement aussi bien dans le choix d'un ordre institutionnel, dans la définition des priorités nationales que dans la conduite de l'action gouvernementale en privilégiant l'intérêt général. Ce sont là les principes sur lesquels repose le nationalisme et dont le déficit est à la base de la mauvaise gouvernance du pays. Or au niveau institutionnel, le pays dispose des données fondamentales formalisées par son parlement et prêtes à promouvoir son développement. À propos du choix des priorités nationales fondées sur "les cinq chantiers de la République", il y a lieu de reconnaitre que ce projet de société est fort remarquable. C'est plutôt le leadership ou les animateurs de ces institutions et leurs capacités opérationnelles qui sont en question au regard du contrat de gouvernance conclu avec le peuple. La mise en place d'un nouvel ordre institutionnel risque de demeurer contre-productive si elle ne s'accompagne pas de l'avènement d'un leadership capable de diriger le pays conformément à la philosophie dont les institutions sont porteuses. Or la majorité au pouvoir en R.D.Congo est composée essentiellement des hommes de la dépendance et membres des centres de décisions situés à l'extérieur du pays, structures dans lesquelles ils sont relégués au second rôle de l'administration par rapport au rôle de direction détenu par les ressortissants de ces pays. Il en résulte que dans l'action gouvernementale, les responsables politiques accomplissent moins la volonté du peuple, de qui ils ne tiennent pas vraiment leur pouvoir, que celles des puissances étrangères qui continuent à régenter la R.D.C comme au bon vieux temps des colonies. Il en résulte, par conséquent, une situation de rupture du contrat social due au divorce presque consommé entre la population et ses leaders et qui étouffe la réalisation de tout programme gouvernemental.

C'est dans cette optique qu'on trouve des dirigeants congolais actuels, remplissant fidèlement la mission des commissionnaires jadis dévolus aux nationaux qui traquaient, arrêtaient et vendaient leurs concitoyens aux négriers en vue de la satisfaction de leurs besoins personnels. Ils traitaient les affaires de l'Etat selon la même conception et l'intérêt général est relégué au second plan. C'est dans ce cadre qu'on trouve la justification des investissements colossaux réalisés à fonds perdus et des somptueux immeubles érigés à l'étranger par des responsables politiques alors que leurs villages natals sont cruellement dépourvus d'un robinet d'eau portable.

Ainsi, la méconnaissance de l'intérêt général, pourtant au cœur de l'idéologie nationaliste, engendre la prévalence excessive de l'intérêt partisan et de l'égoïsme sur l'intérêt général et l'esprit nationaliste, bloquant ainsi le jeu démocratique et entrainant l'absence de contrôle et ses corrollaires que sont la corruption, le détournement. Le détournement de denier public, l'inversion des valeurs, bref, l'action gouvernementale est mise au service de la prédation plurielle.

En R.D.Congo, suite à la conjonction de certains facteurs dont l'anomie organique entre les intérêts du peuple et ceux des puissances étrangères, ainsi que la collusion d'une partie de la politique avec celle-ci, il n'est pas du tout aisé d'épouser l'idéologie nationaliste. Car face à la richesse tant convoitée de la R.D. Congo, et la connexion de ce pays avec les puissances signataires du traité de Berlin, font que tout congolais qui accède pouvoir se trouve tout de suite face au dilemme implacable ; soit se conformer à l'ordre établi et, par conséquent, assister sans rechigner au malheur du peuple et demeurer le plus longtemps possible au pouvoir, pour finalement terminer sa vie dans la poubelle de l'histoire ; soit s'employer à remettre en cause les structures dissolvantes héritées de colonisation et faire profiter au peuple des richesses dont il a été privé, avec à la clé le grand risque d'y laisser sa peau et d'inscrire son nom dans le registre des martyrs. Tout nationaliste qui se fait une haute idée de son devoir s'offre la dernière solution HYPERLINK \l "sdfootnote31sym" [31] . Il résulte de cet état des choses que chaque fois que les nationalistes ont eu l'occasion de diriger le Congo, ils ont eu affaire à l'opposition violente ou à une rébellion puissamment soutenue par les puissances extérieures en vue, avec l'objectif de les chasser du pouvoir, ou du moins de les obliger à cohabiter avec une idéologie opposée en vue de déstabiliser l'idéologie nationaliste de gouvernance des visées réductionnistes.

C'est ce qui explique que le gouvernement actuel, bien que présenté comme une coalition des nationalistes, constitue en réalité un attelage provisoire et fragile des membres des partis aux idéologies divergentes mais unis par un souci d'accumulation des richesses en vue de leur positionnement politique à la fin de la législature. Cette quête du pouvoir pour le pouvoir pose aussi bien d'épineux problèmes de l'indépendance de ces acteurs politiques par rapport à leurs mentors occidentaux que celui de leur pays.

En effet, à la faveur des traités et accords conclus au nom du Congo par la Belgique, le Congo fut objet et non sujet du droit international. La continuité de ce Congo-là est assurée par la classe politique formée à l'école coloniale au nom du principe de la succession d'Etat et de "pacta servanda sunt"[32]. Les puissances signataires du traité de Berlin avaient posé les jalons de la ***souveraineté surveillée*** de la R.D.C., qui se présentent aujourd'hui comme un des défis.

Se présentant aujourd'hui comme un des défis majeurs du développement de ce pays de cette situation infernale, bien de responsables politiques congolais ont résolu de s'accommoder au point de développer une pratique politique consistant à faire allégeance à ces puissances dans le but de se maintenir au pouvoir. Il en résulte que le microcosme politique de la capitale a toujours tendance à s'incliner sans état d'âme devant des schémas de dépossession les plus inacceptables!...

La faiblesse de la participation des Congolais dans les architectures institutionnelles élaborées pour leur pays reste un paramètre récurrent depuis l'indépendance. Les deux premières législatures furent marquées par la cessation inconsidérée du pouvoir définitoire de la situation à des acteurs étrangers[33]. Cette tendance est allée en s'amplifiant au point que certains responsables politiques congolais recourent à l'appui nécessaire des occidentaux pour accéder au poste de responsabilité dans leur propre pays[34]. La raison fondamentale de cet état des choses est à chercher dans la nature même de l'Etat congolais qui, à défaut de la capacité d'inventer ce dont il a besoin pour fonctionner, a fonction essentielle de gérer les biens et services de la puissance étrangère, ouvrant ainsi une brèche à leur immixtion dans les affaires internes du pays. D'où la dépendance notoire des acteurs politiques vis-à-vis de ces puissances. Ce qui fait l'excentrement du processus décisionnel reste une donnée permanente de la vie politique en R.D. Congo. L'excessive susceptibilité des acteurs politiques à l'égard des influences extérieures y est devenue une véritable seconde nature[35].

L'excessive soumission aux grandes puissances du monde a connu un répit avec L.D. Kabila, mais elle fit notoirement surface après lui avec la coalition au pouvoir actuelle malgré l'étiquette de nationaliste dont elle s'est affublée. Or le nationalisme se présente comme l'antithèse de tout genre de pesanteurs coutumières qui étouffent l'action des forces vives de la nation.

2. Du poids du passé et des pesanteurs coutumières

Les pesanteurs coutumières dont il est question sont, pour l'essentiel, les structures et les modes de pensée hérités de la colonisation et reproduits consciemment ou inconsciemment par les dirigeants pour des raisons inavouées. À titre d'exemple, la localisation de la capitale de la R.D. Congo, des chefs-lieux des provinces et des grandes agglomérations du pays, de même que le réseau de communication étaient implantés, non pour faciliter le gouvernement du pays, mais pour assurer l'exploitation de la colonie et satisfaire les intérêts du colonisateur. Le maintien du statu quo dans ce domaine géostratégique constitue une démission de la part des gouvernants actuels face à leur responsabilité et un frein au processus de réalisation du contrat de gouvernance conclu avec le peuple congolais.

Aujourd'hui encore, en référence à la mémoire coloniale, les responsables politiques belges continuent à nourrir des ressentiments envers certaines populations congolaises ayant opposé une résistance à la colonisation et manifesté des velléités d'indépendance. Partant, ces populations sont indexées dans l'octroi des aides aux gouvernements du pays par l'exclusion et le refus de leur intégration dans les programmes de développement.

Les difficultés du premier gouvernement de la R.D. Congo dirigé par le premier ministre P.E. Lumumba sont dues en partie à son appartenance à la souche Ankutshu-Anamongo qui a donné du fil à retordre aux Belges depuis les révoltes des Batetela[36], en passant par les guerres de Ngongo Leeteta[37], ainsi que les diverses résistances primaires pendant l'occupation du Sankuru[38].

Le district du Sankuru, théâtre de tous ces évènements, est mis en quarantaine dans les programmes gouvernementaux du Congo depuis l'époque coloniale jusqu'à ce jour. C'est ce qui fera dire au professeur R. Lokadi Longandjo que "le malheur du Sankuru reposerait non seulement dans un engagement nationaliste dans la défense des intérêts supérieurs du pays, mais aussi celui d'être la terre qui a donné naissance au héros de l'indépendance nationale et se trouvant au cœur de tout mouvement socio-politique révolutionnaire du pays, mais n'a jamais tiré aucune dividende substantielle des programmes de développement…, il n'est pas plus beau qu'avant l'époque coloniale et qu'il est aussi dénudé et méconnaissable que le village natal du héros national"[39].

Voilà autant de structures et de modes de pensées conçus par le pouvoir colonial belge pour ses besoins de survie et transmis aux gouvernements successifs de la R.D.Congo depuis plus d'un demi-siècle en vue de perpétuer le pacte colonial. Or en reproduisant ainsi un schéma désuet, les gouvernements de la R.D.Congo ont créé des conditions de blocage de la gouvernance. Et l'enclavement de l'entité administrative située au cœur du pays d'où devrait partir le rayonnement de son développement, constitue ni moins ni plus un goulot d'étranglement de la gouvernance de tout le pays. Mais la mauvaise gouvernance en R.D.Congo est aussi et surtout due aux deux facteurs internes dont le non-respect des principes administratifs et leur impact sur le terrain.

3. L'impact du non-respect des principes administratifs.

L'importance de l'administration dans la gouvernance du pays n'est plus à démontrer. Elle est gérée par des principes universellement admis et dont le non-respect est cause du sous-développement. Ces principes sont : a) la continuité, b) l'égalité, c) la mutabilité, d) la neutralité, et e) la supériorité des entités territoriales sur les services publics.

a) Le principe de continuité

Le principe de continuité, d'origine jurisprudentielle, signifie tout simplement que l'administration ne puisse pas s'arrêter. En conséquence, la décision prise par l'autorité supérieure devra être exécutée par l'autorité inférieure.

Par contre, nous pouvons constater que les ruptures et les dysfonctionnements constatés dans la mise en œuvre des programmes de développement en R.D.Congo et le non-respect du contrat de gouvernance sont la conséquence de la non-application du principe de continuité. Le mauvais état des infrastructures et le dysfonctionnement dans les services publics sont également la conséquence du non-respect du principe de continuité. Des décisions ont été prises par les autorités politiques mais non exécutées ou non concrétisées par les autorisés administratives. C'est ainsi q'au Sankuru, en l'absence de tout programme de développement et de tout investissement public, l'administration parait arrêtée.

b) Le principe de neutralité

Le service public repose sur la neutralité en rapport avec les pondérations politiques ou partisanes. Il est donc interdit aux gestionnaires du service public de refuser un service à un usager pour des raisons politiques ou partisanes. L'administration étant faite pour assurer l'intérêt général, elle ne peut s'engager politiquement. Mais en réalité, le principe de neutralité des services publics est encore un vœu pieux en R.D.Congo.

Au Sankuru, par exemple, les services publics ne tournent plus puisque les responsables nommés à leurs têtes par les élus au parlement s'efforcent de satisfaire la volonté de ceux-ci en lieu et place de celle des usagers. D'où le détournement et le jeu retour des frais de fonctionnement et des recettes publiques dans le circuit informel du clientélisme politico-administratif.

c) Le principe d'égalité

C'est l'obligation aux services publics de distribuer les prestations de la même manière à tous les usagers sans discrimination fondée sur la race, le sexe, la condition sociale ou les convictions politiques et religieuses. Mais en réalité ce principe est malmené dans la pratique des choses surtout dans la perspective de la gouvernance où l'accès aux services politiques est discriminatoire du fait des clivages socio-politiques des inégalités des chances.

C'est le déficit de ce principe qui fait que leprogramme national de gouvernance fondé sur l'identification des secteurs stratégiques d'interventions gouvernementales ne connait un début d'intervention que dans certaines provinces de la République alors que certaines autres sont laissées pour compte. Alors que si des points névralgiques comme le Sankuru étaient ciblés, ils provoqueraient l'effet de boule de neige dans le développement du territoire national. Le désenclavement de la province du Sankuru aurait pour effet la création d'un vaste marché intérieur et la naissance d'un pôle de développement qui profiterait à l'ensemble de la République.

d) Le principe de mutabilité

Les services publics sont tenus par l'obligation de prendre des mesures relatives aux textes légaux en tenant compte des opportunités publiques et d'adapter à la conjoncture en tenant compte de la demande sociale. Or la plupart des textes légaux de la R.D.Congo datent de l'époque coloniale et sont souvent inadaptés aux circonstances actuelles. Les services publics sont donc tenus de s'adapter aux réalités du moment afin de répondre aux exigences de l'évolution de la société.

C'est ainsi qu'un service peut étendre ou restreindre ces activités en rapport aux circonstances mais les services publics de la R.D.Congo s'illustrent plutôt dans la restriction que dans l'extension des droits de la population et peu d'initiatives positives sont prises en sa faveur.

e) Le principe de la supériorité des entités territoriales sur les services publics

En fait, les entités territoriales peuvent être considérées comme des services publics. Mais au sens strict, les services publics sont des éléments sectoriels dépendant des autorités politicoadministratives.

Au nom de la supériorité des entités territoriales sur les services publics, l'administrateur du territoire a un droit de regard sur tous les services publics se trouvant dans son entité (police, sécurité, etc.) comme des unités relevant de son autorité au titre de représentant du pouvoir central et du pouvoir décentralisé.

Cependant dans la pratique actuelle et suite à l'absence des mécanismes de contrôle et de sanction, les responsables des services publics se permettent de défier les autorités politicoadministratives et de passer outre leurs instructions. Il importe de parer à cette gangrène si on veut assurer le fonctionnement régulier du pays.

La gouvernance participative

Pour créer les conditions d'une gouvernance participative et du développement en R.D.Congo, il importe de prendre un certain nombre de dispositions qui se cristallisent dans les mécanismes politiques en faisant la promotion de la démocratie à la base, en assurant la primauté de l'esprit de nationalité, en remettant en question les structures héritées de la colonisation et en appliquant strictement les principes administratifs pour créer une dynamique interne en R.D.Congo et par conséquent au Sankuru.

1) De la démocratisation à la base

Le projet d'installation de nouvelles institutions prévues par la constitution et la vie politique qu'elle implique ne concerne que les niveaux national et provincial alors que la base territoriale et locale reste sous l'emprise des méthodes de gestion surannées donnant l'impression d'une gouvernance nationale à géométrie variable.

Ainsi l'administration territoriale congolaise se caractérise par l'inexistence de la base, avec entre autres conséquences inéluctables le fait que les maux dont souffre l'État, à savoir la lenteur administrative, la corruption, l'impunité, la démission et les conflits politiques bipolaires, seront transférés à la base et continueront à ronger celle-ci. De plus la population à la base ne sera point associée à la gestion des affaires. Bien plus, la crise de leadership étant une cause fondamentale de la mauvaise gouvernance dans le pays, une révolution plus démocratique s'impose en assurant l'éducation et la formation idéologique de la population pour son réarmement moral en vue de l'amener à faire des choix utiles des dirigeants qui s'impliquent réellement dans la gestion de la chose publique. Sans l'émergence d'un leadership mosaïque capable de servir et au besoin de disparaitre pour le triomphe d'un idéal, la R.D.Congo et, par osmose, le Sankuru, ne parviendront point à conjurer les démons.

Pour sortir de ce bourbier et assurer la démocratisation à la base où vit l'écrasante majorité de la population, il faut d'abord édicter et appliquer scrupuleusement les lois sur les entités territoriales décentralisées et des entités déconcentrées en parfaite conformité avec le contrat de gouvernance conclu entre le gouvernement de la République et le pays.

Bref, c'est la question fondamentale de placer à la tête du pays des dirigeants réellement nationalistes capables de faire triompher l'intérêt général par rapport aux intérêts privés qui est posée. Et penser pour son application à la base que par des dirigeants réellement nationalistes.

2) De la primauté de l'esprit nationaliste sur l'esprit partisan

L'esprit nationaliste met l'intérêt général au premier plan dans l'action des dirigeants du pays, ce qui postule l'auto-surveillance constante de la part des responsables politiques au pouvoir à l'effet d'éjecter de leurs rangs tout celui qui ne joue pas correctement le jeu de l'intérêt général.

C'est donc au mépris de cette exigence en R.D. Congo que la majorité au pouvoir ferme les yeux devant des cas flagrants de violation du contrat de gouvernance conclu avec le peuple et justifie le désaveu de celui-ci à son égard. Sous d'autres cieux par contre, l'appartenance à une majorité n'exclut nullement le contrôle.

3) De la remise en question des structures ou modes de pensée hérités de la colonisation

Pour des besoins de survie et de pérennité, le pouvoir colonial belge avait mis en place au Congo des structures pouvant permettre de régenter l'État congolais même après la proclamation de l'indépendance. Ces structures se présentent aujourd'hui comme des défis majeurs à la bonne gouvernance en R.D.Congo. Il s'agit de la cartographie des entités politico-administratives orientées vers l'occupation, l'exploitation et l'administration du pays et la continuité de certains traités et accords conclus avant l'indépendance mais, qui continuent à éroder la souveraineté nationale[40]. Le lieu d'implantation de la capitale du pays, des chefs-lieux des provinces, des districts (la capitale excentrique du Sankuru est toujours à Lusambo) et des territoires, les voies de communications et les limites entre les entités territoriales tracées mécaniquement par le pouvoir colonial pour la prédation, continuent à servir de paramètres de gestion administrative et de gouvernance. La géographie et l'histoire du pays sont élaborées selon les schémas arrêtés qui ne favorisent pas la dynamique interne de l'évolution du pays. Les ethnies, les tribus et les clans, les langues, la culture et les arts sont stratifiés au niveau du folklore. Toute l'architecture de la gestion politico-administrative du pays et les réformes échafaudées reposent sur des fondations précaires d'une époque. Pour la renaissance de la R.D.C., il faut une remise à jour des structures politicoadministratives et l'élaboration d'une vision dynamique globale de son développement intégral. C'est à ces conditions que le Sankuru peut espérer renaitre de ses cendres.

Conclusion

Le Sankuru n'est pas un village abandonné sans espoir. Son drame postcolonial, c'est d'être assujetti à la passion de domination d'une certaine politique locale. Placé au cœur du pays, le Sankuru est l'épicentre politico-administratif de la République Démocratique du Congo. Il en est le cœur dont les actions, telles une onde de choc, peuvent rayonner dans toutes les directions. C'est une province aux opportunités pouvant pousser aux initiatives et à la réflexion ; et la réflexion à l'interrogation. Ce qui en clair revient à dire que la relève du Sankuru n'est pas un leurre ! Cependant, pour sauver le Sankuru du naufrage, il faut non seulement combattre les effets des démons de la division politicienne entretenue par des leaders à mal de positionnement, mais aussi les causes profondes de toutes ces divisions artificielles par la sauvegarde de l'unité du territoire et de la communauté.

Indications bibliographiques

- FONDATION UNIVERSITAIRE DU SANKURU (F.U.S. en sigle), *Table- Ronde "Le Sankuru et les dix opportunités du développement de la R. D. Congo"*, Lodja, 2011.
- FONDATION UNIVERSITAIRE DU SANKURU (F.U.S. en sigle), *Table-Ronde "Le Sankuru et les dix opportunités du développement de la R. D. Congo"*, Lodja, 2011.
- HERVOUET, J., "Le niveau (contre) pouvoir du conseil constitutionnel", in *L'essentiel des relations internationales,* n°32 Août/Sept. 2010.
- LOHAKA, OMANA, *Ngongo Leeteta, Pénétration arabe chez les Tetela du Sankuru.*
- LOKADI LONGANDJO, R., *Le Sankuru face au défi du développement,* CRP, Kinshasa, 2003.
- MENDE OMALANGA, L., *Congo-Kinshasa, au-delà de l'urgence humanitaire,* AGB-Kinshasa, 2011.
- MENDE OMALANGA, L., *Dans l'œil du cyclone – Congo-Kinshasa, les années rebelles 1997-2003 revisitées,* L'Harmattan, 2008.
- NDAYWELL, I. et KAUMBA , L., V*ision et stratégies pour le développement durable de la République Démocratique du Congo,* CEDI, Kinshasa, 2010.
- NGUWO NDJOVU, A., *Le Sankuru, fondements d'une province au cœur de la R. D. Congo,* CERCA/Lakaso, 2011.
- NGUWO NDJOVU, A., *Le Congrès des Ankutshu-Anamongo, visibilité politique du Sankuru,* CERCA/Lakaso, 2011.
- NGUWO NDJOVU, A., *Le défi de la refondation de l'unité des Kusu-Tetela du Sankuru,* CERCA/Lakaso, 2006.
- OLONGO EKANGA, P.T., *Ngongo Leeteta, héros souverain des Bakutshu-Tetela,* Bruxelles, 1970.
- ROUSSEAU, J.J., *Du contrat social,* Bordas, Paris, 1969.
- TURNER,T., *Cent ans de conflits politiques au Sankuru,* Université de Wisconsin, 1973.
- VERBEKE, A., *La révolte des Batetela,* Tervunen, 1958.
- VEYRET, V., *Le développement durable : Approches plurielles,* Hatier, Paris, 2005.

Chapitre II

L'ethnicité comme mode opératoire des acteurs politiques du Sankuru.
Une grille géopolitique de l'autochtonie.

Alphonse PONGOMBO ONOLOKE
Docteur en Relations Internationales
Professeur Associé à l'UNIKIN

Résumé : *La gouvernance des espaces (territoires) est fonction du volume et de la qualité des populations qui y habitent, ainsi que des ressources naturelles s'y trouvant. Les confrontations géopolitiques sont analysées ici, dans le cadre des différends intercommunautaires. Ainsi, les acteurs politiques du Sankuru se servent de quelques clivages locaux pour atteindre leurs objectifs politiques. Dans ce contexte, la socialisation de la paix a été proposée comme alternative pour l'émergence et le développement durable de cette jeune province.*

Mots-clés : Ethnicité, acteur politique, géopolitique, autochtonie et socialisation.

Introduction

Le 12 février 2022, des affrontements intercommunautaires avaient opposé les habitants du village Mongo, situé au secteur de Mvunge, à ceux du village Elonge, du secteur de Nambelo Lohembe. 144 maisons, une école et un centre de santé ont été incendiés au village Mongo déserté par ses habitants.

De même, le 18 novembre 2022, ce conflit foncier avait rebondi suite à la découverte de la dépouille mortelle d'un jeune garçon de la localité de Elonge, dans le secteur de Nambelo, au sein de la forêt querellée entre Nambelo et Mvunge, dans le territoire administratif de Lodja. Au bout de ces affrontements, le bilan avait fait état de trois personnes tuées et des dizaines de maisons incendiées.

Il convient de signaler que l'administrateur du territoire de Lodja et son adjoint de l'époque avaient été suspendus par le Vice-Premier Ministre et Ministre de l'Intérieur (Daniel ASEELO), suite à leur parti pris dans les deux camps en conflit.

En plus, la réconciliation entre les deux secteurs fut entreprise sous les auspices de l'évêque du diocèse de Tshumbe, Mgr Vincent TSHOMBA, en présence du sénateur Berthold ULUNGU (de Mvunge) et du député national Jean-Charles OKOTO (de Nambelo). Ceci prouve à suffisance que les tireurs des ficelles de ces tensions intercommunautaires étaient des politiciens originaires de ce territoire administratif.

Signalons que la déconfiture des partis politiques congolais expose les acteurs politiques, dont ceux du Sankuru, à recourir bien souvent à des replis identitaires, faute de programme politique viable, en vue de pérenniser leur survie politique. Cette situation plonge les différentes communautés du Sankuru dans des conflits intercommunautaires perpétuels. Dans ce contexte, les politiciens du Sankuru sont devenus des champions de l'ingénierie sociale[41] de la conflictualité pour des raisons de positionnement politique.

En fait, cette recherche s'intègre dans la dynamique de l'émergence et du développement durable du Sankuru à partir de la territorialité et de l'altérité, c'est-à-dire la perception qu'un individu se fait de son milieu de vie et de sa relation avec son voisin immédiat. C'est grâce aux outils documentaires et de l'observation directe, canalisés par le cheminement constructiviste que nous avons pu orienter cette réflexion.

Ainsi, ce texte se structure autour de trois points, outre l'introduction et la conclusion.

- Le premier analyse quelques moyens illégaux des combats politiques au Sankuru ;
- le deuxième épingle certains enjeux socio-économiques des conflits intercommunautaires au Sankuru ;
- enfin, le troisième plaide pour la socialisation de la paix intercommunautaire au Sankuru.

I. Les moyens illégaux des combats politiques : sources des tensions intercommunautaires au Sankuru

Dans le but de conquérir ou de conserver le pouvoir d'Etat dans la province du Sankuru, les acteurs politiques, toutes tendances confondues, recourent aux divers moyens et stratégies des combats politiques illégaux en vue de triompher à travers les différents contextes, surtout électoraux. Et tous ces stratagèmes exacerbent les tensions inter-communautaires dans cette province. C'est ainsi que nous analysons quelques-uns à ce niveau.

I.1. Les Structures d'opportunités

En vue de bien mener la lutte politique au Sankuru, les acteurs sociopolitiques procèdent à la création des structures informelles et d'opportunités telles que la NORELO (Notabilité rénovée de Lodja), l'UNIKALU (l'union de Katako, Lubefu et Lusambo) et la CAM (la coalition anti-mende). Toutes ces structures sont des véritables moyens illégaux des combats politiques et vecteurs des idées séparatistes doublées des tensions intercommunautaires. Il faut souligner que ces structures ne sont connues ni par les lois ni par la constitution de la RDC. Elles sont donc informelles !

Dans l'optique de contourner les lois de la République, les acteurs politiques du Sankuru ont procédé depuis les élections présidentielles et législatives de 2006 à la mise en œuvre des structures informelles de combat politique, basées sur des références identitaires. Ces structures viennent donner du secours aux partis politiques des leaders en confrontation, dans les contextes électoraux ou encore à chaque fois qu'un événement politique se pointe à l'horizon.

À travers ces structures (associations), les acteurs politiques opèrent discrètement. En effet, quand arrivèrent les premières élections présidentielles et législatives de la 3ème République organisées en 2006, 2011, 2018 et l'élection gouvernorale du 20 juillet 2019, contre toute attente, la politique, tirant malheureusement profit de l'avènement de la démocratie et du multipartisme, n'a trouvé des raisons que de disloquer les structures d'unité des Atetela, avec la création des structures identitaires, telles que la NORELO (son ancêtre est l'ASSALO : association des ressortissants de Lodja) qui était dirigée par le feu Jacob Dimandja et l'UNIKALU, dirigée par Jean-Paul Omanyondo. Ces structures deviennent désormais, au Sankuru, des moyens de combats politiques, des organes d'exécution ou des caisses de résonnance des acteurs politiques de l'heure, opposant continuellement les différentes communautés du Sankuru, en divulguant des propos haineux et séparatistes.

Déjà en 2005, avec l'enrôlement des électeurs par la commission électorale indépendante, la CCU de Lambert Mende avait créé cette association de la Notabilité Rénovée de Lodja (NORELO). Ainsi, cette NORELO avait réussi à paralyser et à mettre sous son obédience tous les services étatiques et s'est étendue dans tous les secteurs de la vie. Pour faire le contrepoids, les non-originaires de Lodja ont mis sur pieds l'UNIKALU en utilisant les mêmes pratiques : les originaires contre les non originaires.

En outre, la coalition anti-monde était à la fois, en 2019, un moyen de combat politique pour Stéphane Mukumadi et une structure d'opportunité afin d'empêcher Lambert Mende d'accéder à l'exécutif provincial du Sankuru, à l'issue de l'élection des gouverneurs et vice-gouverneurs du 20 juillet 2019. Cette CAM a été non seulement un véritable moyen de combat politique, pour Stéphane Mukumadi, afin de faire échec à Lambert Mende, mais aussi un facteur des tensions et des divisions entre les communautés.

De ce fait, la CAM comme moyen de combat politique avait permis à un indépendant, Stéphane Mukumadi, d'imposer sa victoire politique face à Lambert Mende (17 voix sur 25). Le fait pour un indépendant de faire mordre la poussière à un candidat majoritaire à l'assemblée provinciale (22 sur 25) a été considéré par Lambert Mende comme une trahison de ses partenaires du FCC.

Par conséquent, l'issue de cette élection avait conduit au blocage politique pendant plus ou moins trois ans jusqu'à l'organisation d'une nouvelle élection des gouverneurs le 06 mai 2022, avec des répercussions graves sur le développement et la cohabitation pacifique des membres des communautés, notamment entre les ressortissants des secteurs de Nambelo-Lohembe, Olemba et de Kondo-Tshumbe et aussi entre les originaires des territoires de Lodja contre ceux de Katako-Kombe et Lubefu.

I.2. Représentation politique comme source des tensions intercommunautaires

Comme l'avait signifié De Villers, « le champ politique n'est pas ici structuré par des conflits généraux portant sur des choix de société, d'organisation sociale, mais entre les acteurs formulant des offres politiques correspondant aux demandes de vastes catégories sociales» HYPERLINK \l "sdfootnote42sym" [42] .

Mais, « si l'on substitue à la notion de démocratie représentative (notion qui fait problème même dans les pays de vieille tradition parlementaire), la notion pragmatique de ″méthode démocratique″ définie par Joseph Schumpeter» HYPERLINK \l "sdfootnote43sym" [43] , on peut dire que la RD Congo a adopté avec les élections (si celles-ci se renouvellent aux échéances) un régime de type démocratique: «la méthode démocratique, écrivait ce chercheur, est le système institutionnel, aboutissant à des décisions politiques, dans lesquelles les individus acquièrent le pouvoir de statuer sur ces décisions à l'issue d'une lutte concurrentielle portant sur le vote du peuple »[44].

C'est ainsi que pour Dominique Memmi « l'activité politique est en réalité pratiquée par une minorité d'individus: les professionnels de la politique. Ces derniers cumulent plusieurs postes à la fois et composent une sphère restreinte d'initiés qui vivent par et pour la politique »[45].

Par conséquent, « le rapport existant entre la minorité politique et les communautés auxquelles ils appartiennent et représentent, fait que ces professionnels de la politique subissent des pressions sociales de leur électorat, généralement éthique »[46]. Ce qui fait que la problématique de la représentation politique dans les arènes du pouvoir au Sankuru constitue une des ressources politiques efficaces des luttes politiques. Dans ce contexte, les acteurs en compétition électorale se battent afin de représenter dans les institutions étatiques une frange de la communauté. L'objectif caché est de se retrouver dans les arcanes du pouvoir politique.

Ainsi, la représentation politique est un moyen de combat politique et une source des tensions et des divisions au sein des membres des groupes sociaux, lorsque les opérateurs politiques se disputent la représentativité d'un espace communautaire. Cette lutte finit souvent par l'éclatement de la communauté en plusieurs ailes.

En effet, dans le jeu politique congolais, les identités singulières des groupes sont souvent instrumentalisées afin d'atteindre les buts spécifiques: la conquête, l'exercice ou la conservation du pouvoir. Dans cette instrumentalisation, les populations locales négocient aussi leurs soutiens aux politiques en vue d'accéder aux privilèges et ressources de l'Etat dont ils sont privés. C'est à travers la représentation politique que les uns et les autres opèrent pour trouver leur compte. De ce fait, la représentation politique devient une des revendications sociales pour les membres de la communauté, d'une part, et d'autre part, un moyen de combat politique des acteurs en lutte de positionnement/repositionnement.

En 2011, dans le territoire de Katako-kombe, la représentation politique avait alimenté un conflit intergroupe avec d'énormes dégâts, notamment, autour de la candidature de Christophe Lutundula Apala, issu de la minorité allochtone Sambala (Député National depuis les élections législatives de 2006).

Cette représentation politique avait servi de moyen de lutte entre les leaders issus de la minorité allochtone (Sambala), à l'occurrence Lutundula Apala, et ceux issus de la majorité autochtone (Ahamba), notamment le candidat malheureux de la CCU à Katako-Kombe, le feu Albert Diheka. Le même conflit avait repris de l'ampleur en 2017, en projection des élections présidentielles et législatives de 2018, entre les villages Elamba (autochtone) et Mundala (allochtone) dont les habitants du premier ont refusé d'être continuellement représentés par un allochtone, Lutundula Apala. Cette lutte pour la représentativité politique provoqua deux morts, une trentaine de maisons brulées et l'incendie de tout le village Mundala dont les habitants sont des transplantés de la colonisation.

Dans la même logique, les divergences surgies pendant la compagne électorale de 2011 entre Georges Wetshodima et Christophe Lutundula dans le territoire de Katako-Kombe, secteur des Ukulungu, relève de la lutte politique de ces deux acteurs pour la représentation politique. Georges Wetshodima, un Yenge autochtone, n'a pas permis à Lutundula, un Sambala allochtone, de faire incursion dans son fief naturel. Le même scénario s'est produit à l'élection de 2018, dans le territoire de Lodja. Le souci de la représentation politique des originaires du secteur de Nambelo-Lohembe a fait que

Jean-Charles Okoto, originaire de ce secteur, soit élu député national en 2018, alors qu'il était évincé en 2011.

Actuellement, en projection des élections de 2023, Gilbert Etambahiele Ohidi, un Hamba de Katako-Kombe, qui fait son incursion en politique, se sert de ce moyen politique après la mort d'Albert Diheka, comme étant le leader incontournable pouvant représenter les Ahamba de Katako-Kombe, de Lomela et de Lodja dans les institutions étatiques.

En définitive, les illusions de la représentation des groupes au sein des institutions de l'Etat font croire que le ″frère″, soit-il d'ethnie ou de province, est une source sûre de protection et de profit pour toute la communauté. Par cette perception, la lutte de représentativité au sein des institutions est aussi celle de l'appropriation des groupes. C'est pour cela que la discrimination communautaire ou tribale est souvent utilisée comme moyen pour y arriver. Cette illusion est trop renforcée, dans nos communautés africaines, à cause de la culture politique paroissiale dont nous faisons encore montre.

I.3. Le discours sur l'autochtonie

La proclamation de l'indépendance en juin 1960 consacre la naissance de l'Etat-Nation et ses entités au Congo. «Antérieurement inexistantes, les frontières de l'Etat-nation issues de la colonisation sont réapprises à cette occasion par les autochtones. Depuis lors, ces frontières matérialisent l'identité ethnique calquée sur le territoire. Les jeux et enjeux politiques sont confortés à travers l'instrumentalisation des menaces à la fois symboliques et réelles»[47]. Par conséquent, «le discours sur l'autochtonie sert aujourd'hui, à mobiliser le soutien politique, et mène les groupes ethniques à se soulever les uns contre les autres»[48].

C'est en s'inscrivant dans cette logique que le slogan en vogue, dans le territoire de Lodja : «*Ngelo ate Mende, Mende ate Ngelo* = Lodja c'est Mende, Mende c'est Lodja», trouve de fondement dans le discours sur l'autochtonie qui est un moyen dont se sert Lambert Mende et ses acolytes afin d'écarter les non-originaires d'être bénéficiaires des retombées politiques et économiques du territoire de Lodja. Ce discours permet d'endoctriner la population de Lodja afin de défendre, même au prix de leur sang, les intérêts cachés ou ouverts de Lambert Mende, car ce dernier se présente à leurs yeux comme étant le seul acteur capable de protéger leurs intérêts politiques et économiques.

Le problème du Sankuru relève des comportements des acteurs politiques qui exploitent les espaces en reliant leurs propres intérêts à ceux de la population. Toutefois, le paradoxe entre le discours sur l'autochtonie et la précarité socio-économique dans laquelle vit l'ensemble de la population du Sankuru dément toute logique du développement; il s'agit tout simplement d'un moyen de combat politique. En 2019, sur la radio Top Congo, Lambert Mende avait fait la déclaration suivante: «chez moi au Sankuru, les gens vivent encore comme s'ils étaient encore au Moyen âge». Alors qu'il vit à Kinshasa dans une opulence criminelle.

En gros, le discours sur l'autochtonie sert souvent les leaders politiques à se repositionner dans le champ politique et à se construire une notoriété en exacerbant le sentiment d'appartenance identitaire. Ceci ne fait qu'intensifier les tensions intercommunautaires au Sankuru.

II. Les enjeux socio-économiques et les tensions intercommunautaires au Sankuru

Depuis les temps anciens, les réalités sur l'occupation de l'espace du Sankuru par les Arabes d'abord, ensuite par les colons belges, jusqu'à la reprise en mains des affaires de l'Etat par les dirigeants contemporains, démontrent qu'elle (occupation) était fondamentalement économique.

En ce qui concerne l'Etat-nation moderne, John Rex a réalisé des travaux qui ont été déterminants «pour la théorisation de l'Etat moderne et des formes associées de nationalisme»[49]. Ces travaux ont été inspirés de ceux de Gellner, qui mettait l'accent «sur la manière dont les besoins de l'économie avaient conduit à l'émergence de l'Etat et avaient contribué à éroder les formes préexistantes de liens sociaux»[50]. Pour ces chercheurs, à tous les niveaux et à chaque époque, les positions des dirigeants politiques, d'hier et d'avant-hier tout comme d'aujourd'hui, peuvent être des positions de prédation ou d'accumulation économique.

Dans la société RD.Congolaise, « occuper des postes au sein du gouvernement, être membre de l'Assemblée nationale ou devenir mandataire d'une entreprise publique est perçu comme une source d'enrichissement »[51]. C'est sous cet angle qu'il faut approcher les divergences entre les anciens gouverneurs Berthold Ulungu, Stéphane Mukumadi et Lambert Mende, Emery Okundji et Mwembo, etc., autour des gisements miniers de Lusambo, Lowela, Kondo-Tshumbe, Loteta, etc.

II.1. Enjeux politico-économiques des tensions

Les batailles politiques des acteurs, pour le contrôle de l'exécutif provincial du Sankuru, cachent une réalité économique dont les acteurs politiques maîtrisent mieux les arcanes. En 2015, « Berthold Ulungu, élu gouverneur du Sankuru, avait été impliqué dans une affaire de diamant issu du sol sankurois avec Ngoyi Kasandji, gouverneur du Kasaï-Oriental dont monsieur Olomi Lodi, propriétaire de la pierre précieuse, fut retrouvé mort dans les circonstances non encore élucidées jusqu'à ce jour. Cette affaire avait créé des tensions entre Berthold Ulungu et son mentor Lambert Mende qui l'accusait de lui avoir joué un vilain tour et bénéficié seul avec Ngoyi Kasanji »[52] ; et les retombées de ce diamant lui avaient permis de se procurer une villa dans un quartier huppé de Kinshasa (il s'agit de "Ma compagne") et d'autres avantages en Europe.

Les mêmes batailles politiques qui cachent la mafia économique des mines des diamants de Kondo-Tshumbe et surtout de Lusambo qui étaient exploitées depuis longtemps, pour le compte personnel de Joseph Kabila, sous-couvert du gouverneur Ngoyi Kasanji, avant le découpage territorial de 2015 et de Berthold Ulungu commissaire spécial, puis élu gouverneur du Sankuru, continua cette entreprise avec le même dynamisme. Ainsi, l'animosité remarquée entre Ngoyi Kasanji et Lambert Mende, d'abord, et entre ce dernier et Berthold Ulungu (actuel sénateur du Sankuru), ensuite, explique cette guerre pour le contrôle des retombées économiques du Sankuru.

En 2020, lors de la première visite de l'ancien gouverneur, Stéphane Mukumadi, au Sankuru, les Kimbanguistes, membres d'une communauté religieuse installée dans le territoire de Katako-Kombe, lui avaient apporté de Lowela, un colis de diamant de grande valeur et surtout, l'achat de deux dragues pour le compte du président de l'Union sacrée de la Nation, exploitant le diamant dans les rivières Lubefu et Sankuru. Ce geste, relativement généreux, est une goutte d'eau qui avait fait déborder le vase. Ces faits avaient alimenté les courroux des députés provinciaux du Sankuru, dont Lambert Mende, qui n'ont juré que par la défenestration du gouverneur Stéphane Mukumadi par tous les moyens.

Les trois occasions des destitutions de Stéphane Mukumadi par l'assemblée provinciale majoritaire au FCC, à l'intervalle de trois ans, ont été les conséquences d'une lutte larvée entre le FCC de Joseph Kabila qui contrôlait les gisements miniers du Sankuru via Ngoyi Kasanji, ensuite par Lambert Mende via Berthold Ulungu et l'Union Sacrée de la Nation de Félix Tshisekedi dont Stéphane Mukumadi était le représentant des intérêts politiques et surtout économiques au Sankuru.

Ainsi, cette lutte pour les enjeux économiques avait conduit au blocage politique et à des divisions au sein des communautés des Atetela dont les habitants de Kondo-Tshumbe contre ceux d'Olemba et de Mvunge, les Songye contre les Mukundji, etc.

II.2. Sources socio-économiques des violences au Sankuru

Les sources des violences en Afrique se situent aussi bien dans les systèmes politiques de prédation, dont les accumulateurs des richesses jouent un rôle de premier plan, que dans le système économique. Les problèmes de base se localisent dans la question de la répartition des revenus provinciaux, de l'exploitation et de la gestion des ressources naturelles qui sont détournées par une poignée de dirigeants politiques, représentant quelques communautés. Les injustices sociales et la marginalisation de certaines communautés génèrent souvent une lutte pour la survie.

À titre illustratif, au Sankuru, « l'éducation s'élève à 78,3 % pour le primaire, 51,1 % pour le secondaire, et à 0,3 % au niveau de l'enseignement supérieur et universitaire. Quant à l'accès aux soins de santé, selon les statistiques de l'INS par exemple, le taux d'accouchements assistés par un personnel qualifié est de 69,3 % au Sankuru, tandis que le taux le plus bas pour la RDC est de 49,1 % »[53].

En prenant particulièrement la situation du Sankuru, « il s'avère que 81,5 % des ménages vivent dans un mauvais logement, contre 2,4 % qui occupent des logements de bonne qualité, et 1,6 % les logements d'assez bonne qualité. Cela étant, 90,5 % des ménages sont propriétaires des logements qu'ils occupent, soit le record de la RD. Congo »[54].

Cependant, les statistiques de l'INS répartissent la population exerçant un emploi salarié au Sankuru par secteur d'activité comme suit : « 17,5 % dans l'administration publique, 1,3 % dans les entreprises paraétatiques, 54,3 % dans les entreprises privées, 0,4 % dans les organisations internationales, 0,3 % dans les associations, 20,8 dans les ménages, 5,4 % autres. Le secteur des entreprises privées est donc la pourvoyeuse d'emplois au Sankuru »[55]. En effet, il s'observe globalement que 79 % de la population du Sankuru sont pauvres (dont 49 % admettent être très pauvres et 31 % autres un peu pauvres).

En gros, « la base économique du Sankuru repose essentiellement sur l'agriculture. Or, à l'heure actuelle, la population ne pratique qu'une agriculture d'autosubsistance, pour un système cultural traditionnel d'itinérance, sans semences améliorées, sans engrais chimiques, avec des outils manuels archaïques, souvent de fabrication locale (machette, houe, hache, etc.). Dans ce secteur donc, les paysans ne bénéficient d'aucun accompagnement de l'Etat ou des partenaires au développement »[56]. Cet état des choses n'est pas de nature à favoriser le développement humain en particulier dans la province, mais bien au contraire, à accentuer la vulnérabilité, les inégalités et les tensions dans la province du Sankuru.

Face à ce tableau sombre de la précarité économique dont les populations sont victimes, nous ne pouvons que remarquer des violences entre les communautés à la moindre manipulation politicienne au Sankuru, surtout à l'approche des échéances électorales.

II.3. Le darwinisme social et ses conséquences au Sankuru

La désorganisation et le dysfonctionnement de l'Etat central et des gouvernements provinciaux plongent les citoyens du Sankuru dans une espèce de darwinisme social[57]. Un système qui prône l'élimination et la disparition des êtres moins aptes à survivre à leur environnement. La quête des moyens de subsistance est aussi au cœur de l'activité socio-politique au Sankuru, elle fait du contrôle de l'Etat un aboutissement du combat politique pour le pouvoir.

L'accentuation de la précarité économique au Sankuru renforce le darwinisme social tant au niveau des dirigeants politiques que des populations. Ce qui conduit à la patrimonialisation des structures et services étatiques par un groupe d'individus. La violence apparait alors comme l'un des meilleurs moyens d'affirmation des positions des uns et des autres devant la mangeoire nationale ou provinciale.

Cette lutte vise à capter la rente dans un environnement marqué par la pénurie des ressources. Elle est souvent si acharnée que l'anéantissement physique des uns parait une nécessité pour la survie des autres.

Ainsi, s'expliquent aussi des divisions intercommunautaires, des assassinats politiques, des incendies des maisons, des braquages, des empoisonnements, des disparitions suspectes au Sankuru. La violence prend, en effet, une place essentielle aussi bien entre les acteurs politiques qu'entre les communautés d'autant plus que pour les dirigeants celui qui occupe déjà un poste n'est pas disposé à le laisser à un autre; sa mise à l'écart est ressentie comme une mort politique, sociale et économique.

La violence devient alors l'autre terme d'une alternative pour éviter la disparition économico-politique et se maintenir aux commandes. Les aspirants politiques recourent également à ce moyen de violence pour déposséder ceux qui exercent déjà le pouvoir.

La lutte pour l'accumulation et contre la pauvreté explique alors en partie les confrontations politiques dans les relations au pouvoir et les rivalités entre communautés qui résultent à des violences au Congo.

C'est pourquoi, au sein des provinces à très faible revenu par habitant et dont la politique n'est marquée par un effort vers l'égalité sociale comme le Sankuru, la criminalité autant que la violence politique sont pour la survie des uns et des autres une réalité quotidienne. Car, «la violence légitime de l'Etat est privatisée, déviée et ses structures s'affrontent pour les intérêts des dirigeants politiques. Cette lutte pour la captation des rentes des matières premières ne laisse pas insensible la population sur les territoires dans lesquels les ressources naturelles sont exploitées. Elle revendique aussi, parfois par la violence, les bénéfices de ces transactions»[58].

Partant de ce qui précède, la terreur que les partisans d'Albert EKUMBAKI et ceux de Moise EKANGA sèment actuellement à Lomela est suffisamment expliquée. C'est sur base de tous ces faits que le rapport synthèse des rapports des vacances parlementaires de l'Assemblée Nationale constatait, en 2022, une « insécurité généralisée sur l'ensemble de la province du Sankuru »[59] .

III. Vers la socialisation de la paix intercommunautaire au Sankuru

La violence a atteint des proportions inquiétantes, au Sankuru, qui ne favorisent aucun projet sérieux de développement dans cette province. Face à ce fléau, nous préconisons la socialisation de la paix comme mécanisme pouvant conduire cette jeune province vers son émergence et son développement.

En fait, « la socialisation, c'est donc en ce sens l'ensemble des processus par lesquels l'individu est construit, on dirait aussi ″formé″, ″modelé″, ″façonné″, ″fabriqué″, ″conditionné″ - par la société globale et locale dans laquelle il vit, processus au cours desquels l'individu acquiert - ″apprend″, ″intériorise″, ″incorpore″, ″intégre″ - des façons de faire, de penser et d'être qui sont situées socialement »[60].

Par conséquent, « la socialisation est un facteur qui donne aux modèles leur efficacité et sous-entend la manière dont les membres d'une société apprennent ces modèles, se les transmettent et s'en font leurs règles de vie personnelle »[61]. C'est ici que les normes sociales sont intériorisées, assimilées et incorporées par la personnalité psychique et en deviennent partie intégrante.

En clair, pour modifier les anciennes et intégrer les valeurs nouvelles de la paix, au Sankuru, nous devrions procéder par la socialisation familiale, religieuse, pédagogique et politique de la paix.

III.1. La socialisation familiale : il est reconnu que la famille est la première instance de l'éducation, l'école naturelle de ce fait, qui puisse exister pour éduquer les enfants. C'est ainsi que les responsables des familles et des communautés devraient éduquer les enfants, en les orientant vers l'éducation à la paix via certaines pratiques culturelles (Ona tshundo, dikilo, etc.).

III.2. La socialisation religieuse : « la religion consiste en une sociabilité communautaire, une socialisation intergénérationnelle visant la transmission de codes, de valeurs, de référents et de comportements se manifestant aussi bien dans un espace collectif (lieu de culte, rue,…) ou dans la sphère privée (en famille, entre amis) »[62].

Dans le contexte du Sankuru, les prêtres, les pasteurs et les évangélistes ont, désormais, la lourde responsabilité de pacifier les mentalités des populations par leurs prédications quotidiennes. Ils sont sensés convier les différentes communautés locales à l'éducation à la paix et au vouloir vivre ensemble intercommunautaire.

III.3. La socialisation pédagogique : l'école et l'université constituent les milieux indiqués pour façonner les enfants et les étudiants des valeurs de la paix entre les communautés locales du Sankuru, et de l'amélioration des relations interpersonnelles.

Pour ce faire, les écoles et institutions universitaires du Sankuru devraient intégrer, dans leurs enseignements, quelques points sur l'éducation à la paix intercommunautaire.

III.4. La socialisation politique : à ce niveau, nous ciblons principalement les partis politiques dans leur rôle de formation des masses. Ils sont appelés, localement, à mettre des moyens conséquents pour la formation de leurs militants. Celle-ci permettrait de réduire les tensions entre leurs partisans qui, au lieu de travailler pour le renforcement de l'autorité de l'Etat au Sankuru, se mettent à adorer leurs autorités morales, en servant leurs intérêts privés au prix du sang. Ainsi, la socialisation politique ouvrirait la voie à la paix entre les différentes commuautés locales.

Conclusion

Ce travail a réussi à épingler quelques moyens illégaux dont se servent les acteurs politiques du Sankuru pour faire triompher leurs causes. Il a été aussi question de dénicher les enjeux autour desquels gravitent les différentes tensions intercommunautaires dans cette province.

Devant l'intensité de la violence intercommunautaire à laquelle cette entité fait face, qui ne favorise pas son émergence et son développement, nous avons préconisé la socialisation de la paix comme mécanisme de sortie de crise. Ce qui favoriserait l'éclosion du développement durable local.

Bibliographie

I. Ouvrages

1. AUBRAC, L. et alii, *Gouverner par le chaos. Ingénierie sociale et mondialisation,* éd. Max Milo, Paris, 2010.

2. AUNDU MATSANZA, G., *L'Etat au monopole éclaté. Aux origines de la violence en RD. Congo,* éd. L'Harmattan, Paris, 2012.

3. AUNDU MATSANZA, G., *Résilience ou sursis de l'Etat. L'identité nationale au secours de la RD. Congo,* éd. Academia-Harmattan, Louvain-laNeuve, 2018.

4. BENARDINI, J.M., *Le Darwinisme social en France (1959-1918). Fascination et rejet d'une idéologie,* éd. CNRS, Paris, 2013.

5. DARMON, M., *La socialisation,* 3ème éd. Armand colin, Paris, 2016.

6. DE VILLERS, G., *Guerre et politique, les trente derniers mois de L.D. Kabila,* éd. Harmattan, Paris, 2001.

7. GELLNER, E., *Nation et nationalisme,* éd. Payot, Paris, 1989.

8. KERVYN, N., LEYEN, J. Ph. et DESCHAMPS, M., *De l'identité nationaliste,* éd. Lemieux, Paris, 2015.

9. MAMBI, H., *Kleptocratie et mensonge en politique au Congo-Kinshasa. Résilience des citoyens pour sauver la république,* éd. Academia, Louvain-la-Neuve, 2020.

10. OLELA NONGA SHOTSHA, D., *Profil de pauvreté et des inégalités de la province du Sankuru,* éd. ICREDES, Kinshasa, 2019.

11. REX, J., *Ethnicité et citoyenneté. La sociologie des sociétés multiculturelles,* éd. Harmatthan, Paris, 2005.

12. ROCHER, G., *Introduction à la sociologie générale,* éd. M.H.M., Paris, 1968.

13. SCHUMPETER, J., *Capitalisme, socialisme et démocratie,* éd. Payot, Paris, 1954.

II. Article de revue

MEMMI, D., «Engagement politique», **in** Grawitz, M. et Leca, J., *traité de science politique,* tome III, éd. PUF, Paris, 1985.

III. Documents officiels

1. Assemblée nationale, *Rapport-Synthèse des rapports des vacances parlementaires pour les périodes de décembre 2021 à mars 2022.*

2. INS, *Rapport de l'enquête avec questionnaire unifié à indicateur de base de bien-être,* septembre 2018.

IV. Netographie

https://www.universalis.fr, consulté le 13/11/2023 à 08h30'.

Chapitre III

De la culture des comptes aux porteurs de devoirs en République Démocratique du Congo

Regard critique sur la redevabilité du pouvoir politique au Sankuru

Pierre-Claude OKONDJO WANDJA
Dr en Sciences de Communication Sociale et Institutionnelle
Professeur à l'ISP-Tshikapa, à l'IST-SAN et à l'UNIKIN /
Directeur de l'ouvrage

Résumé : *Face à la responsabilité politique d'un élu, le principe de "redevabilité" est un "effet miroir". Il concerne les attentes et les besoins des citoyens d'un État de droit, en général, et de la République Démocratique du Congo (RDC), en particulier, et est susceptible de créer des politiques publiques efficaces. Cependant, il nous parait inconcevable de parler de la redevabilité sans dire un mot sur la démocratie. À propos de la notion de démocratie, il semble prudent de signaler que sous sa forme libérale, la démocratie occidentale essaie de s'imposer mais, non sans résistance et du moins, non sans concurrence. Il appartient à l'élite intellectuelle africaine qui la trouve non adaptée aux réalités spécifiques du continent de s'en démarquer. Chez les Atɛtɛla en RDC, par exemple, l'autorité s'exerçait sous le contrôle d'un conseil de notables représentant le peuple.*

Mots-clés: Redevabilité, démocratie, prise en compte, demande de comptes, élu du peuple, engagement.

Introduction

En République Démocratique du Congo (RDC), le peuple est reconnu légalement comme la source du pouvoir politique. Il peut l'exercer “directement par voie de référendum ou d'élections et indirectement par ses représentants”[63]. Ce mode d’accession au pouvoir détermine la question de redevabilité du pouvoir politique de l’élu. Cependant, bien souvent, l’on s’interroge sur la question de l’incarnation réelle et sincère de l’élu. Ce dernier ne saurait être redevable qu’au peuple qui lui a donné mandat de parler en son nom. C’est pourquoi, à partir de ces bases, nous pouvons déduire que la démocratie s’exerce par la délégation du pouvoir à des représentants du peuple, élus au suffrage universel. Le vote est la voie privilégiée de l'exercice de leur pouvoir.

De la démocratie, nous pensons à Abraham Lincoln, ancien président des États-Unis d'Amérique. Il la considère comme le *“gouvernement du peuple par le peuple et pour le peuple”*[64]. Suivant ce principe, la souveraineté appartiendrait donc au peuple, qui choisit ceux qui le gouverneront. Selon Lincoln, d’une part, les gouvernés sont en même temps des gouvernants. En d’autres termes, ayant délégué le pouvoir à ses représentants, le peuple peut en conserver le contrôle et la maîtrise. D’autre part, l’ancien président américain estime que le pouvoir devrait être exercé pour le peuple, dans son intérêt, dans l’intérêt commun de l’ensemble du peuple, et non, comme il s’observe, dans l’intérêt de dynasties, d'oligarchies ou de groupes influents[65].

Cependant, s’agissant du régime politique en République Démocratique du Congo, des doutes planent encore autour du principe de redevabilité des élus. Avec la présence, nullement constitutionnelle, de l’autorité morale dans la conquête effrénée du pouvoir d’un côté, et le mode de l’organisation des élections de l’autre côté, les élus congolais ne savent véritablement pas à qui ils doivent rendre des comptes. Dans beaucoup de cas, ils ne croient avoir le devoir de redevabilité qu’à l’endroit des autorités morales de leurs partis en lieu et place du peuple souverain, leurs électeurs.

Si la Constitution de la République Démocratique du Congo a été entérinée, l’application effective de son contenu accuse des faiblesses multiples. Dix-sept ans après sa promulgation, la souveraineté de l’État congolais reste toujours précaire. Le peuple souverain ne se reconnait pas dans ses droits. Son pouvoir constitutionnel n’est pas clairement défini. La vérité des urnes n’est jamais prise en compte. La participation des populations locales à la gestion des affaires publiques semble inexistante. C'est ainsi que nous avons jugé opportun d'exploiter les trois dimensions de la redevabilité du pouvoir politique avant de les recommander aux porteurs de devoirs.

Dans les pages qui suivent, il s'agira bien d'appréhender la culture des comptes dont question est dans l'intitulé de l'article. Concrètement, il faudra procéder à une *prise en compte*, à un *compte-rendu* et à une *demande des comptes* de toute opération entreprise. De cette façon, la structure du présent article comportera quatre étapes principales : dans la première, l'***approche conceptuelle,*** il sera question de *comprendre la redevabilité ;* dans la deuxième, il s'agira d'***exploiter les obligations de la redevabilité*** *;* dans la troisième, il sera ***examiné les mécanismes du devoir de retour d'information au service de la redevabilité*** et enfin, dans la quatrième étape, avant de conclure, il sera tenu ***un propos sur l'opportunité des sanctions exécutoires.***

1. Approche conceptuelle : comprendre la redevabilité

Le spectacle d'apocalypse qu'offre la vie sociale en République Démocratique du Congo frappe par son acuité. Les mœurs s'effritent, les affres de la guerre sévissent, l'argent règne en maître absolu, la précarité gagne du terrain dans une indifférence déplorable de plusieurs acteurs politiques et sociaux. Défis complexes, certes; pertinentes les interrogations, mais timides et frileuses les initiatives susceptibles de les affronter et d'y trouver solution.

Ainsi, face à la crise de la redevabilité citoyenne et politique, notre travail cherchera à braver les défis d'envergure de la société congolaise, en général, et celle du Sankuru, en particulier, pour proposer quelques pistes de solution à cet effet. De leur nombre, nous en retenons quelques-uns : **la pauvreté et la misère sociales, l'idolâtrie de l'argent, l'insécurité et l'usage du bien commun**. Partant du survol de ces différents défis, nous aurons l'opportunité de découvrir quel sens revêt l'avènement de la démocratie dans toute l'étendue de la République Démocratique du Congo. Fait-elle réellement triompher l'idéologie du peuple souverain et du peuple d'abord ? Et en philosophie politique, qu'en sait-on ?

L'objectif du travail n'étant pas de nous attarder à tous ces éléments, nous nous préoccuperons de prendre seulement en compte le contenu de chaque défi afin d'interpeller au Sankuru et ailleurs tout celui qui porte le devoir de rendre compte.

En effet, selon la philosophie politique, le sens de la démocratie réside dans la redevabilité en tant que pierre angulaire du cadre des droits de la personne. Elle englobe les obligations des élus et de ceux qui sont au pouvoir de telle sorte que les uns et les autres doivent "**assumer la responsabilité de leurs actions ; répondre de leurs actes ; et se soumettre à une certaine forme de sanction exécutoire administrative** si leur explication est insuffisante. C'est ce qu'un philosophe français, Alain, considère "comme l'enjeu d'une prise de conscience des droits du citoyen"[66].

Comment comprendre la redevabilité ? La "redevabilité" est un concept dont la sémantique se développe dans plusieurs domaines. Pour en saisir l'étendue exacte, nous en cernerons quelques définitions.

Selon *Le Robert*, «redevabilité» s'utilise en Morale pour signifier "toutes sortes d'obligations qu'on a à quelqu'un"[67]. *Le Glossaire de l'Éducation en Situation d'Urgence* (ESU), quant à lui, conçoit la redevabilité comme "processus d'utilisation du pouvoir de manière responsable, en tenant compte et en rendant compte aux différentes parties prenantes et, avant tout, à celles et ceux qui sont affectés par l'exercice de ce pouvoir"[68]. *Olsen*, pour sa part, renseigne que "la redevabilité correspond au contrôle du pouvoir qui s'exerce au sein de l'État et de la société, avec l'obligation pour le responsable d'expliquer ses décisions et le devoir pour les instances de contrôle d'honorer les bonnes prestations et de sanctionner les abus de pouvoir"[69].

De toutes ces définitions, nous entendons considérer ici la redevabilité comme "processus d'utilisation du pouvoir par le mandataire de manière responsable, **en tenant compte** et **en rendant compte** aux mandants avec l'obligation de r**épondre de leurs actes en les expliquant et en les justifiant**". Pour emboîter le pas aux Nations Unies, la redevabilité concerne la responsabilité, la réponse, l'interpellation et la force exécutoire[70].

Qu'en est-il de la praxis de la redevabilité en République Démocratique du Congo ? En s'émancipant, la société civile de ce pays est devenue de plus en plus visible dans la sphère publique. En conséquence, il est important que les mandataires soient tenus responsables de leurs actions de manière dynamique et évolutive. Cela signifie que, dans leurs projets de société, les politiques ou les prétendants aux postes de pouvoirs doivent *prendre en compte*, en amont, les desiderata de la population et, en aval, savoir lui *rendre compte* de leurs décisions et actions avant d'en répondre au moment venu. Malheureusement, cette culture des comptes ne semble pas avoir droit de cité en République Démocratique du Congo.

La ***prise en compte,*** du point de vue communicationnel, recommande à l'élu du peuple l'écoute active des besoins et des opinions des populations, et la prise en considération de leur retour d'information concernant les activités ou les services proposés par les électeurs HYPERLINK \l "sdfootnote71sym" [71] . En d'autres mots, la prise en compte exige de l'élu du peuple de recueillir auprès des électeurs des informations à propos des activités ou des services à fournir. Lorsque ce procédé est correctement mené, il permet de donner lieu à un dialogue sain et constructif afin de renforcer la relation avec les parties, ingrédient clé de l'amélioration de la redevabilité. Cela entraîne ipso facto une communication à double sens, une communication interpersonnelle.

En fait, la demande de comptes de la part des électeurs implique en termes clairs l'interpellation des élus avant de leur accorder ou non un nouveau mandat. Procédant de cette manière, les électeurs évaluent les mérites et les insuffisances du mandat consommé. Ce qui revient à dire que la redevabilité n'est pas juste un simple rapport mais constitue une relation constructive avec les parties prenantes ayant pour but d'améliorer la capacité d'action et la crédibilité.

2. Obligations de la redevabilité d'un élu du peuple

Les élus du peuple sont ceux qui représentent la nation, le peuple et parlent en son nom. Ils font partie des détenteurs du pouvoir. Celui-ci peut être de nature politique, financière ou d'autre forme avec des missions principales.

En tant qu'élus, les représentants du peuple peuvent prendre, "dans tous les domaines, toutes les mesures appropriées pour assurer le total épanouissement" des citoyens congolais et "pour lutter contre toute forme de violences"[72]. Car "nul ne peut être soumis à un traitement inhumain ou dégradant"[73]. C'est pourquoi, pour promouvoir l'épanouissement du peuple congolais, le constituant a prévu également que le travail soit "un droit et un devoir sacrés". Raison pour laquelle, l'État doit garantir le droit au travail et la protection contre le chômage[74]. Malheureusement, rien de tout cela ne semble s'appliquer.

En outre, alors que sous d'autres cieux l'eau potable et l'énergie électrique sont parmi les biens de première nécessité, en République Démocratique du Congo, elles sont des denrées rarissimes. Le "droit d'accès à l'eau potable et à l'énergie électrique" n'est reconnu et garanti[75] que sur papier. Quant à la paix et à la sécurité, n'en parlons pas ! Le peuple congolais les cherche désespérément depuis des décennies. Dans certains endroits du pays, au lieu du droit à la vie, c'est au droit à la mort et au viol qu'on assiste. En lieu et place de la paix, les affres de la guerre sévissent ; le carnage humain bat son plein. Désireux de vivre en paix, le peuple congolais ne respire que la guerre. Pourtant "tous les Congolais ont droit à la paix et à la sécurité, stipule le législateur"[76]. Que font les élus du peuple de ce souci social majeur ? Visiblement, personne ne semble s'en préoccuper outre mesure.

En 2013, tel qu'il était reconnu aux Nations Unies, les obligations des détenteurs du pouvoir est de rendre des comptes, de répondre de leurs actes "en les expliquant et en les justifiant aux personnes touchées; et se soumettre à une certaine forme de sanction exécutoire si leur conduite ou leur explication est insuffisante"[77].

L'Organisation des Nations Unies est une institution internationale dont la République Démocratique du Congo est État membre. Elle n'a pas le droit de se dérober de ses obligations.

Néanmoins, le mal endogène et exogène fait que l'Afrique est toujours à la traîne des autres continents. C'est le point de vue du théologien camerounais, Pierre Ndoumaï. Dans ses recherches sur les études africaines, il décrypte le principe de la redevabilité administrative et politique. Pour lui et avec lui, il sied de retenir que la **redevabilité** engage la responsabilité du dirigeant, de l'homme politique pendant et après son mandat à la tête de son pays ou d'une institution quelconque[78]. Les électeurs évaluent les mérites et les insuffisances du mandat passé. Cette responsabilité politique est mise en jeu plus selon la longueur du mandat : cinq ans pour le président de la République, les députés nationaux et provinciaux, les gouverneurs des provinces, les conseillers municipaux et les sénateurs. Pourtant, l'image de la vie menée en Afrique ressemble à l'incarnation de l'inhumanité invivable, à une jungle où le code de survie devient le chacun pour soi, la loi du plus fort. C'est un continent où les habitants sont confrontés à la pauvreté et à la misère sociale, à la précarité presqu'au quotidien.

Du constat amer de Ndoumaï, la plupart des dirigeants et des hommes politiques africains règnent comme s'ils n'avaient de comptes à rendre à personne. De là émerge dans cet article la **théorie de l'engagement.**

En effet, l'engagement que nous évoquons sommairement ici est un élément efficace "permettant d'accompagner les changements organisationnels". Des auteurs en ont fait l'expérience. Selon Kiesler, "l'engagement représente le lien qui unit un individu à ses actes"[79]. Si donc l'homme politique rationalisait ses promesses et s'engageait, il devra adapter ses idées pour être en **conformité avec ses actions.** Son engagement sera alors primordial pour accompagner le changement dans la société. Il s'agit bien entendu d'un engagement honoré.

Après avoir brossé les obligations d'un élu du peuple, dans le but de promouvoir la praxis de rendre compte au service de la redevabilité, dans le paragraphe qui suit, nous nous évertuerons de proposer quelques mécanismes du droit de savoir et du devoir d'informer.

3. Mécanismes du droit de savoir et du devoir d'informer au service de la redevabilité

Naturellement, les relations humaines sont essentielles. Car, l'homme n'est pas fait pour vivre seul. Il a besoin de ses semblables pour venir au monde, se développer, se connaître, aimer, se sentir aimer, être heureux... C'est la condition du genre humain. Et c'est justement ce qui fait que les relations humaines sont souvent complexes et parfois compliquées.

En démocratie, le peuple est souverain. Il a ses droits et ses devoirs. La consécration du droit de savoir signe la vertu d'une société démocratique qui garantit l'égalité des connaissances entre ses membres. Un tel droit oblige celui qui sait à informer autrui, à lui révéler même ce que son propre intérêt lui aurait commandé de taire, en vue de compenser le déséquilibre engendré par l'ignorance.

Si nous nous intéressons aujourd'hui aux personnes engagées dans la vie politique, c'est justement parce qu'en gérant "la chose publique" elles sont censées tisser des relations avec leurs bases. Cependant, dans leurs relations, outre les domaines de la psychologie et de l'anthropologie, celui de la communication demeure parmi les questions que pose la société contemporaine. Quand A et B, l'homme politique et son potentiel électeur, se sont rencontrés, ils ont établi une relation. Pour les chercheurs en sciences de l'information et de la communication, deux personnes en présence "ne peuvent pas ne pas avoir de comportements", et ceux-ci induisent la relation. Mais reconnaître l'existence du lien interpersonnel ne fait que poser davantage de questions. Néanmoins, ce qui se passe au cours de la relation entre un électeur et un élu, mieux entre les souhaits des électeurs et les actions des politiciens est difficile à comprendre rationnellement. De toutes les questions qui peuvent se poser, émerge celle de savoir dans quelle mesure le degré de responsabilité des élus devant l'électorat est-il fonction de l'intérêt du public pour la chose politique.

En effet, le droit de savoir et le devoir d'informer doivent se mettre au service de la redevabilité qui consiste à informer le public. Mais au regard de la vie sociale en RDC, les politiques, gestionnaires de "la chose publique", que font-ils de ce droit et de ce devoir ? Se sentent-ils concernés par l'exercice non seulement de savoir ce que dit la loi en régime démocratique, et surtout du devoir de prendre en compte les desiderata des mandants et de leur rendre compte de leurs mandats ?

Certes, en démocratie congolaise, le législateur a vu loin. Il a pensé à faciliter certaines choses en prévoyant les vacances des députés et sénateurs. En légiférant sur la pause parlementaire !

En d'autres termes, à l'issue d'un temps passé dans les hémicycles, les élus ont droit aux vacances parlementaires. Cette période devra permettre aux députés et sénateurs de revoir leurs familles et leurs électeurs. Ils devront donc en profiter pour passer l'ensemble de leur temps sur leurs territoires électoraux.

Pendant cette pause, les élus auront un peu plus de temps pour étudier les textes de loi. L'objectif est qu'ils puissent en prendre connaissance avant le début des débats. Mais ils peuvent également prendre langue avec leurs électeurs pour débattre de quelques dossiers d'actualité de la circonscription ou être informés de quelques autres sujets sociaux, voire politiques. C'est un temps à mettre à profit pour rencontrer les maires, pour prendre rendez-vous avec les habitants. À l'occasion, les électeurs peuvent aussi soumettre à leurs élus certaines préoccupations, leur poser des questions et en attendre des réponses.

La redevabilité du pouvoir politique est utile. Elle est une instance efficace pour améliorer la gouvernance et la rentabilité dans le secteur de la vie socio-politique du peuple. Cette instance permet également d'améliorer la qualité des relations entre A et B pour assurer une gestion pérenne et efficace du service. La redevabilité décrit une relation dans laquelle A rend des comptes à B et si A est obligé d'expliquer et de justifier ses actions à B ou si A peut être sanctionné si sa conduite ou ses explications ne satisfont pas B. C'est ainsi que les mécanismes de retour d'information imposent à A (élu du peuple) d'informer les populations, mais également de s'enquérir de leur avis et de leurs priorités, d'en tenir compte et d'agir en conséquence. Obligeant le mandataire à rendre des comptes au mandant, la redevabilité du pouvoir politique ne peut pas ne pas se servir de la communication interpersonnelle.

Toutefois, en cas de non-conformité aux exigences de la loi et de l'intention du donateur, des sanctions efficaces, proportionnées, dissuasives et exécutoires devraient être mises en place. Cela viserait à combattre l'inertie institutionnelle et à initier des changements effectifs, en mettant les responsabilités en action, au service des électeurs.

4. Sanctions exécutoires administratives

Parmi les détenteurs des pouvoirs, selon les dispositions de la Constitution de la RDC[80], spécialement en ses articles 163 et 164, *« la*

Cour constitutionnelle est la juridiction pénale du Chef de l'État et du Premier ministre dans les cas et conditions prévus par la Constitution» (article 163). Elle *« est le juge pénal du Président de la République et du Premier ministre pour des infractions politiques de haute trahison, d'outrage au Parlement, d'atteinte à l'honneur ou à la probité ainsi que pour les délits d'initié et pour les autres infractions de droit commun commises dans l'exercice ou à l'occasion de l'exercice de leurs fonctions. Elle est également compétente pour juger leurs co-auteurs et complices »* (article 164).

Quant aux membres du Gouvernement, la décision de leurs poursuites ainsi que leur mise en accusation, selon l'article 166 de la Constitution de la RDC, *« sont votées à la majorité absolue des membres composant l'Assemblée nationale suivant la procédure prévue par le règlement intérieur ».*

Statuant sur leur responsabilité pénale, l'article 68 § 1 stipule ce qui suit : *« Les membres du Gouvernement sont pénalement responsables des actes accomplis dans l'exercice de leurs fonctions et qualifiés crimes ou délits au moment où ils ont été commis. Ils sont jugés par la Cour de justice de la République. La Cour de justice de la République est liée par la définition des crimes et délits ainsi que par la détermination des peines telles qu'elles résultent de la loi ».*

Outre la charge principale de *voter les lois* et de *contrôler le gouvernement, les entreprises publiques ainsi que les établissements et les services publics*, selon les prescrits de l'article 100 de la Constitution de la RDC, au paragraphe 2, l'élu représente la nation ou la province tout entière, c'est-à-dire un élu est investi du mandat national ou provincial et reste en contact avec son concitoyen. Il est protégé par le constituant en vue de favoriser sa liberté de comportement à un double titre : contre lui-même, par le régime des incompatibilités, et pour lui-même, par celui des immunités parlementaires et de l'interdiction du mandat impératif. Le statut du parlementaire est donc fortement constitué des droits et devoirs en vue de protéger son mandat.

En ce qui concerne le statut pénal des députés (nationaux ou provinciaux) et sénateurs, celui-ci se caractérise par l'existence des immunités et des incompatibilités consacrées spécialement par les articles 107 et 108 de la Constitution.

Ainsi, les parlementaires bénéficient d'un régime juridique dérogatoire au droit commun dans leurs rapports avec la justice, non dans leur propre intérêt, mais dans celui de l'institution au sein de laquelle ils représentent le peuple souverain.

Si les mécanismes de retour d'information fonctionnent, tant mieux. Au cas contraire, il faudra penser aux sanctions de ceux qui n'obéissent pas à la démarche.

Sous d'autres cieux, il s'observe que pour assurer l'efficacité d'un régime de financement politique, le réseau du savoir électoral confère au contrôleur du financement politique le pouvoir de prendre les mesures exécutoires administratives qui s'imposent. S'il n'a pas le pouvoir de négocier des règlements ou d'imposer des sanctions en toute indépendance, le contrôleur dépend pleinement d'autres organismes gouvernementaux et des tribunaux pour appliquer les lois sur le financement politique. Lorsqu'on applique la loi, cela ne veut pas nécessairement dire que l'on impose des sanctions administratives ou que l'on se tourne vers les tribunaux civils. Néanmoins, lorsque la situation s'y prête, on peut souvent résoudre plus rapidement et à moindres coûts les cas de non-conformité grâce à des approches extrajudiciaires – comme la formation, la négociation ou l'imposition de "sanctions humiliantes".

Évoquons un cas. Alors que l'accès à l'électricité et à l'eau représente une condition sine qua non pour éradiquer la pauvreté, en République Démocratique du Congo, ce sont deux problématiques aux enjeux multiples et partagés. La rareté de ces deux denrées compromet sensiblement la sécurité alimentaire, la santé, l'éducation, la formation, la sécurité sociale, la prospérité économique et la lutte contre le dérèglement climatique.

Créée depuis 1939, la "Regideso", Régie de distribution d'eau, censée assurer la distribution d'eau potable sur l'ensemble du territoire national, n'arrive toujours pas à donner satisfaction à des millions de personnes ni à améliorer la qualité du produit. Sur base des plaintes et lamentations enregistrées contre la Regideso, il s'est révélé qu'à Kinshasa, la desserte en eau potable est très faible. La banlieue est la plus touchée. Les robinets existent mais l'eau n'y coule pas. Aussi paradoxal que cela puisse paraître, la Regideso émet des factures de consommation de l'eau que les abonnés n'ont pas consommée. Factures qui n'obéissent donc à aucune logique[81].

La Société Nationale d'Électricité (SNEL en sigle), elle, créée le 16 mai 1970, a reçu mandat de produire et de transporter de l'électricité pour en assurer la distribution et la commercialisation sur toute l'étendue de la République Démocratique du Congo. C'est la clé du développement. Dans son discours au 1er Forum sur l'énergie électrique, le Président Félix-Antoine Tshisekedi Tshilombo ne croyait pas si bien le dire : "L'accès à l'électricité est au cœur de tous les enjeux économiques, sociaux et environnementaux car aucun développement n'est possible sans énergie"[82]. Cependant, en dépit de sa position continentale et mondiale, Bilal constate que la République Démocratique du Congo "pâtit d'une faible capacité installée, et de l'absence de réseau de distribution intégré à l'échelle nationale. Elle affiche un des taux d'électrification les plus bas du continent : 15 % à l'échelle nationale avec de fortes disparités entre les villes (35 %), les zones rurales (1 %) et les zones périurbaines (moins de 5 %). Pourtant cet immense territoire – 4,5 fois la France – représente à lui seul 8 % du potentiel hydroélectrique mondial, une source d'énergie qui constitue 95 % du mix électrique du pays"[83].

La déchéance du Directeur Général de la SNEL obtenue sur demande des élus du peuple à l'Assemblée Nationale de la RDC illustre à suffisance la nécessité d'instaurer le régime de sanctions exécutoires administratives. Celui-ci pourra contribuer à renforcer le respect des obligations en matière de redevabilité du pouvoir politique et à améliorer tant soit peu la qualité de la vie sociale.

Conclusion

Nous avons focalisé le traitement de cet article sur le principe de "redevabilité" en ce qui concerne les attentes et les besoins du peuple d'un État de droit, en général, et du peuple de la République Démocratique du Congo, en particulier, afin de créer des politiques publiques efficaces. Il y a été également question de la notion de démocratie qui est, sous sa forme libérale, une démocratie occidentale. Celle-ci essaie de s'imposer mais, non sans résistance et du moins, non sans concurrence. Car, contrairement à l'Afrique, la conception de la démocratie telle qu'elle continue à se faire interpréter en Occident, semble être réfutée par une portion d'élite intellectuelle africaine qui la trouve non adaptée aux réalités particulières des peuples, dans une Afrique déjà pauvre, misérable et sans moyens nécessaires pour booster son développement. La question majeure qui se pose à la démocratie occidentale reste notamment celle de savoir maîtriser le danger intérieur de fragmentation, de décomposition et d'explosion de son peuple, à la différence du communautarisme africain, respectueux de degrés d'âge et des coutumes, qui rend de ce fait son peuple facilement maîtrisable.

Quant à l'application du principe de "redevabilité", cher à la conception même de démocratie, par le peuple actuel de la RDC, en particulier, la difficulté semble consister, s'accentuer et provenir de la non application de la constitution. Celle-ci, élaborée à la hâte par des belligérants en quête de positionnement au pouvoir, a été entérinée précipitamment, sans faire des investigations solides sur son contenu édicté à leur gré par ses opposants mutuels et réciproques, qui usaient parfois des ruses égoïstes pour inclure des thèmes exploitables postérieurement dans le texte final de la fameuse constitution. De ce fait, il s'est créé un fossé potentiel entre des élus (souvent nommés) et des électeurs, lorsque les nommés croient plutôt rendre des comptes à leurs autorités morales des partis, voire à des institutions étrangères qui les ont suggérés, cooptés ou propulsés.

Le concept de "démocratie", bien qu'étant une invention grecque, donc occidentale, sa pratique ne semble pas trouver son origine dans la seule sphère occidentale. Même ailleurs, chez d'autres peuples, sa pratique s'observait. Chez les Atetela de la province du Sankuru, en RDC, par exemple, l'autorité s'exerçait sous le contrôle d'un conseil des notables représentant le peuple. Ce conseil exerçait le droit de savoir et le devoir d'informer, comme devraient le faire les élus modernes dans le sens de la "redevabilité".

Pistes bibliographiques

- Alain, *Propos sur les pouvoirs: éléments d'éthique politique*, Gallimard, coll. «Folio essais», Paris, 1985.

- Benoît MERCIER et André DUHAMEL, *La démocratie; ses fondements, son histoire et ses pratiques*, Le Directeur général des élections, Québec, 2000.

- Claude J. DELBOS, “Le peuple souverain dans la démocratie et la république” dans *Humanisme* 2014/4 (n° 305), pp. 29-34.

- Constitution de la République Démocratique du Congo, Kinshasa, 18 février 2006.

- Dorothée MARCHAND, Enric POL, Karine WEISS, *Psychologie environnementale: 100 notions clés,* Univers Psy, Dunod, Paris, 2022.

- Ministère du Plan de la RDC, Cahier sectoriel, *Investir dans le sous-secteur de l'électricité,* MÉDIASPAUL, Kinshasa, 2020.

- Nations Unies, 2013.

- Pierre NDOUMAÏ, *Indépendance et néocolonialisme en Afrique: Bilan d'un courant dévastateur,* L'Harmattan, Paris, 2011.

Chapitre IV

Le discours parémiologique des Atɛtɛla face au développement de la province du Sankuru

Dr Polycarpe LOLEHA LUKUTU
Professeur Associé à l'ISP/Buta

Résumé : *La bonne gouvernance doit être recherchée à travers la sagesse millénaire. Le discours parémiologique des Atɛtɛla, par exemple, prouve cette exigence : le chef est le rassembleur, le protecteur des droits des siens ; il est hospitalier, impartial, unificateur et pacificateur. La gouvernance du Sankuru doit se référer à cette sagesse, y recourir et s'y ressourcer. Cette sagesse est à la base de ce qu'on a appelé, à une certaine époque, l'âge d'or de l'Afrique. En matière de paix, sans elle il n'y a pas de développement, elle vaut son pesant d'or. Il en est de même de la solidarité et de l'unité. Ce discours vise à conscientiser, moraliser, interpeller et à mobiliser les Sankurois.*

Mots-clés : parémie, ressource, gouvernant, développement, interpellation.

0. Introduction

L'expression “sagesse parémiologique africaine” nous situe dans la tradition du peuple du Sankuru. Cette tradition est, aujourd'hui, le lieu de rencontre du vieux et du neuf qui charrie de son courant séculaire la sagesse, la vision et les expériences des patriarches qui inspirent l'action actuelle de par sa force logiquement éprouvée. Non figée, cette sagesse est constamment affrontée aux situations nouvelles et son rôle est d'intégrer harmonieusement les nouveautés de la vie.

En effet, Nyeme Tese dit que l'école de la tradition est désuète en Afrique noire, mais elle est aux yeux des éducateurs africains une valeur inestimable et le fondement de la continuité et du dynamisme des générations[84].

En fait, les parémies véhiculent les principes de bonne gestion des communautés. Elles précisent les rôles des anciens (aînés, chefs) ou des gouvernants, qui doivent gérer, administrer et faire la médiation; elles recommandent la mise en commun des intelligences pour compenser à la contingence humaine (égoïsme, mépris de l'autre, corruption, impunité, etc.).

Fort malheureusement, le contact avec les autres cultures, le modernisme et la mondialisation, à travers tout ce qu'ils ont distillé ou charrié de nocif dans la dite tradition, ont réussi à déstructurer celle-ci, à la déprécier et tendent à l'annihiler[85]. Mais, elle tient encore ferme.

Pourquoi ce désintérêt ou cet oubli vis-à-vis d'une culture aussi enrichissante ? Qu'est-ce qui prouve cette richesse ? Ce discours peut-il contribuer au développement de la province du Sankuru ?

Les principes de la bonne gouvernance et ceux de la sagesse africaine pour la gestion de la communauté s'entrecouperaient par-ci, par-là. Le désintérêt serait dû à la méconnaissance et sous-estimation de la valeur de la culture africaine face aux valeurs modernes, scientifiques et techniques occidentales ainsi qu'aux préjugés raciaux.

Cette richesse se prouverait sur base de l'examen d'un corpus proverbial tɛtɛla ci-dessous et pourrait contribuer au développement du Sankuru.

L'objectif de l'étude est de prouver que la sagesse africaine, à travers les parémies tɛtɛla, renferment des principes, des valeurs pour une bonne gestion de la communauté que l'on nomme, aujourd'hui, bonne gouvernance. L'Africain doit y fouiner, y recourir, y fouiller, etc., l'emprunt n'étant pas prohibé.

L'article est structuré autour de trois axes: les préalables pour la compréhension d'un proverbe, l'analyse d'un corpus de proverbes et le discours parémiologique face au développement.

1. Les préalables pour la saisie du discours parémiologique

1.1. Le proverbe est constatif et normatif

Le proverbe est à la fois constatif et normatif. Ces deux aspects peuvent coïncider, s'opposer ou s'impliquer[86].

1.2. Le signifiant et le signifié du proverbe

Dans un proverbe, un signifiant (sujet, attribut, verbe, etc.) peut avoir un signifié ou des signifiés multiples que sont des métaphores (comparaisons ou analogies) et des métonymies (inductions, déductions ou suppositions).[87]

Les symboles métaphoriques se présentent comme des situations auxquelles le proverbe s'applique en suivant deux démarches, c'est-à-dire le passage de l'idée abstraite à la situation concrète et le passage d'un référant à un autre référant par le canal de l'analogie.

Les symboles métonymiques procèdent par induction ou par déduction, c'est-à-dire par des suppositions.

Aussi, le proverbe s'interprète en tenant compte des trois degrés de métaphoricité : le degré zéro, le degré premier et le degré élevé suivant que le proverbe est une métaphore ou une métonymie *in absentia* ou *in praesentia*.

1.3. La problématique de la bonne gestion dans toute communauté

La problématique de la bonne gestion des communautés traduite aujourd'hui par l'expression « bonne gouvernance » est une préoccupation très partagée. Elle est devenue le thermomètre de la bonne gestion de chaque Etat.

À ce sujet, Mujynya Nimisi Chiri dit que le mal-éduqué est celui qui vit comme s'il était seul dans ce monde[88] et que, dans son comportement, il ignore les droits des autres ou met ses intérêts égoïstes au-dessus de ceux de la communauté dont il n'est qu'un membre[89]. Voilà pourquoi, l'éducation sur des vertus morales telles que le sens du devoir, l'amour de la patrie et du prochain, doivent être inculquées à chaque membre de la communauté et scrupuleusement observées et pratiquées.

Cet idéal traverse l'espace et le temps.

1.3.1. Les Grecs

Pour les anciens Grecs, la société idéale est celle qui est formée des gens vertueux, gouvernée par les sages qui savent ce qu'il faut faire pour être heureux et rendre les autres heureux également.

Les vertus recommandées étaient l'amour de la patrie, le respect des dieux et des anciens, le sens de la mesure ou la tempérance, la prudence, la pudeur, la douceur, la véracité, l'amabilité, la magnanimité[90] .

1.3.2. Les Hébreux

Le contexte hébreux est différent du précédent. Ils préconisent une morale inspirée du décalogue.

C'est la soumission au Créateur, le respect des intérêts des semblables et de la société. Pour les hébreux, il ne faut pas rendre les autres malheureux[91].

1.3.3. Les chrétiens

La morale hébraïque est, ici, complète et épurée dans le grand intérêt de l'individu. Cette morale a beaucoup contribué au bonheur ou au bien-être de l'homme. Elle a affranchi l'esclave et la femme[92]. Les vertus et les principes d'actions sont enseignés dans les églises et les écoles.

1.3.4. Les Chinois

En Asie, principalement en Chine, depuis Confucius, on a surtout, mieux, insisté sur l'importance des vertus morales[93].

1.3.5. Les sociétés africaines

Dans ces sociétés, l'éducation morale occupe une place importante dans la formation de l'individu. On s'y réfère en considérant les condensés des principes moraux, des contes, des proverbes, des interdits, des prescriptions de portée morale transmises à la postérité.

Dans cette formation, les Africains, les Tɛtɛla y compris, insistent sur le respect de l'autorité, la piété familiale, les devoirs de l'individu à l'égard de la société, les obligations de la société et les qualités morales jugées indispensables au maintien de l'ordre au sein de la société, au bien-être de chaque membre[94].

Ce qui est dit ici, se justifie ou se vérifie par l'examen d'un corpus proverbial tɛtɛla, ci-dessous.

1.3.6. Les discours performatif ou pragmatique

Le discours performatif est un discours pragmatique. Pour Nkombe, le verbe (la parole) est une action tant par sa force illocutionnaire que par sa force perlocutionnaire. Son action peut s'exercer sur l'être référentiel au monde ou référence aux interlocuteurs.[95]

Aussi, la parole proverbiale est la parole d'autorité, « les Ancêtres ont dit... » et relève de la pragmatique, de la bonne communication.

2. Examen d'un corpus parémiologique ɔtɛtɛla relatif à la gouvernance

Cet examen vise à cerner les aspects qui prouvent la bonne gestion de la communauté et se déroule de la manière suivante : nous présenterons le thème, le proverbe, ses traductions littérale et littéraire, le contexte d'usage, l'implication intentionnelle ainsi qu'une interprétation.

2.1. De la gestion de la cité

Proverbe n° 01 : *Ovungwɛmɛndɛmɛndɛ wakamaakɛnda mvula*

Traduction littérale : L'arbre Ovungu au feuillage touffu qui abrite les enfants contre la pluie.

Traduction littéraire : Le gouvernant est un protecteur, rassembleur et dispensateur en cas de nécessité.

Contexte d'usage : Le gouvernant est un rassembleur et un protecteur.

Implication intentionnelle : Le chef est un protecteur, un rassembleur.

Interprétation :

a. L'arbre ovungu au feuillage touffu est un signifiant métaphorique qui désigne par analogie, ungouvernant ayant en charge ou sous son autorité d'autres membres de la communauté.

b. *Mvula (pluie)* : est un signifiant qui exprime toute situation nécessitant une protection ou générosité, une intervention.

Gérer une communauté est assorti des certaines obligations telles que la protection des sujets, des actes de charité, etc. Dans le même ordre d'idées, les proverbes tels que la « mère-poule» qui protège ses poussins[96], l'éléphant à qui on ne peut enlever son éléphanteau[97] ou encore, l'éléphant qui ne se fatigue pas de porter ses ivoires[98] enrichissent et renforcent le rôle du chef. Il est la liane qui réhabilite le panier[99], c'est-à-dire qu'il s'occupe de la résolution des souffrances, difficultés de ses sujets.

Les Acteurs de la province du Sankuru peuvent trouver dans ce discours parémiologique une source des données pour leur gestion. Le discours suggère une prise en charge des administrés, une éthique, une interpellation. En effet, rassembleur, unificateur, le gouvernant de la province a le devoir de promouvoir des domaines variés de la vie de la communauté, après une analyse responsable et sérieuse de celle-ci : ce qu'elle était hier, ce qu'elle est devenue aujourd'hui, et comment la construire pour demain.

Ainsi, il doit investir dans l'homme et son environnement : diverses formations techniques, équipements, infrastructures y afférents et maintenance. Les stratégies pour impulser le développement ne peuvent provenir que de lui.

Proverbe n° 02 : *Onyashongo aha la ɛkɔmɔ ko njotosha dikɔmɔ divua*

Traduction littérale: Le Soleil-Brillant est sans défaut, mais il nous en donne neuf.

Traduction littéraire : La perfection est divine et la contingence est humaine.

Contexte d'usage : La perfection est divine, l'imperfection est humaine.

Implication intentionnelle : Gouvernants et gouvernés, êtres imparfaits doivent observer la tolérance.

Interprétation :

a. *Soleil-Brillant (Onyashongo)* : est un signifiant symbolisant Dieu créateur, une métaphore pour désigner l'Etre parfait.

b. Neuf défauts : est un signifiant métonymique pour designer des réalités imparfaites (hommes).

Dans la communauté, le gouvernant et ses sujets sont des êtres imparfaits, d'où la tolérance dans la gestion des communautés. Mais la tolérance n'est pas le désordre, l'anarchie, la dictature. Le chef doit être, malgré son imperfection, au-dessus de la mêlée pour le bien-être de tous.

Cette parémie invite le gouvernant, cet humain à bien gérer, la communauté. Il doit, en quelque sorte remédier aux besoins, difficultés des hommes. Le devoir de redevabilité lui incombe. Le gouvernant doit lutter contre ses faiblesses ; celles-là ne doivent pas constituer des justifications dans sa gestion. Ou l'on est compétent ou on ne l'est pas.

2.2. De la tempérance dans la gestion de la communauté

Proverbe n° 03 : ***Kimεε fuki ya jja la kucu yaashi***

Traduction littérale : Tenir le tison allumé et la calebasse d'eau.

Traduction littéraire : L'homme doit éviter de duper ses semblables.

Contexte d'usage : Le gouvernant doit éviter la parole et l'attitude mensongères, la démagogie.

Implication intentionnelle : Disproportion entre l'être et le paraître, la bonne et mauvaise parole ou l'attitude, la ruse, l'hypocrisie.

Interprétation :

a. *Fuki ya jja (*tison allumé) : ce signifiant a pour signifié métaphorique la duperie, attitude de ruse, d'hypocrisie.

b. *Kucu yaashi* (calebasse d'eau) : ce signifiant a pour signifié métaphorique la bonne parole, la douceur, la paix, la tranquillité, la tempérance, la vérité.

c. Le tison allumé et la calebasse d'eau sont des moyens, outils dont se sert le gouvernant. Le chef doit être franc, sincère et crédible pour que ses sujets lui fassent confiance.

2.3. De l'abandon de ses sujets

Proverbe n° 04 : ***Waale woolui***

Traduction littérale : La mère-serpent.

Traduction littéraire : Certains gouvernants égoïstes et avares abandonnent leurs sujets.

Contexte d'usage : L'irresponsabilité des gouvernants.

Implication intentionnelle : *L'abandon des siens, de ses sujets, l'irresponsabilité.*

Interprétation :

a. Waale woolui (mère-serpent) : est un signifiant qui a pour signifié métaphorique le gouvernant qui disperse et ne rassemble pas ses sujets et les prive de ce qu'ils ont besoin; un chef qui adopte pareille attitude vis-à-vis de ses sujets doit être désapprouvé.

b. L'expression mère-serpent signifie tout parent, aîné et ici chef ou gouvernant irresponsable.

La charge du gouvernant est de rassembler, unir et encadrer les sujets de son entité et non de briller par l'égocentrisme et l'avarice comme il se remarque chez certains jusqu'au sommet de l'Etat. Agir ainsi serait déforcer la communauté, contribuer à son sous-développement : favoriser des détournements, des corruptions, des hold up électoraux, le tribalisme, le clientélisme. Des tels comportements face au bien commun nécessite des mises en garde.

Proverbe n° 05 : *Elongi hanune keemaatama*

Traduction littérale : Un visage ne peut grossir sans joues.

Traduction littéraire : L'on est fort, beau, grand, grâce aux autres.

Contexte d'usage : La complémentarité, la solidarité, l'unité.

Implication intentionnelle : la complémentarité, la solidarité, l'unité.

Interprétation :

a. *Elongi* (figure) : a pour signifié métaphorique le visible, la représentation même, le gouvernant.

b. *Atama* (joues) : symbolisent métaphoriquement le sujet, l'accompagnateur, le votant, n'importe quelle personne.

On ne peut être gouvernant sans gouvernés. L'implication mutuelle est conseillée dans le cas du développement. Pour être fort, grand, il faut se joindre aux autres ou laisser les autres venir vers soi.

L'ouverture aux autres est un atout pour la vie sociale. L'isolement tue, disent les bantous. Tout comme les joues font la grandeur du visage, les sujets font la grandeur de leur chef. Aussi, pendant que les villages font la grandeur des secteurs et les secteurs celle des territoires, ces derniers, enfin, font la grandeur de la province. Ceci dit, aucune entité n'est à négliger. C'est le développement à la base, l'harmonie, le beau, l'esthétique, l'art de bien gérer.

Pour la grandeur de la province du Sankuru et des Sankurois, l'Animateur politico-administratif, le gouvernant, doit monter des stratégies et des projets, à court, moyen et long terme, relatifs au développement ou au bien-être des votants qui sont dans des village, secteurs, territoires.

Assistés des techniciens de divers domaines, il a l'obligation d'offrir à la population des infrastructures de la communication sous toutes leurs formes, des infrastructures scolaires, sanitaires, électriques, hydriques, industrielles ainsi que du matériel et un personnel compétent y relatif. L'investissement dans ces différents domaines constituent l'atout pour le développement.

2.4. De l'imperfection

Proverbe n° 06 : ***Ɛngɛnɔɔna hawokatɛɛkaangɛndangɛnda***

Traduction littérale : L'enfant laid, on ne le cuit pas pour les visiteurs.

Traduction littéraire : Il faut du respect envers quiconque.

Contexte d'usage : Le respect, la tolérance, la non-exposition, la discrimination.

Implication intentionnelle Le respect, la tolérance, la discrimination.

Interprétation :

a. *Ɛngɛnɔɔna* (Enfant laid) a pour signifié métaphorique tout sujet humain ayant droit au respect sans considération de statut social: mérite, condition d'existence, etc.

b. *Angɛndangɛnda* (visiteurs) : ce terme est pris au sens premier c'est-à-dire non-familier, non habituel, autres personnes que celles familières.

Tout sujet d'un Etat n'est pas à sacrifier, à exposer, à déconsidérer. L'homme étant un être rationnel, l'on peut le récupérer, le corriger.

D'où, la tolérance car les fautes et défauts proviennent de l'imperfection. Un autre proverbe africain dit qu'il ne faut pas jeter l'enfant avec l'eau de bain. Tous avons droit à la considération. Le gouvernant doit éviter de froisser, d'exploiter ceux-là même qui le soutiennent.

Le gouvernant a des lourdes responsabilités de monter des stratégies de récupération des déviants tels que corriger, éduquer, ramener à la raison parce que cette catégorie d'administrés peut faire aussi la grandeur du gouvernant et de l'entité.

2.5. De la générosité et l'unité

Proverbe n° 07 : ***Lɛɛdi la saasaa kalodia nkɔkɔ akunju***

Traduction littérale: Un van troué qui gave les poules.

Traduction littéraire: Le gouvernant qui gaspille les ressources appauvrit ses sujets.

Contexte d'usage : Le gaspillage, la perte des ressources.

Implication intentionnelle : Le gaspillage de ressources.

Interprétation :

a. *Lɛɛdi la saasaa (van troué)* : Le signifié métaphorique de cette expression est le concept gaspillage, exploitation éhontée des ressources.

b. *Kalodia nkɔkɔ akunju (gave les poules):* Le concept poule est rendu métaphoriquement parpersonne qui n'a pas droit, le profiteur.

Ce proverbe nous présente le profil d'un mouvais chef. Il n'apporte pas de solutions aux problèmes et difficultés des sujets de son entité, surtout en matière des ressources. Le gouvernant qui signe des accords sur des ressources naturelles de l'entité territoriale avec les étrangers sans, par exemple, des clauses avantageant le milieu (redevances, cahiers de charge responsables) saigne économiquement le milieu et le condamne au sous-développement.

Dispensateur, il ne doit pas gaspiller des ressources, mais il doit prendre toutes les dispositions utiles pour le bien de tous ses administrés. Il doit les combler en leur offrant tout ce qu'ils ont besoin, c'est-à- dire leur fournir la science et la technologie, diverses usines, les infrastructures appropriées, des écoles bien équipées et des enseignants qualifiés, de l'eau et de l'électricité, des hôpitauxmodernes bien équipés et un personnel conséquent, etc. Bref, il doit combattre les indices du sous- développement. Entouré des techniciens, il peut prendre beaucoup d'initiatives avec l'intention de les finaliser, de les exécuter, de développer le milieu.

Proverbe n° 08 : ***Lohitɔɔtɔyi hatɔngɔnoodika***

Traduction littérale : Un seul doigt ne ramasse pas une noix.

Traduction littéraire : On a souvent besoin d'un plus petit que soi.

Contexte d'usage : L'union fait la force : l'entraide, complémentarité.

Implication intentionnelle : La complémentarité, la solidarité, unité de la pluralité.

Interprétation :

a. Lohitɔɔtɔyi (un seul doigt) : Peut signifier qu'on a besoin d'un plus petit que soi .

b. hatɔngɔnoodika (ne ramasse pas une noix) : l'unité de la pluralité, complémentarité.

Dans le cadre de progrès social, économique, etc.... la conjugaison des idées, des forcesest préférable. L'union fait la force, disent les Belges. Le chef doit faire à cequ'il y ait l'unité sociale, la cohésion, la paix en vue du développement.

Les ressortissants du Sankuru (scientifiques et techniciens) disséminés à travers le monde, localement tout comme dans la diaspora peuvent être sollicités, regroupés, encadrés pour le développement de la province. Les têtes bien faites du Sankuru dans tel ou tel domaine valent unatout non négligeable du développement, durable, soit-il.

Proverbe n° 9. ***Loladi layɛ kele ɔnannyɔ, la weedia loshi ɔnasshɔ***

Traduction littérale : Qui habite avec toi est le fils de ta mère, mais celui qui habite l'autre riveest le fils de ton père.

Traduction littéraire : Est frère, celui qui compose avec toi et t'enrichit.

Contexte d'usage : La relation de bon voisinage , la solidarité.

Implication intentionnelle : L'unité contribue au développement.

Interprétation :

a. Loladi layɛ (qui habite avec toi) : est utilisé au degré zéro de métaphoricité : c'est le voisin, par exemple. Il devient du fait de la proximité, un frère-utérin (très aimé).

b. Weedia loshi (l'autre rive) : est utilisé aussi au sens premier. C'est-à-dire qui est distant de vous. Même s'il est utérin, il ne saura pas rendre service comme le non-utérin à côté de vous ou du fait de la séparation, distance.

c. Ɔnannyɔ (frère utérin) : fils très aimé, attaché, fils de sa mère avec qui on peut créer ou développer.

d. Ɔnasshɔ (fils du père) : moins aimé par rapport à ses frères et sœurs utérins. Peut représenter les voisins, les étrangers. Avec eux aussi, on peut réaliser des progrès.

Ce proverbe encourage à bien vivre avec ceux qui sont dans notre entourage. Avec eux, l'on peut créer, progresser et de développer le milieu. Produire localement est meilleur que de se fier à l'importation ou à l'étranger. Lechef, le gouvernant n'a pas à choisir entre les sujets de son royaume. Il doit éviter la discrimination, le tribalisme mais il doit ressembler, unir pour le développement. Ce dernier peut être alors endogène. Le choix de celui-ci est meilleur.

En fait, la province du Sankuru est frontalière de beaucoup d'autres. Elle est située à l'Est par la province du Maniema ; à l'Ouest par les provinces du Kasaï et du Kasaï Central ; au Nord par la province de la Tshopo et la Tshuapa et au Sud par les provinces de Lomami et du Kasaï Oriental. Avec ces différentes provinces, le Sankuru peut développer divers rapports sociaux, économiques, communicationnels sous différentes formes, etc. Ces bons rapports peuvent faire de lui une plaque tournante de la région et apporter un plus dans son développement. C'est, donc, làune diplomatie régionale, pouvant devenir nationale voir même internationale. Il ne doit pas vivre à vase clos. C'est l'aspect exogène du développement.

2.6. De la communication et l'auto-prise en charge

Proverbe n° 10 : *Dihongo dwamɛ kayaetɛ wooho*

Traduction littérale : L'aubergine se conserve elle-même semence.

Traduction littéraire : L'homme doit se prendre en charge pour sa survie.

Contexte d'usage : Nul n'est mieux servi que par soi, la survie.

Implication intentionnelle : Des efforts individuels, ses propres efforts, sa propre prise en charge .

Interprétation :

a. Dihongo (aubergine) : est un substantif dont le signifié métaphorique est toute personne.

b. Kayaetɛ wooho (se conserve semence) a pour signifié métaphorique se prendre en charge oufournir ses propres efforts.

L'homme est un produit social. Il sert, se sert et on le sert. L'important est qu'il serve et seserve honnêtement. Il ne doit pas rester une charge pour les autres. L'auto-prise en charge est unepensée que les gouvernants doivent s'approprier, encourager, voire même inculquer à leurs sujets.

Il n'est pas question dans ce proverbe de l'isolement, mais plutôt de l'exploitation des capacités, de potentialités naturelles, de fournir ses propres efforts en vue de prospérer, de décoller au lieu de tout attendre des autres, du gouvernement central. La province du Sankuru doit avant tout compter sur elle-même et exploiter ses propres atouts. Elle doit inventer la roue, la nouvelle roue du développement.

Proverbe n° 11 : *Mfudu hootungunyi, heye olowa wɔmɛnyinde*

Traduction littérale : Si tu n'éventres pas l'oiseau, tu ne sauras pas le grain qu'il a avalé.

Traduction littéraire : L'homme doit rechercher des informations, des connaissances, des expériences pour sa maturité et ses progrès.

Contexte d'usage : L'importance de la communication, information et expérience dans tous les domaines de la vie.

Implication intentionnelle : la communication, l'information, l'expérience en vue du développement.

Interprétation :

a. *Mfudu hootungunyi (*si tu n'éventres pas l'oiseau) : cette expression signifie qu'il faut faire parler quelqu'un pour connaître sa pensée, son opinion, profiter de son expérience.

b. *Olowa wɔmɛnyinde* (le grain avalé) : signifie la pensée, l'opinion intérieure, l'expérience, l'information non- encore extériorisée.

Dans toute communauté, l'importance de la communication n'est pas à démontrer tant entre les sujets qu'entre les chefs et leurs sujets. Elle permet au chef de connaître la volonté de sa population et vice-versa. Son importance dans le développement est aussi vitale.

Les outils de communication tels que «lokombe», «lokole», «donga», «elondja», «loseke»... ont fait leur temps et sont en perte de vitesse. La communication cellulaire, les mass médias et les nouvelles technologies de l'information et de la communication font actuellement la loi de la communication. Pour y faire face, la province doit disposer des matériels appropriés, de l'électricité ainsi que des animateurs. Il y a donc besoin de la formation, le défi étant énorme.

D'autres aspects sont pleins d'informations, de connaissances, d'expériences. Le développement exige à les découvrir et à les posséder, d'où la nécessité des bibliothèques, de l'internet, etc.

3. Le discours parémiologique et le développement

3.1. Discours parémiologique et la bonne gouvernance

La sagesse africaine constitue le fondement qui cimente les rapports sociaux. Véhiculée, entre autres, par des parémies condensées et relâchées, cette sagesse assure l'entente, la cohésion, l'hospitalité, l'unité, la bonne gouvernance, etc.

Les Atɛtɛla se laissent enseigner par cette sagesse dans laquelle ils sont eux-mêmes impliqués bien que peu systématisée parce que reste plus au niveau de l'oralité. Les proverbes analysés attestent l'existence de cette sagesse légendaire. On y décèle les idées de bonne gouvernance telles que les principes relatifs aux droits de l'homme, à la transparence, à la bonne gestion, à la réconciliation, à la redevabilité, à la démocratie, etc.

En plus, les proverbes éduquent, influencent, transforment, contraignent, etc. parce qu'ils sont chargés performativement et relèvent de l'argument d'autorité : les Ancêtres ont dit... En fait, G. Olusanya vante cette sagesse africaine en affirmant qu'elle guide, éclaire, enrichit, crée l'unité et la solidarité, engendre le travail, protège, sécurise et calme des tensions, elle ouvre et soutient le dialogue, germe le progrès des nations et institue la paix et la joie[100].

Il nous faut aujourd'hui des politiciens qui savent adapter la bonne gouvernance à des principes de gestion du discours parémiologique africain où l'accent sera mis sur la confiance absolue en l'homme, l'esprit du don de soi, l'esprit de dévouement, d'ouverture, de la tolérance, surtout du respect du sacré et de la discipline.

Dans l'univers platonicien, nous dit Huisman, l'Art et la Morale font ménage[101]car en visant le beau, on vise le bien et inversement. Le politicien est assimilable à l'artiste. Il modèle la société selon ses goûts. Il peut la basculer dans la justice ou l'injustice, dans la bonne ou mauvaise gouvernance.

Brunetière affirme que dans toute forme ou toute espèce d'art, il y a un principe et un germe d'immoralité[102]. Donc, l'art est accusé de corrompre la solidarité et d'être à la base de l'immoralité qui règne autour de nous. Telle est la scène qui se déroule en politique.

Le moment palabral, ou espace public des discussions, est un moment de mise en commun des intelligences. C'est, dit J.B. Bidima, « une rencontre », le « discuter », le «se refouler» ou le « se réconcilier » qui s'effectue entre les membres communautaires par des bons offices des conciliateurs[103]. La palabre est le changement des comportements sur base de respect des normes, de discussions tel que l'ordonnent les médiateurs. Ces discussions conduisent généralement au consensus, à la tolérance et à la transparence parce que la discussion est publique.

Pour J.B. Bidima, la justice érigée par l'Etat est au-delà de la solidarité, manque à la parole donnée, à la connaissance de soi et de l'autre qui cimentait le vivre ensemble[104]. Dans cet ordre d'idées, nous pensons que la bonne gouvernance que l'on prône aujourd'hui, reste plus au niveau du verbe que de la pratique.

La palabre, appelée aujourd'hui de beaucoup de noms suivant les milieux africains, est un espace sûr des discussions, d'apprentissage public où se pratique l'égalité, l'amour, la confiance en soi, le respect des droits fondamentaux d'autrui et de soi, la solidarité et l'estime de soi ainsi que le respect mutuel.

La sagesse africaine à travers la parémiologie n'a rien à envier à la bonne gouvernance occidentale. Elle est bonne gouvernance elle-même, mais sous-employée ou non-exploitée, peut-être à cause de l'oralité. Elle est une référence.

3.2. Discours parémiologique des Atɛtɛla face au développement de la province du Sankuru

Le chef à qui l'allusion est dans ce discours est le gouverneur, le sénateur, le député (national ou provincial), le bourgmestre ou l'administrateur de territoire, le chef de secteur et tous ceux qui ont une parcelle d'autorité dans la gestion de la province.

La province du Sankuru croupit dans le sous-développement caractérisé par :

- La prédominance des intérêts personnels ;
- La sous-alimentation et des maladies endémiques ;
- L'agriculture traditionnelle et routinière à vocation subsistance;
- Le manque d'industries, eau potable, électricité, diverses infrastructures ;
- Manque de moyen de transport et de communication sous toutes leurs formes ;
- Beaucoup d'analphabètes ;
- L'absence d'épargne et d'investissement ;
- Des querelles et des conflits tribals, etc.

Malgré l'indépendance du pays, le développement du Sankuru évolue négativement. Les discriminations, les mésententes depuis les politiciens de première heure ont entraîné des divisions, de la haine, des conflits, des milices, des incendies des maisons, des tueries, etc. Cet état des choses ne fait qu'enfoncer la province dans le sous-développement.

Le discours parémiologique interpelle, conscientise le gouvernant face à cette situation. Il doit, pour développer la province, fouiller, se ressourcer dans ce patrimoine culturel pour le bonheur des sankurois.

Selon ce discours, le chef ou le gouvernant est le garant, le rassembleur, l'unificateur, le pacificateur, l'artisan de la formation de ces administrés et le nourricier. Il est acquis pour l'intérêt de ces sujets et sensé maîtriser les principes et les rouages de la gestion de son entité pour l'amener à des bons ports. Le discours parémiologique oblige le gouvernant de s'impliquer de toutes ses forces dans le processus de développement et d'en donner l'élan, l'impulsion. Le gouvernant, assisté de ses scientifiques et techniciens, bref, des spécialistes peut élaborer une politique de développement à la hauteur de la province, des programmes, des projets, à court, moyen et long terme ainsi que la conception des sources de financement y afférents.

En fait, une mise en commun des idées, des points de vue diversifiés, des programmes et projets peuvent constituer une feuille de route de ce processus. Toutefois, un dispositif de suivi des activités en dehors de celui existant, le contrôle parlementaire, peut être envisagé.

Conclusion

La sagesse millénaire, mieux la tradition africaine est, aujourd'hui, en perte de vitesse pour les uns et désuète pour les autres. Mais, en fait, elle a toute sa valeur tout en étant inexploitée et négligée face aux valeurs des autres cultures.

En effet, l'attrait incontrôlé des Africains en général et des Tɛtɛla, en particulier à des nouvelles valeurs porte un coup dur à cette sagesse légendaire actuellement méprisée qui, pourtant, informe, forme, éduque, guide, etc.

En fait, l'examen de ce corpus proverbial tɛtɛla, un échantillon des proverbes africains, prouve la richesse de cette sagesse traditionnelle en matière de la gestion des communautés, voire des Etats. Elle est susceptible de déclencher la bonne gouvernance une fois prise au sérieux, et minutieusement exploitée car cette dernière n'est pas que l'apanage de la modernité occidentale. Retenons que le discours parémiologique tɛtɛla vise à interpeler, conscientiser, moraliser et à mobiliser. Il incite à bien faire, bien diriger et gérer.

Tout animateur de la province du Sankuru a intérêt à s'en approprier ou du moins à s'en inspirer.

Rassembleur, unificateur, pacificateur et nourricier, le gouvernant doit prendre en charge le dossier du processus de développement de son entité politico-administrative longtemps négligé dès la gestion des politiciens de la première heure après l'indépendance du pays. Autrement dit, il doit arrêter des stratégies et de prendre des dispositions pour le développement, le bien-être, le bonheur de son peuple en visant divers domaines : agriculture, eau, électricité, communication sous toutes ses formes, éducation, industries ainsi qu'infrastructures y afférents. Avec des provinces voisines, l'animateur a intérêt à trouver des stratégies pour développer divers rapports.

Enfin, la richesse de cette culture nécessite à ce que cette sagesse soit vulgarisé aux non-initiés et inculquée aux enfants. Les Africains doivent, donc, y fouiner, y recourir, s'y inspirer, s'y brancher.

Indications bibliographiques

- F. NKOMBE, «Langage et réalité vers une ontologie du verbe», in *Langage et Philosophie*, Actes de la 4ème semaine. Philosophique du 23 au 27 avril, Kinshasa, Faculté de Théologie Catholique, (1981).

- *N.C. MUJYNYA, «Ethique et Education » in Ethique et Société, Actes de la 3e semaine philosophique, du 3 au 4 Avril, Kinshasa, Faculté de Théologie Catholique, (1978).*

- NKOMBE, *Métaphore et métanymie dans les symboles parémiologiques. L'intersubjectivité dans les proverbes tetela*, Kinshasa, Faculté de Théologie Catholique., 1972, p.171.

- NYEME Tese, *Munga, Ethique en un milieu africain. Gentilisme et christianisme*, Ingrnbohl, Imprimérie du Père Théodore, 1980.

- P. LOLEHA, *Performativité dans le discours parémiologique tetela* : *reconnaissance mutuelle comme contribution à la résolution du conflit « Ekonda l'eswe »*, Thèse de Doctorat, inédit, Kisangani, Faculté des lettres et sciences humaines, 2019.

Chapitre V

La démocratie et le projet de société globale.
Essai de phénoménologie structurale.

Louis WƐMALOWA TOKOPANGA
Dr en Philosophie
Professeur à l'ISP/Wembo-Nyama

Résumé : *Comment la phénoménologie comme concept méthodique peut aider à accorder les violons entre la démocratie et le projet de développement en Afrique ? Comment fonctionne la démocratie au Sankuru, en Afrique et au Congo Kinshasa? Nous nous réalisons que la démocratie est parlementaire en Allemagne et aux suffrages universels en France. Elle a besoin des organes pour s'exercer. La CENI. Le Parlement. Il faut ajouter à l'organisation la vie et le consensus. La démocratie est une meilleure compréhension de soi-même et en même temps elle ouvre une porte pour la meilleure acceptation de l'Autre que soi. La démocratie est la pierre angulaire pour le développement intégral du Sankuru, de la République Démocratique du Congo ou de l'Afrique d'aujourd'hui.*

Mots-clés : Démocratie, phénoménologie, structure, structuralisme, substance, système

Introduction

Dans cette contribution, nous allons voir comment la phénoménologie comme concept méthodique peut aider à accorder les violons entre la démocratie, concept d'emprunt si j'ose le dire, et le projet de développement en Afrique.

Notre but aujourd'hui sera d'expliquer ou du moins en principe de dire d'où vient la phénoménologie «structurale», telle que nous voulons l'appliquer à la démocratie avec Heinrich Rombach comme une nouvelle voie ouverte à la phénoménologie et ensuite après cette démarche, chercher aussi à expliquer comment il serait possible de fonder dans ce néologisme un point d'appui pour un projet global de société sous l'étiquette de la démocratie. Nous voulons prendre la pensée de la structure (Strukturgedanke) dans un arrière-fond culturel Ashidi comme concept méthodique, comme grille de lecture pour analyser la démocratie, la pierre angulaire pour le développement intégral du Sankuru, de la République Démocratique du Congo et de l'Afrique d'aujourd'hui.

Il existe en anthropologie culturelle francophone, toute une tradition ayant fait presque quatre décennies dont le mot clé s'appelle «structure» ou mieux le «structuralisme». Un concept dont on reconnaît à Lévi-Strauss la thématique sous l'inspiration du grammairien Ferdinand de Saussure.

Lévi-Strauss n'est-il pas ici comme Husserl initiateur, non de la phénoménologie dont il a cru de bonne foi d'ailleurs désuète et vieillie mais bien du «structuralisme»? Le mot structure devient polysémique dans ce contexte et exige ici des garde-fous.

Il serait trop risqué de commencer à expliquer les rapports entre Husserl et Lévi-Strauss; puisque ces rapports n'ont jamais existé, lorsque nous prenons ici le concept «structure» comme point de départ en phénoménologie. La phénoménologie avec une épithète structurale est un néologisme en philosophie post heideggérienne. Il y a un quart de siècle, Il aurait été aussi difficile de demander à Lévi-Strauss s'il aurait pu entrevoir une possible conjonction entre les deux concepts pour qu'une phénoménologie soit structurale ou pas dans le sens que nous propose H. Rombach actuellement; quand on sait que le structuralisme se présentait à une certaine époque pas loin de la nôtre comme un dépassement de la phénoménologie. L'adjectif «structural» en phénoménologie devrait être appréhendé comme un néologisme. Il ne figurait pas dans ces catégories épistémologiques des savants d'avant la deuxième guerre mondiale.

1. Le triptyque substance - système - structure[105]

1.1 L'ontologie de la substance

C'est quoi l'ontologie de la Substance ? Comment est née l'ontologie de la substance ? L'ontologie de la substance est une attitude philosophique qui s'étend sur presque 20 siècles de 500 av J.C. jusque vers l'an 1500 après J.C.[106], dans la philosophie occidentale. Elle commence juste avec le début d'expérience philosophique; c'est-à-dire juste quand la pensée humaine cessa de contenter de l'explication allégorique (mythico-religieuse) pour assouvir sa curiosité intellectuelle pour arriver à une explication rationnelle plus élaborée, c'est-à-dire à la philosophie. C'est le passage du chaos mythique à la découverte de la logique et de l'ordre dans l'univers et dans le monde, le passage du hasard à la nécessité et à la découverte de la loi. Ce passage s'est opéré aussi dans d'autres secteurs, comme le passage de l'habitation dans les cavernes aux commodités architecturales, ou bien encore le passage de la chasse à l'élevage; de la cueillette à l'agriculture ou bien encore de l'oral à l'écrit.

Dans l'ontologie de la substance intervient la question de l'être en tant qu'être telle que formulée par Platon et telle que approfondie par Aristote. Qu'est-ce qu'est l'être ?

L'ontologie de la substance ou la métaphysique se définit et se caractérise par son souci de rechercher les causes premières de l'être ou l'essence de toute chose. Qu'elle soit la terre, l'eau, le feu ou l'air (les Présocratiques) ; le Démiurge (Plotin) ; le moteur immobile (Aristote) ou la cause in causée (Thomas d'Aquin) ; que l'on argumente pour prouver sa quiddité (Anselme); que les idées claires nous conduisent à l'essence de l'être (Dieu) ou que ce dernier nous garantisse la véracité des premières (Descartes), le problème demeure entier et identique depuis le début de l'entreprise philosophique jusqu'à la révolution copernicienne à partir de laquelle une autre façon de voir le monde se dessine. Et le christianisme ne changera pas grand'chose. C'est pourquoi nous nous posons la question catéchétique ordinaire sur l'essence du concept «démocratie», suivante : Qu'est-ce qu'est la démocratie ? La logique interne de cette question élémentaire voudrait que nous donnions les abscisses et les ordonnées, la matière et la forme du concept démocratie. Ainsi on peut répondre en substance que la démocratie n'est ni une marchandise à vendre ni un prêt à porter. Elle n'est rien d'autres que le résultat d'un consensus social qui s'inscrit dans un projet de société ; Elle n'est pas la victoire d'un groupe minoritaire sur un autre, mais la volonté assumée par les uns et les autres à vouloir vivre ensemble. Puisque la tyrannie de la majorité existe aussi, la démocratie devrait être comprise substantiellement comme une manière assumée d'être et de vivre au monde, mais aussi une manière de voir ce monde dans lequel nous vivons. Il existe des couleurs et des choix dans la démocratie. Il est essentiel de mettre déjà l'accent sur l'aspect théorique et définitionnel de la chose que l'on appelle «démocratie».

1.2. L'ontologie du système

Comment s'est opéré le passage de l'ontologie de la substance vers l'ontologie du système ?[107] L'ontologie du système commence avec les Temps Modernes de 1500 apr. Jusqu'à nos jours. Avec les Temps Modernes, l'ordre implicite reconnue dans l'étape précédente qui reconnaît l'existence des lois de la nature, devient explicite. Ce passage se décèle dans la manière d'appréhender le réel, et non nécessairement dans le changement de l'objet perçu ou visé dans la recherche. Le passage de la substance au système revêt un caractère épistémologique et non historique. Mais comme déjà signalé, il ne faudra pas non plus trop les dissocier. La question fondamentale à l'étape du système n'est plus celle du qu'est-ce que c'est ou de savoir localiser la cause première de toute chose ou encore ce qui est en dessous de toute chose, mais de savoir comment cela marche, comment cela fonctionne; et avec la méthode expérimentale, le pas est fait sur l'ontologie de la Substance.

L'ontologie du Système est d'après Rombach un nouveau paradigme épistémologique qui se pointe à l'horizon. Car ce courant de pensée, au lieu d'emprunter ses catégories de la métaphysique. Il ne faudrait pas, reconnaît ensuite Rombach, que l'on s'étonne d'entendre parler de Système ou que l'on systématise partout: en économie, en politique, en théologie en sociologie et en philosophie. L'avantage du système résiderait dans le fait qu'il nous oblige à faire appel aux lois et à l'expérimentation non pas seulement pour nous permettre d'agir sur la nature; mais bien plus sur nous-mêmes et sur notre environnement. Cette ontologie atteindra son point culminant d'après H. Rombach toujours avec Hegel. La manifestation du "Même" de la même réalité grâce au changement de perception nous amène à l'utilisation des gadgets, des machines et des formules...,tout cela montre et conduit l'humanité vers une phase conceptuelle qui fait que la systématisation s'avère plus efficace pour la vie sur le plan de l'action et de l'agir que cela le fut avec le substantialisme. Une substance est et parfois inerte à nos yeux ; mais un système fonctionne.

Dans l'ontologie du système la question fondamentale sur l'être comme on vient de le pressentir, change de contenu. Le plus important dans un système ce n'est plus le "qu'est-ce que c'est" 'substantiel', mais plutôt ce qui distingue un commerçant du capitalisme, ce qui distingue un morceau de métal d'avec une montre. Ce qui distingue une étoile d'avec une constellation d'étoiles. La systématisation voudrait que l'épistémologue s'appesantisse sur la question qui vient de la mécanique et qui s'interroge souvent et toujours sur le "Comment cela fonctionne-t-il ? ", "Comment fonctionne la démocratie ?" Cette question n'est pas inutile. Et si nous nous réalisons que la démocratie est parlementaire en Allemagne et aux suffrages universels en France, il y a moyen alors de voir qu'elle a besoin ou du moins elle fonctionne comme une organisation, il est tout à fait normal que l'on sache comment cette organisation fonctionne, comment mettre tout cela ensemble ?

La démocratie a besoin des organes pour s'exercer. Elle est une meilleure compréhension de soi-même et en même temps elle ouvre une porte pour la meilleure acceptation de l'Autre que soi. Il présente un intérêt et il est enrichissant.

Une autre interrogation arrivé: comment fonctionne notre démocratie au Sankuru, en Afrique et au Congo Kinshasa ? Dans nos pays, le temps est déjà arrivé où l'on doit sérieusement se poser la question de savoir ce que l'on entend derrière les lois électorales, les organisations comme la CENI et autres mesures prises pour que les élections se déroulent dans la bonne direction.

1.3. L'ontologie de la structure. La différence ontologique

Mais le système non plus n'est pas tout. Une nation perd beaucoup de sa valeur du moment que ses habitants perdent de l'intérêt pour la gérer et la gouverner et la promouvoir. Dans un système l'intérêt pour les recherches culturelles doit être activé.

Créer un système démocratique en soi ne fait pas vivre. Il n'oblige pas. Il ne garantit aucune ouverture. Il faut ajouter à l'organisation la vie et le consensus. C'est alors qu'arrive l'étape de la structure, qui va maintenant emprunter son modèle de l'organisme. La différence entre une montre et un être vivant se trouve dans le fait que bien qu'étant touts les deux constitués par des produits ou des matériaux chimiques, comme le sel, le fer, l'eau... , il y a un supplément dans l'organisme du fait même qu'il vit. Il est un système vivant et la vie n'est pas un simple système mais une structure, une constellation intégrée des systèmes ayant besoin pour tenir ensemble d'un biotope, d'une écologie, d'un environnement, etc. Dans l'organisme il existe plusieurs fonctions, plusieurs appareils et organes qui s'efforcent de vivre et même de survivre ensemble. L'organisme fonctionne aussi mais il vit en plus et prétend ne pas avoir de modèle. Il est son propre modèle disent certains ou mieux son modèle n'est jamais entrevu d'avance disent encore d'autres, puisqu'il change ou plutôt il est condamné au changement.

Avec la prise en compte de la vie comme fondement de l'organisation de toute activité nous sommes d'avis que dans l'ontologie structurale les intérêts épistémologiques acquièrent un autre degré de finesse et de spécialisation. Les intérêts qui se cachent dans la phénoménologie structurale rombachienne sont aussi conceptuels. Puisque c'est à travers les concepts que se véhiculent les idées et les pensées. Le mot structure n'a pas la même connotation lorsque qu'on prend en compte ce que cela peut apporter comme signification dans l'univers culturel germanique par rapport à ce qui est connu dans la francophonie. C'est pourquoi il nous met en garde contre l'usage abusif des concepts. Il est difficile en effet de distinguer un système d'avec une structure, puisqu'une structure a besoin d'un système dans sa mise en oeuvre. Ainsi par exemple dans le corps humain il existe plusieurs systèmes qui coexistent pourrait-on dire[108]. Le corps est une unité organique; mais il est vivant seulement et seulement si cette unité est vécue dans toutes ses parties. Dans l'épître aux Galates[109], l'Apôtre Paul essaye de comparer une communauté chrétienne à un organisme vivant, il dépeint avec lucidité le chaos ontologique, le dysfonctionnement qui en résulterait au cas où les membres (différents organes), les différents systèmes du corps humains cesseraient de fonctionner dans l'abnégation et la concorde. Nous sentons bien que le questionnement ne s'arrête plus ici au fonctionnement. Il vise la réussite, la garantie, le bien et le maintien de l'ensemble. « Comment réussir » est le questionnement, ou la formulation type au niveau de l'ontologie de la structure.

Avec Saint Paul nous voyons que cette ontologie n'est pas si jeune qu'on le pense habituellement. On peut simplement constater à partir de ce texte qu'elle n'a pas seulement eu droit de cité et la chance de survivre et de s'émanciper puisque le système se prêtait mieux à l'esprit du moment.

Ce que Saint Paul dit aux chrétiens vaut aussi pour toute organisation de chaque pays et de chaque nation, de chaque culture, pense Heinrich Rombach[110]. L'organisme vit et il puise sa vie de lui-même. A partir des énergies qu'il libère cette énergie autocréatrice il l'appelle autogenèse.

L'autogenèse est une énergie autocréatrice qui permet à la partie de se confondre le moment venu au tout. Dans la magie le tout et la partie se confondent, la victime et l'ensorceleur ne font qu'un. La réussite dans une entreprise c'est la complicité entre l'entrepreneur et les collaborateurs.

Ces trois étapes nous aident à nous approprier la démocratie. Il ne s'agit pas de donner ici des définitions brillantes de la démocratie, ou bien d'entendre de la bouche quelques experts de Nations unies sur le fonctionnement idéal d'une démocratie taillé sur mesure dans un pays sous développé, mais rentrer sur soi et se poser soi-même la question de savoir comment réussir. C'est justement de cette réussite qu'il va être question dans le point suivant.

2. Le projet de la société africaine

2.1. Un constat théorique positif

L'Afrique vient de faire son entrée dans l'Histoire de la démocratie comme elle a fait jadis son entrée dans l'histoire de la civilisation, de la chrétienté et du développement et même de la philosophie. Nombreux sont les colloques, les livres qui se penchent avec soins et abnégations sur les aspects sociologiques psychologiques et même des aspects politiques de l'introduction de la démocratie en Afrique.

Des textes savants ont pu décrire avant nous comment cette Afrique, après l'abrogation du pacte colonial, commença à faire ses premier pas vers la démocratie en apprenant à se gouverner elle-même. A une indépendance nominale lui accordée à contre cœur, suivront des dictatures militaires patrimonialistes, ensuite vinrent les mouvements multipartistes et les interminables conférences nationales souveraines ou non pour aboutir enfin à des rébellions sans noms et des pseudos réconciliations connues…

2.2. La mutation du vocabulaire et rien de plus

Tout ce qui se fait au Congo et en Afrique et dans le Tiers-monde – cela dépend de la région dans laquelle on se trouve -, se fait actuellement au nom de la «démocratie» et de la défense des droits de l'homme. Mais il ne faut pas perdre de vue que c'est au nom de la démocratie que l'on veut se donner le droit d'ingérence dans un pays qui n'est pas le sien et à l'étranger. N'est-ce pas un prétexte fallacieux ? Il y a peu en effet toutes les barbaries de l'humanité en commençant par la traite, se justifiaient aussi au nom d'arguments plus ou moins intelligible et humanitaire comme «au nom de Jésus Christ», «au nom de la civilisation», «au nom du développement», «au nom de l'humanitaire», «au nom de la sécurité», jusqu'à la politique des sans papiers. La démocratie évidemment rime bien avec l'humanitaire et cela a de la chance d'être actuel.

Mais est-on vraiment sûr d'avoir avancé d'une semelle en changeant de vocabulaires ? Nous avons l'impression comme le disait Janheinz Jahn il y a plus d'un demi-siècle que les efforts actuels ont tous ceci de commun qu'ils n'assignent au processus de transformation culturelle de l'Afrique qu'un schéma simpliste. L'Afrique doit être évangélisée, civilisée, développée, démocratisée… Avec ce schéma l'Afrique reste encore sous l'influence de l'Europe. Elle doit non seulement s'adapter en renonçant à ses propres traditions; mais bien au-delà. Elle doit soit adopter tout en bloc pour survivre ou bien demeurer fidèles à ses propres valeurs et périr avec elles (!). Il n'est un secret pour personne qu'une Afrique christianisée, civilisée, développée et démocratisée ce n'est pas une Afrique capable des initiatives propres; elle n'est pas une Afrique éprise de paix et de bien-être mais bien plutôt une Afrique intégralement réceptrice et européanisée. Elle est démocratique si c'est l'Europe qui fournit le modèle dont l'Afrique serait seulement une bonne copie certifiée conforme à l'original; l'Europe est ici bienfaitrice ou dispensatrice des valeurs et des contre-valeurs et l'Afrique seulement bénéficiaire ou partie prenante. L'Europe serait le professeur et l'Afrique son élève.

Il incombe bien sûr à la première de décider du moment où la seconde aurait atteint un suffisant degré de maturité pour voler de ses propres ailes : maturité politique, économique, intellectuelle, qui dans le monde contemporain conditionne le plein exercice de la liberté. L'Europe saurait mieux que l'Afrique elle-même ce qui est bon pour l'Afrique. C'est pourquoi elle offre à son élève des maîtres de rechange : démocratie ou dictature militaire ; athéisme ou christianisme ou communisme...; mais à y regarder de plus près, cela ne change rien au schéma fondamental[111] [7].

2.3. Témoin d'une rencontre des intellectuels

A la rencontre d'octobre 2003 à Louvain-La-Neuve nous avons essayé de prendre part à cette préoccupation; mais en tant que philosophe et non en tant qu'artiste ou en tant que scientifique.

Dans la perception de la réalité les trois archétypes du savoir susmentionnés développent des perceptions différentes dans la perception de la réalité :

- l'homme des sciences dites exactes, voit la réalité telle qu'elle ;
- l'artiste, lui, voit la réalité telle qu'il (lui l'artiste) est ;
- et la philosophe lui voit la réalité telle qu'elle doit être.

Mais depuis longtemps l'on sait que très peu de philosophie subsiste dans les décisions politiques. Le royaume dans lesquels les philosophes seraient rois, est condamné à l'échec. Cela les condamne au réalisme et les oblige à vivre de telle façon que leur travail ne se fasse plus de manière cérébrale et désincarnée mais puisque s'effectuer aussi bien avec les mains, les sentiments et avec la raison HYPERLINK \l "sdfootnote112sym" [112] .

La question qu'un philosophe devrait se poser est celle de savoir si lui en tant conscience du peuple serait prêt à faire le choix ici dans notre contexte entre une évolution et une révolution dans la démocratie. Que devient-il dans la trilogie substance – système – structure ?

- Il fait du substantialisme dans la démocratie en montrant la nécessité d'une société démocratique pour la paix grâce aux arguments rationnels.

- Il peut encore avoir la tentation de faire de la systématique dans la démocratie en montrant comment fonctionnerait la démocratie en Afrique de façon sociologique; en montrant comment la démocratie ne serait pas possible sans telle ou telle institution.

- Ou bien encore il peut opter pour une attitude révolutionnaire pour un changement de paradigme en mettant l'accent ailleurs et en argumentant aussi que l'Afrique a besoin de la démocratie; mais que cette démocratie n'a pas tant besoin d'être organisée à partir de l'extérieur mais bien d'être inspirée par les apports extérieurs pour aboutir par création à une démocratie inventée.

Que valent en effet tous ces pronostics, projets et discussions de restructurations de la justice et de l'armée au Congo qui ne tiennent aucun compte de la culture africaine et de ce que veulent les congolais?

Nous avons la conviction que le problème de la démocratie en Afrique et dans le monde est lié à celui de l'existence et à la poursuite de l'idée d'un monde conçu comme une structure, comme organisme. Déjà Malinowski ne considérait pas la culture comme un système, encore moins comme un corps d'institution statique, mais bien plutôt comme un devenir perpétuel.

Les formes démocratiques engendrées par un processus d'acculturation ne seront jamais des formes mixtes qui pourront contenter les uns et les autres. Elles seront démocraties seulement si elles sont des innovations. Ces formes de démocraties sont en marches en Afrique et elles seront aussi bien des folies pour les païens et scandales pour les juifs; c'est-à-dire elles n'appartiendront à cent pour cent ou à cinquante pourcent ni à l'Occident ni à l'Afrique. Elles appartiendront tout simplement au patrimoine de l'humanité.

«... Quand on dit ce qui est, remarquait Charles de Gaulle un jour, on fait scandale. Ainsi si on dit que l'Angleterre est une île, personne n'en revient. Si on dit que l'Otan a un commandant américain, tout le monde est choqué. Dire crûment la réalité crue est un exercice réservé aux irresponsables, un exercice toujours ingrat, mais jamais inutile...[113]»

D'après Jean-François Leguil-Bayart, la politique de l'occident en général et de l'Union européenne en particulier à l'égard de l'Afrique est frappée du sceau d'un certain nombre des paradoxes :

- Le fossé entre les pays riches et les pays pauvres se creuse de plus en plus.

- La forteresse européenne se ferme à l'émigration africaine; entre temps l'Europe accuse une générosité sans borne en matière d'exportation d'armes et des déchets industriels nocifs à l'environnement dans d'autres régions du globe.

Pendant ce temps la réconciliation, l'intégration et l'insertion des paysans européens sont en cours d'accélération en Afrique du Sud et au Zimbabwe sous le prétexte de la spoliation.

Pendant que le test de Pise ramène l'Europe à l'évidence devant les faiblesses de son système d'enseignement, les spécialistes «sans frontières» de tout bord déferlent pour inonder le marché du travail en Afrique. Pendant ce temps la politique d'ajustement structurel aura aidé à rendre inopérant non seulement le système de santé mais aussi le système d'enseignement(LMD) et l'administration locaux(les ONG). Tous les diplômes et toutes pièces académiques officielles en provenance de l'Afrique sont à l'index et doivent subir une vérification préalable initiée par les ambassades des pays occidentaux moyennant des frais énormes.

- Il existe des contradictions dans le dispositif institutionnel de la coopération en remplacement du pacte colonial dont il ne veut assumer le service après vente.

- Il existe des insuffisances de la lourdeur dans les procédures financières.

- Il existe enfin de l'hypocrisie et même de l'irréalisme dans les accords commerciaux.

Avec ces trois handicaps – et ils ne sont pas les seuls –, les occidentaux ont largement démissionné de leur responsabilité de «civilisateurs» en renonçant à concevoir un nouveau mode d'intégration de l'Afrique subsaharienne à l'économie internationale, en remplacement du vieux pacte colonial, qui justifiait l'occupation coloniale du continent, lequel pacte a été interminablement ravaudé sous couvert de la coopération.

Nous ne voulons pas aujourd'hui vous instruire sur des choses que vous savez. C'est pourquoi nous voulons ici réagir en vous tenant un langage de vérité comme les explorateurs de l'Afrique au début du 19è siècle quand ils disaient aux missionnaires qu'il ne fallait pas qu'ils aillent en Afrique pour apprendre aux Africains ce qu'ils savent déjà.

3. La Démocratie et le bien-être, une question sans réponse

A quoi bon insister sur le fait que les relations entre l'Afrique et l'Europe soient en panne depuis la fin de la deuxième guerre mondiale? C'est-à-dire les années qui trahissent les débuts ou/et de l'éveil de la conscience africaine et les mouvements des indépendances africaines?

Toute la politique européenne, qu'elle soit vers l'Afrique ou même à l'égard d'autres continents, tire son origine de la fin de la deuxième guerre mondiale. D'aucuns s'interrogent pourquoi l'Europe punit l'Afrique alors que c'est elle qui l'aida si pas à financer du moins à amortir sur le plan psychologique les effets pervers de la guerre contre l'Allemagne. L'Europe aurait bien voulu se soulager des horreurs de la guerre en créant l'Europe d'Outre-mer, mais les indépendantistes la lui refuseront.

Cette difficulté est réelle et elle est d'ordre philosophique et culturel à la fois. Sur le plan philosophique il se vit une crise des Valeurs fondamentales, une crise des modèles, une crise de conduite et d'orientation en Occident: Dieu, le Roi, la Patrie, l'autorité, la vérité et la paix… ne sont plus des allants de soi. Les Européens ont de la peine à se débarrasser de l'idée ancienne de voir l'Afrique en tant qu'un continent comme les autres – malgré les contre exemples – ils peinent maintenant à penser sa banalité. Ils veulent la cantonner sans succès dans les catégories classiques de la barbarie et de la sauvagerie ficelées par eux-mêmes.

Sur le plan culturel les européens ne sentent plus l'Afrique dans une meilleure prise de conscience comme faisant partie de l'histoire qui est aussi la leur. Autrefois c'était l'Europe qui avait une idée de l'Afrique une idée peut-être partielle et erronée, mais elle en avait une.

Il y avait effectivement une idée de l'Afrique en Europe. La nouvelle patrie. Actuellement il y a une idée de l'Europe en Afrique peut-être aussi partielle, mais elle existe. La nouvelle Patrie aussi pour les Africains. Pendant ce temps les Africains plus que jamais n'ont senti l'Europe aussi près dans leur for intérieur. D'où les flux migratoires qui déferlent entre l'Afrique et l'Europe avec toutes les traversées dangereuses et les pertes des vies humaines qui en découlent.

La conception de la démocratie, de la paix et du bien-être intégral chez l'Autre que le soi occidental est liée aussi à cette double difficulté: Le changement de paradigme lié au passage de l'ontologie du système vers l'ontologie de la structure.

L'histoire de l'Occident a atteint son degré de prise de conscience avec la découverte du moi et de la liberté. C'est pourquoi ils n'hésitent à aucun moment à se désigner comme monde libre. Mais en même temps – et ceci doit être souligné avec force – cette découverte de soi ne peut pas aller loin sans un remaniement de l'ensemble organique de notre humanité. On ne peut pas être libre tout seul. On ne peut pas avoir raison tout seul. Et cette philosophie «égoïste» de vouloir être seul ne suit pas toujours les étalons de l'histoire universelle occidentale antiquité, Moyen-Âge, les temps modernes, la période contemporaine... l'âge atomique et l'autoroute électronique...; les autres nations hors de l'Occident y aspirent également. L'«égoïsme culture» s'il faut l'appeler ainsi, trouve toujours des répondants et des parallélismes voire des connexions légitimes ou même des points d'appui dans d'autres univers culturels à partir desquels il nous faut partir pour dénouer la crise du monde actuel.

La période la plus brillante de l'histoire occidentale aura totalisé en l'an 2000, 25 siècles. Et pendant ce temps que l'on voudrait faire commencer avec la Grèce, il ne faut pas oublier que plusieurs courants d'idées y ont vu le jour. L'Europe est passée aussi bien du réalisme à l'expressionnisme en passant par l'ídéalisme. Il s'est développé et formé plusieurs types de sociétés, les unes mettant fin à d'autres ou bien les unes donnant naissance à d'autres. C'est ici que la pensée de la structure intervient et pour nous aider à penser et concevoir le «village global» comme un organisme. Ce qui manque à l'Occident c'est cette capacité de passer de l'ontologie du système à l'ontologie de la structure et de faire de son arsenal technologique une chance pour l'humanité c'est-à-dire concevoir le monde la planète terre et l'humanité elle-même un organisme vivant dans lequel tous les membres ont chacun une importance irremplaçable.

L'Occident gère la technique moderne, mais c'est d'ailleurs que viendra sans aucun doute son humanisation pour le bien être du genre humain. C'est de l'Afrique subsaharienne. Et de cette manière les Négro-africains sentent dans le for intérieur actuel comme investis d'une mission prophétique leur dévolue pour annoncer que la culture mondiale n'a pas toujours été synonyme de violences, de guerres, etc...; il a existé et il existe toujours une possibilité pour une culture de la paix de la concorde et de la tranquillité, dont l'Afrique regorge et dont le monde manque tant. L'Afrique actuelle en est une preuve tangible ; puisque : « Quel que soit le malheur, qui est commun à toute l'humanité, l'Africain transforme et sublime le malheur pour en faire une œuvre de bonheur et de gaieté. C'est ce qui le rend indestructible spirituellement, moralement, psychiquement et physiquement »[114].

Bibliographie

- BIMWENYI KWESHI Oscar, *Le Discours théologique Négro-Africain. Problèmes des fondements,* Paris, Présence Africaine, 1981.

- JANHEINZ Jahn, Muntu. *L'homme africain et la culture néo-africaine,* Paris, Seuil 1961, le texte original allemand était publié en 1958 par Eugen Diederichs à Düsseldorf /Koeln.

- MBITI John, *Afrikanische Religionen und Weltanschauungen,* De Gruyter Berlin / New-York.

- ROMBACH H., *Versuch einer Selbstdarstellung,* Alber Freiburg/München Herder Freiburg, Basel, Wien.

- ROMBACH H., *Substanz, System, Struktur: Die Ontologie des Funktionalismus und der philosophische Hintergrund der modernen Wissenschaft en 2 Tomes* Alber Freiburg/ Muenchen, 1981.

- ROMBACH H., *Strukturanthropologie.* Der „menschliche Mensch" Alber, 1987.

- ROMBACH H., *Le monde comme une structure vivante,* Rombach Reihe Philosophie, 2003.

- STENGER G., ROEHRIG M. (Hg), *Philosophie der Struktur-Fahrzeug der Zukunft* Alber Freiburg/München.

- WƐMALOWA T., *Ashidi. Die Phaenomenologie der Selbsterfindung. Beitrag zur Beilegung der ontologischen Krise in der afrikanischen Gegenwart,* Tectum Marburg 1999.

- WƐMALOWA T., «Le phénomène Ashidi», in *Ntε Ntεkεtε,* n°13(janvier-Juin 2002), p. 41-50.

- WƐMALOWA T., «Loseka dans les paradigmes philosophiques», in *Ntε Ntεkεtε,* 4 (juillet –décembre 1997), p. 79-84.

Deuxième Partie

Enjeux de la communication face au développement durable du Sankuru

Chapitre VI

La problématique de la langue du premier cycle de l'éducation de base dans la province du Sankuru

André NGUWO NDJOVU,
Poète et écrivain
Directeur scientifique de la COPREMASCO (Commission Provinciale de Rédaction des Manuels Scolaires en Otetela)

Résumé : *La province du Sankuru n'a jamais connu une agression culturelle. Depuis belle lurette, la langue Otetela y a toujours été considérée comme langue d'enseignement de base à côté des quatre langues nationales ailleurs. Elle est et reste jusqu'à ce jour la "langue d'exception" qu'on appelle communément "l'Exception Tetela". Cependant, la distribution, au Sankuru, des manuels scolaires rédigés en Lingala ferait croire à un attentat culturel. Une entorse au vecteur de l'éducation de base et une morsure grave dans l'âme de la culture locale. Considérant que la langue Otetela courrait au-devant de sa mort, ce chapitre se veut une note technique rédigée en son temps par son auteur à l'intention de Son Excellence monsieur le Ministre d'État de l'Enseignement Primaire, Secondaire et Technique (EPST) de la République Démocratique du Congo (RDC). Par ce canal, le Directeur scientifique de la Commission Provinciale de Rédaction des Manuels Scolaires en Otetela, COPREMASCO en sigle, portait à la connaissance du Ministre de l'EPST la tradition de* ***"l'Exception tetela".***

Mots-clés : Enseignement de base, "Exception tetela", Otetela, Sankuru

0. Enseignement primaire, premier cycle de l'éducation de base en RDC

L'enseignement primaire fait partie de «l'éducation de base». Il en constitue la première étape ou le premier cycle.

Qu'entend-on par éducation de base ? L'«Éducation de Base» est une expression à contenu variable. De la Conférence sur l'éducation pour tous, on retient que « *l'éducation de base est celle qui fait acquérir à l'individu dans un contexte historique, social et linguistique déterminé, un minimum de connaissances, d'aptitudes et d'attitudes lui permettant de comprendre son environnement , d'interagir avec lui, de poursuivre son éducation et sa formation au sein de la société et de participer plus efficacement au développement économique, social et culturel de celle-ci »*[115].

Tandis que Herbert Morre Phillips, dans une contribution à un séminaire de l'Institut International de l'UNESCO pour la Planification de l'Éducation, IIPE en sigle, considère l'éducation de base comme un *«ensemble des différents programmes d'activités éducatives visant à répondre aux besoins éducatifs fondamentaux»*[116], tels que les définit la Déclaration mondiale sur l'éducation pour tous» (Jomtien, Thaïlande, 1990).

Suivant la classification de la CITE, l'éducation de base comprend l'enseignement primaire (première étape de l'éducation de base) et le premier cycle du secondaire (deuxième étape). Elle couvre aussi un ensemble très divers d'activités éducatives non formelles et informelles, publiques et privées, qui visent à répondre aux besoins éducatifs fondamentaux spécifiques de groupes de personnes de tous âges.

En effet, le premier cycle de l'éducation de base vise à donner aux élèves un solide enseignement de base en lecture, en écriture, en mathématiques, et des connaissances élémentaires dans d'autres matières, telles que l'histoire, la géographie, les sciences naturelles, les sciences sociales, le dessin et la musique.

Du rapport sur «l'éducation de base en République Démocratique du Congo», le Professeur Philippe JONNAERT, dans le cadre de l'appui à la modernisation et à la mise en œuvre des programmes scolaires, nous en donne une définition : «*L'éducation de base est un socle commun de compétences, de connaissances, de savoir-faire professionnels et entrepreneuriaux et de savoir-être auquel ont droit tous les enfants. Ce sont donc les* 'bases' *dont a besoin tout élève congolais, qu'il ou elle continue sa formation ou s'engage dans la vie professionnelle*»[117].

1. Historique sur la langue d'enseignement au Sankuru

Depuis le Concordat entre le Saint6Siège et le Roi Léopold II de Belgique en 1906 sur l'ouverture des écoles au Congo par les missionnaires, il existe deux langues d'enseignement dans le Kasaï : l'Otetela au Sankuru et le Tshiluba dans le reste de la province.

Déjà en 1911, un an après l'ouverture du poste de mission de Tshumbe Sainte Marie, le premier dans le Sankuru, le Père Handekjin ouvrait la première école primaire à Tshumbe suite au refus du Chef OTETE de Menga (Mondja) d'enseigner aux enfants tetela le catéchisme en Tshiluba. C'est le début des écoles-chapelle en Ɔtɛtɛla.

En 1920, le Père Van Den Bon fondait l'école des catéchistes à Tshumbe pour assurer l'instruction religieuse. Dans cette école, les enseignements se donnaient en Ɔtɛtɛla.

En 1936, Mgr J.A. Hangedorens, Préfet Apostolique de Tshumbe et membre du Conseil de la province du Kasaï, s'est rendu à Lusambo pour défendre l'Ɔtɛtɛla comme langue d'enseignement et d'évangélisation au moment où la colonie voulait décider des langues de communication inter-ethnique et d'enseignement au Congo. Pour répondre aux conditions posées par les autorités coloniales à l'«exception tetela», le Préfet Apostolique commença, avec le R.P. Rudolphe Pycke, inspecteur des écoles, la rédaction et traduction des manuels scolaires et catéchétiques en Ɔtɛtɛla dans la *collection des livres classiques des Pères Passionistes* suivis des Gramatika, des dictionnaires pour l'apprentissage et l'enseignement de l'Ɔtɛtɛla en les imprimant à Tshumbe jusqu'après l'indépendance (voir des échantillons en annexe).

En 1976, lors de la Campagne de l'Authenticité zaïroise, le Bureau Politique du M.P.R. décréta l'instauration des langues nationales au Zaïre. Quatre langues étaient retenues : le Swahili à l'Est, le Lingala au Nord-Ouest, le Kikongo au Sud-Ouest et le Tshiluba au Centre (Kasaï). Les Représentants du Sankuru au Bureau Politique protestèrent parce que, disaient-ils, aucune de ces quatre langues n'étaient ni parlée ni enseignée chez eux depuis l'époque coloniale. Une commission d'enquête fut diligentée et elle buta à une fin de non recevoir de la part des autorités locales et des populations du Sankuru qui ont fourni les preuves de leurs refus (Cf. la liste en annexe ainsi que la géographie et l'histoire du Sankuru).

Le Comité Central du M.P.R. promulgua le Décret-Loi instituant l'usage des quatre langues nationales et le Français comme langue officielle au Zaïre en maintenant l'exception de l'Otetela au Sankuru par l'Arrêté Ministériel N°EDN/SP/841.0/BCC/549/1979 du 31 août 1976 du Commissaire de l'Etat à l'Education Mbulamoko.

En 1992, dans le cadre du programme de la réforme de l'enseignement et de l'appui au projet de la revitalisation de l'éducation au Sankuru, le Diocèse de Tshumbe a procédé à la rédaction des manuels d'apprentissage de l'écriture et de la lecture : « *Tako Dya Tondo* » (Premier Pas) et « *Tako Dya Hende* » (Deuxième Pas) pour le degré élémentaire de l'école primaire.

En référence à la Loi-Cadre n°14/04 de l'enseignement national du 11 février 2014 spécialement à son Titre I, chapitre III, section 16, article 38 et au Titre II, chapitre IV, section 6, article 195, concernant l'utilisation des langues nationales comme médium et discipline d'apprentissage, la Commission Provinciale de Rédaction des Manuels Scolaires en Otetela (COPREMASCO), en référence aux autres commissions provinciales et à la tradition de «**l'Exception tetela**», encouragée en cela par les lois organiques 04/15 et 06/015 en rapport avec la décentralisation et le découpage territorial reprenant dans leur schéma cartographique l'Ɔtɛtɛla comme langue parlée dans le Sankuru, l'unique province mono-éthique et mono-linguistique de la République Démocratique du Congo, la COPREMASCO s'est attelée à rédiger le livret de l'élève intitulé « *Kyanda ya mbeka mbadya la mfunda otetela* » (livret de l'apprentissage de la lecture et de l'écriture en Ɔtɛtɛla) selon la nouvelle méthodologie de l'apprentissage par l'approche des compétences de la vie courante (CVC) ainsi qu'un guide du maître (Cf. spécimen annexé) avant d'introduire une demande d'agrément au ministère de tutelle dont la copie de la suite réservée est ici annexée.

2. Motivations du maintien de l'Ɔtɛtɛla au Sankuru

a. L'Ɔtɛtɛla est l'unique langue vernaculaire et véhiculaire du Sankuru depuis plus d'un siècle.

b. L'Ɔtɛtɛla est l'unique langue de communication et d'enseignement au degré élémentaire de l'école primaire disposant des supports didactiques au Sankuru, la seule province mono-éthnique et mono-linguistique de la République Démocratique du Congo.

c. L'enseignement en Ɔtɛtɛla est aussi ancien que l'histoire de l'enseignement en République Démocratique du Congo.

d. L'apprentissage en Ɔtɛtɛla au degré élémentaire ne peut être remplacé par une autre langue fut-ce le Lingala de la même souche, parce que c'est toute une culture qu'il faut déraciner et les ressources (humaines, matérielles et financières) ne sont pas disponibles pour recycler efficacement une culture.

e. Des instruments juridiques soutiennent la position de la communauté locale de l'Ɔtɛtɛla face au Lingala dans l'enseignement au degré élémentaire en optant pour la langue locale :

- Arrêté ministériel N°EDN/SP/841.0/BCC/549/1976 du 31/8/1976.
- Loi-Cadre de l'enseignement N°14/04 du 11/02/2014.
- Lois organiques 04/15/06/15 en rapport avec la décentralisation et découpage territorial de 2015.

3. Étapes ayant marqué l'évolution de l'Ɔtɛtɛla comme langue de communication et d'enseignement en RDC

a. Le refus du Chef OTETE (Okitongombe) de Menga (groupement des Mondja–Ngando) au R.P. Handekjin (Tshifutu) d'enseigner le catéchisme en Tshiluba aux enfants de son village.

b. Le plaidoyer de Mgr. J.A. Hangendorens, Vicaire Apostolique de Tshumbe au Conseil de la Province du Kasaï à Lusambo en 1936 pour maintenir l'Ɔtɛtɛla comme langue d'enseignement et de communication au Congo.

c. Le refus des populations et des autorités locales de la décision du Comité Central du M.P.R. d'appliquer le Décret-Loi de 1976 pour l'instauration des langues nationales au Zaïre, qui a fait entériner «**l'exception de l'Ɔtɛtɛla**» reconnue comme langue d'enseignement au Zaïre par l'Arrêté Ministériel N°EDN/SP/841.0/BCC/549/1976 du 31/08/1976.

d. La référence à la Loi-Cadre N°14/04 de l'enseignement national du 11/02/2014 spécialement à son Titre I, chapitre III et Titre II, chapitre IV, concernant l'utilisation des langues locales comme médium et discipline d'apprentissage.

e. Les lois organiques 04/15 et 6/15 en rapport avec la décentralisation et le découpage territorial reconnaissant l'Ɔtɛtɛla comme langue parlée dans le Sankuru, l'unique province mono-ethnique et mono-linguistique de la RDC.

4. Quelques manuels publiés en Ɔtɛtɛla comme supports didactiques

1. *Tshasa*
2. *Okanda Wa Akumi*
3. *Okanda Wa Waewo*
4. *Dyoodyeelo Dya Ana*
5. *Dikelemba Dya Edjedja*
6. *Dikelemba Dya Oyooyo*
7. *Oloyi Onambi*
8. *Loshilambo*
9. *Djongi Mindo La Yeema*
10. *Dictionnaire Otetela – Français*
11. *Dictionnaire Français – Otetela*
12. *Gramatika Otetela*
13. *Dyookaneelo Dya Oyooyo*
14. *Tako Dya Ntondo*
15. *Tako Dya Hende*
16. *Kyanda Ya Mbeka Mbadya La Mfunda Otetela*
17. *Nkuruse (Lakaso)* (Périodique)
18. *Parler, Lire et Écrire la langue bantoue Otetela. Ɔtɛtɛla Lo Cena Pee*

5. Souhait de la communauté locale

Sans s'opposer au programme de l'Etat d'instaurer l'apprentissage des langues nationales à l'école primaire pour fonder la culture et l'identité nationales pour renforcer les compétences à l'acculturation et au dialogue entre cultures et à la mondialisation du savoir, la communauté du Sankuru demande à l'Etat de budgétiser l'impression des manuels scolaires de base en Ɔtɛtɛla pour la 1ère, 2e et 3e années primaires comme c'est le cas des autres langues nationales.

6. Conclusion

Cette note technique a comme prétexte argument d'éclairer la lanterne de l'autorité de tutelle de l'éducation Nationale sur la confusion qui a régné autour de la distribution des manuels scolaires en Lingala au Sankuru. En effet, c'est depuis 2012 que le Ministère de l'Enseignement Primaire, Secondaire et Professionnel a procédé à la Réforme de la méthodologie d'enseignement en vue d'en améliorer la qualité et la pertinence.

Pour ce faire, le Ministère de l'EPST appuyé par les partenaires nationaux et internationaux a produit les instruments de base de mise en œuvre de ce programme pour les 4 langues nationales depuis 2014 en référence à la Loi-Cadre N°14/04 du 011/02/2014 de l'Enseignement National.

La province éducationnelle du Sankuru (Kasaï Oriental II d'alors) était engrammée en Tshiluba et l'UNICEF qui a pris la charge de l'appui technique de la DIPROMAD pour la formation des enseignants en CVC et la production des manuels d'apprentissage n'a pas pris en compte «l'exception presque séculaire de l'Otetela» comme langue d'enseignement au Sankuru.

Face à cette situation très préoccupante, la *Commission Provinciale De Rédaction Des Manuels Scolaires* de la province éducationnelle du Sankuru a fait recours. L'UNICEF a répondu en reconnaissant la pertinence du problème. Mais le Sankuru et l'Otetela n'étant ni planifiés ni budgétisés et n'ayant pas produit des maquettes des manuels, la requête était inopportune pour le budget qui était déjà exécuté. Il était donc conseillé à la COPROMASCO de s'atteler à la production des maquettes et à l'élaboration d'un projet de financement de l'impression des manuels scolaires et de l'adresser à l'autorité de tutelle. Ce qui a été fait. Entretemps, il y a eu, au niveau national, une évaluation à mi-parcours du projet. Le Sankuru s'est retrouvé sans argument puisque n'étant ni planifié ni budgétisé. À l'issue de ces assises nationales, il a été décidé de disponibiliser des manuels scolaires en Lingala, langue proche de l'Otetela. Mais buté à la difficulté de recycler tous les protagonistes au programme (chefs d'établissements, enseignants, parents) à l'apprentissage du Lingala avant de l'enseigner aux apprenants, le programme s'est trouvé bloqué faute de temps et des ressources humaines et financières. C'est là que la Commission Provinciale de Rédaction des Manuels Scolaires en Otetela a pris le relais pour pallier tant soit peu au déficit et sollicite l'appui du Gouvernement pour relever le défi.

Indications d'inspiration et de référence utiles

- Arrêté Ministériel N°EDN/SP/841.0/BCC/549/1979 du 31 Août 1976 du Commissaire de l'Etat à l'Education MBULAMOKO: promulagtion par le Comité Central du M.P.R. du Décret-Loi instituant l'usage des quatre langues nationales et le Français comme langue officielle au Zaïre **en maintenant l'exception de l'Otetela au Sankuru.**

- Banque mondiale, *Education pour tous – Initiative de mise en œuvre accélérée: accélérer les progrès vers une éducation primaire universelle de qualité: document cadre,* 2004, 18 pages téléchargées du site HYPERLINK "https://www.banquemondiale.org/fr/home" *https://www.banquemondiale.org/fr/home*

- CARRON Gabriel, CHAU Ta Ngoc, IIPE : Institut international de planification de l'éducation/Paris, *La qualité de l'école primaire dans des contextes de développement différents,* UNESCO/Paris, 1998, 342 p.

- DUCRET Jean-Jacques coord., BENNET John, NEUMAN Michelle J. et al. *Scolariser la petite enfance,* Perspectives (Unesco), décembre 2004, vol. XXXIV, n° 4, 140 pages téléchargées du site HYPERLINK "http://www.ibe.unesco.org/" *www.ibe.unesco.org*

- JONNAERT Philippe (Consultant Orford Canada), *L'éducation de base en R.D. Congo,* Kinshasa, 29 juillet 2018.

- Loi-Cadre n°14/04 de l'enseignement national du 11 Février 2014, spécialement au Titre I, chapitre III, section 16, article 38 et au Titre II, chapitre IV, section 6, article 195.

- Lois organiques 04/15/06/15 en rapport avec la décentralisation et découpage territorial de 2015 en RDC.

- Ministère de l'Enseignement Primaire, Secondaire et Professionnel de la République Démocratique du Congo, *L'éducation de base en République Démocratique du Congo,* DIPROMAD/PEQPESU/EPSP, Kinshasa, 29 juillet 2018.

- OCDE : Organisation de coopération et de développement économiques, *Petite enfance, grands défis : éducation et structures d'accueil,* OCDE/Paris, 2001, 247 p. (Enseignement et compétences).

- WETSHEMONGO KAMOMBA Michel, *Parler, lire et écrire la langue bantoue Ɔtɛtɛla. Ɔtɛtɛla lo cena pee,* L'Harmattan, Paris, 2020.

Chapitre VII

Le Diocèse de Tshumbe, acteur et sujet proactif pour le développement durable du Sankuru

Mgr Nicolas DJOMO LOLA
Dr en Psychologie Clinique
Évêque émérite du Diocèse de Tshumbe

Résumé : *La Province du Sankuru est en train de connaître son déclin. Un déclin qui se manifeste par l'augmentation du nombre de personnes vivant dans la pauvreté, l'enclavement des espaces, l'insécurité, la dégradation des infrastructures, l'indifférence et le faible engagement des acteurs à améliorer les conditions de vie, etc. Le devoir de l'Église affirmé par Vatican II de "scruter à tout moment les signes des temps et de les interpréter à la lumière de l'Évangile, de telle sorte qu'elle puisse répondre, d'une manière adaptée à chaque génération, aux questions éternelles des hommes" a éclairé ce chapitre et l'a fait naitre. En tant qu'église particulière, le diocèse de Tshumbe est vu comme le ferment et, pour ainsi dire, l'âme de la société humaine du Sankuru. Ainsi, le sens de toutes les activités pastorales et sociales de notre épiscopat n'a pu être que de concourir directement ou indirectement à apporter de l'aide au développement durable de la province du Sankuru.*

Mots-clés : Proactif, être, avoir, faire, interagir, charité, unité.

Introduction

Avec *Populorum progressio*, le Pape Paul VI a voulu mettre en pratique le devoir de l'Église affirmé par Vatican II de "scruter à tout moment les signes des temps et de les interpréter à la lumière de l'Évangile, de telle sorte qu'elle puisse répondre, d'une manière adaptée à chaque génération, aux questions éternelles des hommes"[118].

Eclairé par cette Encyclique, le diocèse de Tshumbe, à la fois "assemblée visible et communauté spirituelle", ne cesse de faire route avec les hommes et femmes vivant au Sankurun et partager leur sort terrestre. En tant qu'église particulière, il est vu comme le ferment et, pour ainsi dire, l'âme de la société humaine du Sankuru[119].

Pourtant, à observer comme elle va, l'impression qui s'impose est que la province du Sankuru est en train de connaître son déclin. Un déclin qui se manifeste, contrairement aux notions développées par Manfred Max-Neef[120], par l'augmentation du nombre de personnes vivant dans la pauvreté, l'enclavement des espaces, l'insécurité, la dégradation des infrastructures, l'indifférence et le faible engagement des acteurs à améliorer les conditions de vie, etc. Bref, un déclin qui se justifie par l'incapacité de donner satifaction aux besoins humains fondamentaux à ceux qui sont dans le manque et qui se résument, selon Manfred Max-Neef, à quatre catégories existentielles: *l'être* (santé physique et mentale, équilibre, etc), *l'avoir* (nourriture, abri, travail), *le faire* (se nourrir, se vêtir, procréer, se reposer, travailler) et *"l'interagir"* (environnement naturel du lieu de vie et conditions sociales).

Ainsi, le sens de toutes les activités pastorales et sociales de notre épiscopat n'a pu être que de concourir directement ou indirectement à apporter de l'aide au développement durable de la province du Sankuru.

En effet, sans vouloir la développer en profondeur, la notion de développement fait penser à un changement, une amélioration, un progrès, une évolution, etc. C'est le fait de penser comparativement au Sankuru colonial et au Sankuru postcolonial, le fait d'aller d'une situation A à une situation B de sorte que la seconde soit meilleure.

Néanmoins, pour apprécier le développement d'une communauté, trois critères sont souvent retenus. Il s'agit de l'acquisition de nouvelles connaissances (éducation, formation, instruction, etc.); du changement d'attitude, c'est-à-dire l'application des bonnes pratiques dans notre vie quotidienne et enfin du savoir-faire qui implique une maîtrise de la technique par la communauté bénéficiaire du projet.

Après des années de grandes tribulations pour notre Diocèse, les défis à relever ne pouvaient qu'être nombreux et multiformes. Tout en étant reconnaissants envers Celui qui nous donne de pourvoir à nos besoins au-delà de toutes nos attentes, nous avons été invités à doubler d'efforts pour continuer la sensibilisation en vue d'un changement radical de mentalités et la protection des acquis dans tous les secteurs. C'est pourquoi je joins ma voix à celle de tout l'Épiscopat congolais qui avait appelé tous les chrétiens à garder l'espoir et à persévérer sur la voie du changement démocratique[121].

En tant que chrétiens, nous devons être porteurs de joie et d'espérance auprès de notre Peuple. Benoît XVI nous y exhorte en disant: "Nous devons vivre comme des hommes d'espérance, car le monde a besoin de l'espérance qui ne trompe pas (...) Nous savons que cette espérance c'est le Christ. Nous le savons et c'est pourquoi nous proclamons l'espérance qui jaillit de la Croix"[122].

En jetant un regard rétrospectif sur les années de guerre, je lis, à travers nos vies, faites de joie, d'inquiétudes et de souffrances, l'histoire d'une Église en marche; comme disait Jean-Paul II, "une histoire rejointe par le Christ et qui, dans le dialogue avec Lui, reprenait son chemin d'espérance"[123].

C'est avec ce regard de notre vénéré Saint-Père qu'il me revient d'identifier certaines étapes que nous avons franchies et le point de la situation actuelle par rapport aux objectifs que le Diocèse s'était fixé au début de mon épiscopat.

1. Exercice de la charité comme mission de l'Église

Dès le départ, la guerre nous avait amenés à gérer la situation des urgences, là où l'Eglise, en raison de sa nature et de sa mission se trouvait le plus sollicitée. Il s'agit notamment du domaine de l'assistance aux personnes en détresse. Il est fort éclairant de suivre à ce propos le Pape Benoît XVI dans son enseignement sur l'exercice de la charité. Pour nous rappeler que celle-ci constitue une des tâches essentielles de l'Eglise, le Saint-Père écrivait : "L'exercice de la charité s'est affirmé comme l'un de secteurs essentiels de l'Eglise, avec l'administration des sacrements et l'annonce de la Parole: pratiquer l'amour envers les veuves et les orphelins, envers les prisonniers, les malades et toutes les personnes qui, de quelque manière, sont dans le besoin, cela appartient à son essence au même titre que le service des sacrements et l'annonce de l'Évangile"[124].

Dans le contexte de notre Église, l'exercice de la charité s'était matérialisé entre autres par le rapatriement des populations déplacées à cause de la guerre et leur réinsertion dans leurs milieux de vie respectifs ; la distribution des biens de première nécessité ; la réhabilitation et l'équipement de nos hôpitaux et centres de santé ; le lancement de deux orphelinats à Lodja et à Tshumbe et l'ouverture de celui de Lubefu ; et le redémarrage des activités dans toutes les paroisses longtemps victimes du vandalisme et des pillages. La paroisse St Vincent de Kiomi, dernière à être ouverte, présente encore tous les traits de la souffrance, de la destruction et de la profanation de nos églises par laquelle avait été érigée l'"abomination de la désolation", selon l'expression de l'Auteur du livre des Maccabées[125].

2. Vaste champ de la pastorale sanitaire

Conformément à sa pastorale de la santé, le Diocèse participe, par son organe du BDOM (Bureau Diocésain des Œuvres Médicales), en collaboration avec d'autres partenaires, à un vaste programme d'éradication, de prévention et de lutte contre les épidémies de toutes sortes. Dans ce contexte, des efforts avaient été fournis pour faciliter l'accès de tous aux soins de santé. La reconstruction et la réhabilitation des hôpitaux et centres de santé, l'équipement en appareils et matériels de base, le recrutement et la formation d'un personnel médical qualifié, la prise en charge et l'appui aux médecins invités à œuvrer dans notre Diocèse, tout ceci constitua des points appréciables de notre engagement. Certes, beaucoup reste à faire, mais nos agents, prêtres, religieuses, religieux et laïcs engagés ont toujours fait montre d'un grand esprit d'abnégation et agissent au milieu de notre peuple comme de véritables Bons Samaritains[126].

Des campagnes de sensibilisation contre le Sida (HIV), les efforts pour l'éradication du paludisme, la lutte contre la tuberculose, la maladie du sommeil, l'onchocercose ou la cécité des rivières figuraient en bonne place parmi les objectifs de notre programme sanitaire. Au lieu d'approcher les patients simplement comme des professionnels de la santé, nos frères et sœurs engagés dans cette pastorale s'arrêtent, écoutent, créent des liens d'amitié avec les patients et exhortent leurs familles à découvrir le sens chrétien de la souffrance humaine et à vivre celle-ci en communion avec le Christ et avec la personne souffrante.

3. Jeunesse et pastorale scolaire

Un autre domaine dans lequel l'Église essaie de maintenir sa présence active et d'offrir sa contribution est celui de la pastorale scolaire. Vu l'importance accordée à la jeunesse, espoir et force pour le futur, l'Eglise y avait mis le gros de ses moyens et le meilleur de son personnel, dans l'intention de lutter contre l'analphabétisme et d'assurer une formation humaine, morale et spirituelle solide aux jeunes cadres et ministres de demain[127].

Benoît XVI nous y encourageait. En effet, à la suite de son prédécesseur, le Saint-Père s'était investi sans attendre dans la pastorale des jeunes et avait choisi de continuer l'heureuse tradition des Journées Mondiales de la Jeunesse. En effet, prenant la parole à la rencontre des jeunes à Cologne, il disait: "Il me revient aujourd'hui de recueillir cet extraordinaire héritage spirituel que Jean-Paul II nous a laissé (...). Maintenant, tous ensemble, nous avons le devoir de mettre en pratique ces enseignements"[128]. Heureux de continuer cette pratique, le Diocèse avait été comblé de joie par le pèlerinage de plus de 300 jeunes de la Paroisse St Désiré de Lodja à Tshumbe Ste Marie (2010). Quatre jours durant, nous avions fait l'expérience inoubliable d'une jeunesse diocésaine missionnaire, capable d'évangéliser d'autres jeunes et même les adultes. Mettant mes pas dans les leurs lors de la visite de l'Evêché et d'autres sites, j'avais compris que ces jeunes étaient "un don spécial de l'Esprit de Dieu" HYPERLINK \l "sdfootnote129sym" [129] à promouvoir par une pastorale plus adaptée à leurs besoins et préoccupations. Un autre pèlerinage de 230 jeunes de la Paroisse de Tshumbe Ste Marie à la rencontre de leurs frères de la Paroisse d'Ekenyi St Louis avait été vécu comme un autre temps fort (2012). J'avais demandé que ces pèlerinages s'intensifient et je l'avais redit aux jeunes réunis en la Fête de Christ-Roi à Lodja St Désiré en 2014.

Cet engagement en faveur des jeunes s'exprimait de plusieurs manières, notamment à travers l'École et l'éclosion de plusieurs mouvements des jeunes toujours florissants dans notre Diocèse. Dans le cadre du "Projet Education" (2004-2010), nous participions à la construction et à la réhabilitation des infrastructures scolaires, à l'équipement en manuels scolaires et matériels didactiques, à la formation des formateurs et à l'amélioration de la qualité de l'enseignement. Nous le faisions pour tous les enfants du Sankuru, sans distinction de réseau ou de confession religieuse.

Pareillement à la Pastorale de la santé, l'engagement dans le secteur scolaire rendait visible le souci de l'Église pour la promotion humaine et le développement. C'est le lieu de reconnaitre que notre bureau de Coordination de l'Education Chrétienne, nos enseignants, directeurs, préfets des études, inspecteurs et d'autres cadres font un travail de fourmis en assurant l'instruction, la formation et l'éducation, et en offrant un cadre professionnel à des milliers de jeunes de notre société soucieux de trouver un débouché au niveau local.

En outre, je dois encourager, de façon particulière, l'effort de tous nos frères et sœurs (prêtres, religieux, religieuses et laïcs) qui s'emploient à doter notre Diocèse d'institutions d'enseignement Supérieur et Universitaire ou à renforcer celles déjà existantes. Malgré les difficultés et insuffisances qui entachent leur travail patient d'accompagnement des filles et fils de notre terroir, du Primaire à l'Université, l'effort fourni est louable. Il est vrai que la crise qui a frappé nos institutions d'enseignement, à savoir la corruption généralisée et le manque d'émulation, tout cela n'a pas épargné nos écoles. Nous devons continuer à prier le Seigneur pour qu'il donne à chaque éducateur la patience, la force et le courage de viser l'excellence et de servir avec joie sur ce champ d'apostolat. Autant nous nous sommes investis dans la reconstruction et la réhabilitation des infrastructures scolaires, autant nous souhaitons que soient éradiquée la corruption, sanctionnée l'incompétence, et promu tout effort visant à assainir le milieu scolaire[130].

4. Une Église, sacrement de réconciliation et de justice et paix

La situation des conflits armés et les années post-conflit avaient été pour notre Diocèse le moment d'un engagement décisif dans la pastorale des Droits fondamentaux de la personne humaine créée à l'image et à la ressemblance de Dieu (Gn 1,27). Faisant sienne la Parole du Seigneur "heureux les artisans de paix, ils seront appelés

Fils de Dieu" (Mt 5,9), le Diocèse s'était investi dans l'éducation à la paix et à la transformation des conflits. La Commission Diocésaine Justice et Paix (CDJP en sigle) et ses différentes Commissions Paroissiales sont dès lors devenues des instruments de réconciliation au sein des communautés ; grâce à la prière de tant de fidèles et au savoir-faire de différents acteurs, nous avions pu contribuer à juguler certaines crises et à rétablir la paix dans des situations difficiles, telles que les troubles qui avaient ensanglanté la région de Kiomi et les tensions qui avait accompagné la période électorale à Lodja (2011 et 2014).

Aujourd'hui encore, suivant les directives de la CENCO en la matière, la CDJP et ses antennes paroissiales travaillent à la consolidation de l'Etat de droit dans nos milieux après la grande campagne d'Education Civique et Electorale qui a permis à nos populations de comprendre les enjeux des élections et d'y participer dans la paix; partout, elles ont implanté des Comités Locaux de Gouvernance Participative qui permettent aux Citoyens Sankurois de donner leur apport à la gestion de la chose publique au niveau local. C'est par ce travail sans répit que notre Commission Justice et Paix est devenue un partenaire important des Agences du système des Nations-Unies et des Organisations de défense des droits humains. Par cette Pastorale, en effet, le Diocèse s'est fait davantage la voix des sans-voix et des laissés pour compte[131].

Tout ceci s'explique du fait qu'en tant qu'Église, nous nous sentons interpellés par l'attitude du Christ qui s'est fait proche des pauvres, des malades, des déshérités et des pécheurs et qui a milité pour que ceux-ci soient rétablis dans leurs droits et dans leur dignité de personne HYPERLINK \l "sdfootnote132sym" [132] . Cet engagement de l'Église au service de la réconciliation, de la justice et de la paix avait d'ailleurs fait pjus tard l'objet de la Deuxième Assemblée Spéciale pour l'Afrique du Synode des Évêques qui s'était tenue à Rome sous l'impulsion du Pape Benoît XVI[133].

En considérant notre engagement dans tous les domaines précités et la mobilisation que nous avions pu créer, je puis affirmer que c'est par notre humble témoignage et notre conviction à œuvrer pour la cause du Christ que nous avions suscité un capital de confiance et de crédibilité reconnu par nos autorités nationales et locales, et par tous les organismes et partenaires internationaux. Ceci justifie le fait que la plupart d'entre eux préfèrent nous confier la réalisation des projets ou nous associer dans leurs programmes d'action pour leur assurer une certaine garantie morale. Je félicite et renouvelle mes remerciements à tous les agents pastoraux qui, en collaboration avec moi, avaient mérité et méritent encore cette marque de confiance.

5. Ressources matérielles et financières

En plus de notre participation à des programmes à caractère humanitaire et social, nous n'avions pas oublié de rééquiper nos paroisses en instruments nécessaires pour la pastorale ordinaire et de doter nos organes de gestion des Unités de production pouvant rendre chaque secteur opérationnel. A titre de rappel, je signale que pour réaliser convenablement notre programme d'action pastorale, notre budget annuel n'était pris en charge qu'à 20 % par les Subsides ordinaires que nous recevions du Saint-Siège. Pendant les premières années de mon épiscopat dominées par la guerre, notre Diocèse devait continuellement tendre la main aux bienfaiteurs étrangers pour essayer de faire fonctionner tant soit peu les secteurs les plus importants. Plus tard, nous avions été encouragés par le constat que notre participation, au niveau des structures diocésaines des finances, couvrait 30 % de ce budget, ce qui nous permettait déjà de faire face à la moitié des besoins du Diocèse. Au regard du progrès ainsi accompli et fort de l'"expérience accumulée au fil du temps, je suis persuadé que grâce aux sacrifices, aux efforts et à la participation de tous, nous pouvons réussir, à accroître notre capital.

6. Renforcement des infrastructures

Sur le plan des infrastructures, j'avais noté une réelle amélioration. Car, alors qu'en temps de guerre notre Diocèse avait perdu la presque totalité de ses engins roulants, nous étionss heureux de compter au bout de quelques temps des vélos, des motos dans chaque paroisse, des jeeps, deux bateaux opérationnels, et même un petit porteur. Ceci avait permis de désenclaver les communautés les plus éloignées et de créer plus de mobilité pour plus de collaboration. L'accent mis aussi sur la réhabilitation et la construction des ponts avait réduit l'isolement, relié des villages et permis une grande circulation de personnes et de biens. En outre, pour sauver les édifices hérités des missionnaires et qui ont vieilli, entraînant de grosses dépenses pour leur maintien, nous avions paré au plus pressé en couvrant les toitures et/ou en réhabilitant les bâtiments dans les presbytères comme Tshumbe Ste Marie, Okolo St Joseph et Dibele St Paul.

Nous avions aussi décidé, dans ce volet, de renforcer notre Diocèse en infrastructures immobilières dont il avait besoin pour son action évangélisatrice et son auto-financement. En ce moment, le Diocèse dispose, en plus de la maison de Righini à Kinshasa, de trois autres concessions dont deux, par leurs revenus locatifs, génèrent des recettes qui contribuent au budget annuel à hauteur de 10%. A cela s"ajoute la construction d'un Centre Pastoral, d'un Evêché et d'un Centre spirituel à Tshumbe, alors que le projet d'érection de la plus grande église du Diocèse à Lodja St Désiré se matérialisait. Par ailleurs, d'autres églises avaient été construites dans des paroisses telles que Ndjeka St Charles Lwanga et Shenga St Amand grâce au dynamisme de nos confrères en charge de ces communautés. Au nom de notre Diocèse, je dois féliciter et remercier tous les prêtres qui mobilisent leurs amis pour la cause de l'Evangile et contribuent ainsi de manière efficace à la mission Ad Gentes.

7. La consolidation de l'unité : *"Tous, vous êtes fils de Dieu en Jésus-Christ" (Gal 3,26)*

Par-delà notre appartenance à la grande famille Ankutshu-Membele, nous formons, en Jésus-Christ, de par notre baptême, une nouvelle famille de Dieu constituée d'hommes et de femmes transformés par l'Évangile[134]. C"est pour renforcer cette conviction dans les coeurs des fidèles et des hommes de bonne volonté que j'avais placé mon ministère épiscopal sous le signe de l'unité et choisi la prière sacerdotale de notre Seigneur Jésus-Christ comme une intention permanente de ma prière pour ce Diocèse. L'impulsion donnée par cette devise épiscopale ne visait certes pas à atteindre une unité de façade basée sur une simple fraternité et un aplanissement des divergences humaines. Elle servit plutôt de phare pour éclairer notre marche vers l'avènement du Royaume de Dieu parmi nous[135]. Ce faisant, elle ne put se vivre que comme union des cœurs en Jésus-Christ.

Pour rendre visible et renforcer cette unité au niveau de nos engagements politiques, j"avais lancé plusieurs appels à œuvrer la main dans la main pour l'avènement d'une Province administrative plus forte, prête à affronter et à résoudre, dans la cohésion et l'harmonie, les graves problèmes qui préoccupent notre peuple. Nous ne cesserons d'inviter nos frères et sœurs oeuvrant directement dans le domaine politique, ceux qui, par leur élection représentent le souverain primaire et ceux qui sont placés aux différents postes de décision, à s'asseoir autour d'une même table pour parler le langage du développement, de la paix et de l'unité de notre Sankuru. Nous devons nous organiser pour accueillir cette opportunité politique, non pas comme une menace ou une source de divisions, mais comme une chance.

8. Appel à la diaspora du Sankuru

En dehors des frontières visibles de notre Diocèse, j'avais exhorté la grande diaspora du Sankuru à l'Étranger à ne pas se mettre à l'écart de ce qui se fait. Comme par le passé, j'avais invité les différents groupes constitués et ceux encore en gestation à s'organiser et à se mobiliser pour pouvoir financer de petits projets d'appui au développement dans nos communautés rurales au Sankuru. Leur impact, dans ce sens, serait plus réel et bénéfique si nos frères et sœurs à l'Étranger s'associaient de manière plus concrète aux efforts de notre Diocèse. L'histoire de toutes les diasporas est pleine de leçons dans ce sens.

Conclusion : invitation finale et bénédiction

Les années post-conflit, n'ont certes pas résolu tous les problèmes créés ou aggravés par la guerre. Toutefois, elles ont été témoins d'un effort lent mais décisif dans la direction du progrès et de la reconstruction. Je dois louer l'engagement de tant de personnes qui, au prix d'énormes sacrifices, avaient contribué à stabiliser les conditions de vie de nos populations. Nos bienfaiteurs locaux et étrangers, ceux qui sont connus comme ceux qui ont requis l'anonymat méritent nos sincères remerciements.

Le chemin à parcourir est encore long et les défis à relever nombreux. Prions donc le Maître de l'histoire pour qu'il nous donne la force de porter l'Évangile jusqu'aux extrêmes confins de notre Diocèse.

Puisse la Bienheureuse Vierge Marie, patronne et protectrice de notre Diocèse, porter nos prières et supplications auprès de son Fils. C'est à elle que je confie notre Eglise de Tshumbe et la succession apostolique au service de l'Evangile de l'amour.

Avec ma bénédiction paternelle sur chaque fille et fils du Sankuru, je forme le vœu d'une paix durable dans notre Province.

Indications bibliographiques

- Benoît XVI, *Discours aux Journées Mondiales de la Jeunesse de Cologne*, 18 Août 2005.

- Benoît XVI, Lettre encyclique *Deus caritas est*, Libreria Editrice Vaticana, Cité du Vatican, 2005.

- Conférence Épiscopale Nationale du Congo (CENCO en sigle), Déclaration *Avance en eau profonde*, 05 décembre 2006.

- Jean-Paul II, Exhortation apostolique post-synodale *Ecclesia in Africa*, Libreria Editrice Vaticana, Yaoundé, 1995.

- Jean-Paul II, Exhortation apostolique post-synodale *Pastores gregis,* Libreria Editrice Vaticana, Cité du Vatican, 2003.

- Jean-Paul II, Lettre apostolique *Novo millenio ineunte*, Libreria Editrice Vaticana, Cité du Vatican, 2001.

- Jean-Paul II, *Salvifici doloris*, Libreria Editrice Vaticana, Cité du Vatican, 1984.

- Manfred Max-Neef, Antonio Elizalde et Martin Hopenhayn, *Human Scale Development; conception, application and further reflections (Le développement à l'échelle humaine: conception, application et réflexions complémentaires)*, The Apex Press, New York & London, 1991.

- N. Djomo, Devise épiscopale *Ut unum sint*, Tshumbe, 1997.

- Synode des Evêques, Lineamenta *L'Église au service de la réconciliation, de la justice et de la paix. "Vous êtes le sel de la terre... Vous êtes la lumière du monde" (Mt 5,13.14)*, Kinshasa, Secrétariat Général du Synode des Evêques, 2006, p. 4.

- Vatican II, Constitution pastorale sur l'Église dans le monde de ce temps *Gaudium et spes,* Rome, 1965.

- Vatican II, Déclaration *Gravissimum educationis*, Libreria Editrice Vaticana, Cité du Vatican, 1965.

Chapitre VIII

La communication interactive face aux enjeux des médias locaux

Pierre-Claude OKONDJO WANDJA
Dr en Sciences de Communication Sociale et Institutionnelle
Professeur à l'ISP-Tshikapa, à l'IST SAN et à l'UNIKIN /
Directeur de l'ouvrage

Résumé : *La communication interactive, communément appelée communication participative, est un avantage pour promouvoir le développement durable de la province du Sankuru. Il faut y investir. Ses avantages dépassent les coûts d'une simple transmission. C'est pourquoi, considérant la communication comme le quatrième pilier du développement durable, Thierry Libaert a pu conclure que "sans communication, il n'y a pas de développement durable". Dans le développement durable, la communication possède donc une faculté motrice: l'échange, le dialogue, la concertation voire la confrontation.*

Mots-clés: Interagir, paradigme, échange, dialogue, concertation, confrontation.

Introduction

La situation actuelle de la province du Sankuru ne laisse aucun de ses fils indifférent. Sa population, en quête de santé et de bien-être, d'éducation de qualité, d'eau potable et d'assainissement, d'énergie, de travail décent et de croissance économique, d'industrie, d'innovation et d'infrastructure, de paix, de justice et d'institutions efficaces, vogue à tâtons.

Encore meurtrie par un enclavement endurci, difficilement accessible et mal reliée, à l'interne, à ses entités administratives, et à l'externe, aux voisins et au reste du pays, la province du Sankuru est-elle irrémédiablement condamnée à la pauvreté et au sous-développement ? Comment faire autrement pour que les Sankurois jouissent d'un minimum vital confortable, fondé, pour l'essentiel, sur l'utilisation équitable des ressources naturelles et construit dans un cadre démocratique ?

De ces préoccupations légitimes, nous sont venus en esprit un bel article de Thierry Libaert intitulé *Communication et développement durable: des relations ambiguës*[136] ainsi que son ouvrage collectif *Le développement durable*[137]. Les deux publications offrent une synthèse de l'ensemble des connaissances sur le développement durable et sur la communication pour le développement.

Considérant la communication comme le quatrième pilier du développement durable, Thierry est parvenu à conclure que "sans communication, il n'y a pas de développement durable". Pour lui, il faut comprendre que dans le développement durable la communication possède une faculté motrice. Cependant Dominique Wolton[138] y apporte une précision de taille: *"la communication ne peut pas se réduire à la transmission".* Il faut y envisager l'échange, le dialogue, la concertation voire la confrontation.

En d'autres mots, sous l'angle du développement durable, c'est l'ensemble de notre perception de la place et du rôle de la communication qui doit se transformer. Si la province du Sankuru baigne depuis des décennies dans la misère noire et la pauvreté la plus abjecte, la responsabilité n'incombe pas aux seuls pouvoirs publics, mais également aux citoyens et aux institutions sociales locales. Les acteurs de la filière communication non plus ne sont pas dédouanés. Car, pour citer Gilles Berhault, "l*e développement durable est une nouvelle opportunité créative et de valorisation de tous les métiers de la communication, de l'information et du marketing. C'est aussi un pas déterminant vers l'apprentissage de la capacité collective."*

Bien sûr, dans la société, les parties prenantes attendent des acteurs qui s'engagent au développement durable un discours vrai et une communication responsable. C'est pourquoi, de l'engagement au développement durable, les entreprises doivent sortir de la vision classique de la communication. Elles ne peuvent plus se contenter de la transmission de messages vers une cible, mais aller vers une conception de la communication de modération, intégrant les valeurs du développement durable, une communication qui soit plus humble, plus holistique, plus participative et plus transparente.

En effet, si l'humanité existe, elle ne saurait s'édifier sans la communication. Communiquer s'avère nécessaire à la vie que respirer. Dans cette optique, l'on pourra assurer que la communication est née avec la vie et elle garantit le maintien de la vie. Même si la communication est indispensable, elle ne résout pas tout, elle ne garantit pas le changement de comportement, bien qu'elle le rende possible. Ainsi, dans les projets auxquels donne lieu le modèle du développement durable, la communication doit jouer nécessairement un rôle central. C'est elle qui organise la relation avec l'ensemble des parties prenantes de l'entreprise. On comprend alors aisément la pensée de Thierry Libaert qui soutient que par le développement durable, la communication accroît son rôle d'écoute et de dialogue ; par la communication, le développement durable se crédibilise parce qu'il se renforce de flux d'informations permanentes[139]. Alors, exprimer une aspiration au développement durable et incriminer parallèlement la communication relève, selon Thierry Libaert, du paradoxe.

De fait, au début de la vie, l'on se sert des mots pour identifier les choses, les nommer, puis pour se définir soi-même, se reconnaître, se dire, etc. La parole est donc utile dans la vie de l'homme. Elle est utile pour se définir, mais aussi pour s'affirmer, pour éviter le pire, pour ruser, pour créer, pour entrer en relation. Parler, c'est donc communiquer. Et sans communication, il n'y a pas de développement durable car la communication y joue un rôle décisif.

Dans cette perspective, outre l'introduction et la conclusion à ce chapitre, après avoir défini *les concepts et expressions clés* en première instance, la deuxième instance mettra en évidence *les piliers du développement durable*. Ensuite, en troisième instance, seront abordées *les conditions pour un développement durable*. En quatrième instance, enfin, sera traitée la question des *acteurs du développement durable*.

1. Expressions et concepts-clés

Pour fixer le lecteur sur la quintescence de certains concepts et expressions en usage dans les paragraphes ci-dessous, nous avons souhaité que la première instance de ce chapitre serve à définir quelques expressions et concepts clés, à savoir : *communication, communication participative ou interactive, développement,*

développement social, développement économique et développement durable.

D'entrée de jeu, qu'est-ce, la ***communication*** ? Du point de vue étymologique, le mot découle du latin *communicare*, qui signifie “mettre en commun”, “faire part de”, “partager” ; dérivé de *communis*, il signifie “commun”.

Dans le *Dictionnaire encyclopédique des sciences de l'information et de la communication*[140], la **communication** se définit comme “l'action de communiquer, de transmettre des informations ou des connaissances à quelqu'un ou, s'il y a échange, de les mettre en commun (ex : le dialogue)”. C'est ce dont Catherine Bullat-Koelliker parle quand elle dit : “si communiquer signifie transmettre un contenu, on ne peut faire abstraction de la dimension relationnelle propre à tout acte de communication. La communication, poursuit-elle, est un acte social, elle forme, maintient et transforme la relation”.

La chaîne de communication est alors constituée de la manière suivante : *l'émetteur* (ou l'expéditeur), *le récepteur* (ou le destinataire), *le message* qui est transmis de l'un à l'autre, *le code* qui sert à transmettre le message (ex : la langue), *le canal de transmission* (ex: de vive voix, le téléphone...), le contexte.

De manière synthétique, retenons que la communication peut être entendue comme un *processus dynamique au cours duquel un émetteur et un récepteur échangent et partagent* des informations, des idées, des opinions, des sentiments ou des réactions.

Comment peut-on percevoir la ***communication participative*** ? Comme l'entendent Valentin Chaput et Guy Bessette HYPERLINK \l "sdfootnote141sym" [141] , elle est une communication collaborative ou interactive, celle qui fait sortir d’une relation unidirectionnelle – généralement descendante – pour créer une interaction bi-directionnelle avec une audience concernée. Ce type de communication peut décrire par exemple l’engagement de citoyens à la vie de leur cité, ou celui d’employés vis-à-vis de décisions de leur entreprise. C'est un modèle qui permet aux marques d’intégrer leur public à la conception de leur communication. C’est un mode de communication qui tend d’ailleurs à créer des communautés et donc à fidéliser davantage le consommateur.

Que peut-on penser de ***développement***, ou comment peut-on le concevoir ? Le ***développement***, selon les Dictionnaires de la langue française, est l'action de faire croître, de progresser (en extension ou en qualité) ; c'est un essor, une expansion (ex: développement industriel d'une région). Le concept de développement désigne l'ensemble des transformations techniques, sociales, territoriales démographiques et culturelles accompagnant la croissance de la production. Il traduit l'aspect structurel et qualitatif de la croissance et peut être associé à l'idée de progrès économique et social. Néanmoins, il existe différents types de développement[142] : *le développement personnel, le développement social, le développement économique et le développement durable.* Dans la présente réflexion, sans négliger l'importance des autres expressions, nous avons opté de nous concentrer sur le ***développement social*** et sur le ***développement économique*** et d'en dire sommairement un mot avant d'aborder le ***développement durable***.

Le ***développement social,*** d'après la Commission du développement social des Nations Unies et les travaux de nombreux chercheurs, c'est l'amélioration de la qualité de vie des individus, celle des structures et des relations sociales, telles que l'éducation, les soins de santé et la gouvernance[143].

Le ***développement économique,*** quant à lui, désigne les **évolutions positives** dans les **changements structurels** d'une zone géographique ou d'une population : démographiques, techniques, industriels, sanitaires, culturels, sociaux...[144] De tels changements engendrent l'enrichissement de la population par la création d'emplois et la réduction de la pauvreté par l'amélioration des conditions de vie. Raison pour laquelle le développement économique est associé au *progrès*.

Comment aborder le ***développement durable*** ? En 1992, le Sommet de la Terre à Rio de Janeiro au Brésil, tenu sous l'égide des Nations unies, avait officialisé l'expression *développement durable* HYPERLINK \l "sdfootnote145sym" [145] et celle des trois piliers. De cette importante rencontre, l'on peut retenir que le ***développement durable*** est une expression qui conçoit une forme de développement économique ayant pour objectif principal de *concilier le progrès économique et social avec la préservation de l'environnement*, ce dernier étant considéré comme un patrimoine devant être transmis à la postérité. En d'autres mots, le ***développement durable*** est une approche holistique qui vise à améliorer le bien-être économique, social et environnemental tout en préservant les ressources naturelles pour les générations futures.

Apparue dans les années 1980, l'expression *développement durable*, devenue un défi majeur du 21ème siècle, a été clairement définie par le rapport sollicité par l'Organisation des Nations-Unies au Premier ministre norvégien, Madame Gro Harlem Brundtland, qui fut précédemment ministre de l'Environnement. Ce rapport, dénommé "Our Common Future", rendu public en avril 1987, aborde ainsi l'expression : *"le développement durable est le développement qui satisfait les besoins de la génération actuelle sans compromettre la capacité des générations futures à satisfaire leurs propres besoins..."* HYPERLINK \l "sdfootnote146sym" [146] .

Cette définition fait désormais l'objet d'un consensus que nul ne songe à remettre en cause : le *développement durable* est un développement qui n'hypothèque pas l'avenir et, en ce sens, la définition Brundtland n'est que la reformulation onusienne du principe de responsabilité proposé en 1979 par le philosophe allemand Hans Jonas (1903-1993). Loin de la réunification des sphères environnementale, sociale et économique, le rapport Brundtland insistait sur les deux concepts inhérents à la notion de développement durable : celui de besoins "et plus particulièrement des besoins essentiels des plus démunis à qui il convient d'accorder la plus grande priorité", et l'idée de limitation "sur la capacité de l'environnement à répondre aux besoins actuels et à venir".

Si le terme *développement* a été, à juste titre, l'objet de nombreuses critiques, celui de *communication* n'a pas cessé d'être problématisé lui non plus. Associé au développement, il a fait l'objet de nombreuses réflexions, et d'aucuns proposent par exemple de distinguer communication *du* développement et communication *pour le* développement. Un accent particulier est mis par nous sur la communication *pour le* développement, attribuant à celui-ci la finalité de la première.

Du point de vue de la FAO (Organisation des Nations unies pour l'alimentation et l'agriculture), en mettant l'accent sur les besoins et les façons de voir des individus et des groupes, la participation ou l'interaction devient le concept clé de la communication pour le développement. Cette communication explique comment établir des passerelles entre la croissance économique, la langue et la communication. Cela peut embarquer tout le monde et conduire au développement durable. C'est ce que résume le slogan de Christina Balit: “Il n'y a pas de développement sans communication”[147]. Cependant, ne pas confondre **interactivité et interaction.** Il faut en établir une nette distinction.

Qu'est-ce que l'interactivité ? **L'interactivité** appartiendrait à l'ordre de la relation entre l'homme et la machine :

· *l'interactivité fonctionnelle* gère le protocole de communication entre l'utilisateur et la machine, elle concerne la capacité qu'a l'utilisateur d'interagir avec la machine et le hardware utilisé, de modifier donc l'état du système.

· *l'interactivité intentionnelle* concerne le protocole de communication entre l'utilisateur et l'auteur délocalisé, présent à travers le logiciel. L'empreinte de l'auteur, la façon d'interpeller le destinataire, de s'adresser à lui et de l'impliquer, constituent une forme essentielle de médiatisation de la relation.

Tandis que **l'interaction** appartiendrait à la relation entre interlocuteurs. Pour Jean-Marie Barbier : “Les *interactions* peuvent être définies comme des *actions ordonnées autour d'une intention d'influence de sujets entre eux.* Ce sont des actions réciproques, des ‘actions et réactions’, et des transformations entrainées par ces actions réciproques”[148].
“Elles recouvrent en particulier, continue-t-il, les *actions de communication* qu'on peut analyser comme des offres de *significations* à intention et/ou à effet de transformation des constructions de sens chez les sujets à qui elle sont adressées. Elles occupent une *place centrale dans tous les 'métiers de la société'* comme l'éducation, la santé, l'intervention sociale, l'intervention ergonomique, le management, la sécurité, la gestion des ressources humaines. *C'est au niveau des interactions qu'il convient de situer l'affirmation d'un 'je'*. Le ‘je’ est une image de soi adressée par le sujet à autrui et à lui-même.

2. Piliers du développement durable

Ce qui est durable s'inscrit dans la durée et renvoie à la stabilité. Le développement durable repose, généralement, sur trois piliers : *l'économie, le social* et *l'écologie*. Le modèle d'une société durable tend à concilier les trois piliers afin que son développement soit économiquement efficace, socialement équitable et écologiquement soutenable. En quoi consitent les trois piliers ?

- Le **pilier économique** sert à limiter les externalités négatives liées au développement économique ; il consiste à agir pour une répartition plus égalitaire des richesses et à être attentif aux conséquences de la production et de la consommation. Créer des richesses et améliorer les conditions de vie matérielles est le but substantiel du pilier économique.

- Le **pilier social** vise à lutter contre la pauvreté et les inégalités. La pauvreté, elle, ne se résume pas à l'insuffisance de revenus et de ressources pour assurer des moyens de subsistance durables. Ses manifestations comprennent plutôt la faim et la malnutrition, l'accès limité à l'éducation et aux autres services de base, la discrimination et l'exclusion sociales ainsi que le manque de participation à la prise de décisions. La croissance économique doit être partagée pour créer des emplois durables et promouvoir l'égalité. Pour conclure, le pilier social a pour objectif de satisfaire les besoins en santé, éducation, habitat, emploi, prévention de l'exclusion, équité et intergénération.

- Le **pilier environnemental** est un pilier qui renvoie à la protection de la terre et de l'environnement, à la gestion des ressources naturelles et aux problèmes liés au réchauffement climatique. Il joue ainsi le rôle de préserver la diversité des espèces et des ressources naturelles et énergétiques.

Les trois dimensions d'une société durable s'imbriquent les unes avec les autres impliquant une vision à long terme. Et chaque acteur qui souhaite appliquer le développement durable à son organisation doit concilier les trois puisque non seulement elles sont fondamentales, mais aussi complémentaires et indissociables.

Cependant, de tous les piliers du développement durable, ***le pilier environnemental*** est le moins pris en compte par les acteurs. Il existe un défi pour les équilibrer, chercher intensément des moyens qui ont pour objectif d'atteindre un développement durable pour tous et promouvoir cela comme étant la principale lacune qui doit être comblée pour la sécurité mondiale.

Le développement durable est d'abord un échange, une mise en relations. La **communication** y a donc un rôle décisif. Bien qu'on la considère parfois comme la contribution globale de la communication au développement de la société ou parfois encore comme l'application des médias au traitement de thèmes de développement, on s'entend généralement pour définir la communication pour le développement comme *l'utilisation planifiée de stratégies et de processus de communication* en vue du développement.

Grâce à la communication, les populations cessent d'être des bénéficiaires d'interventions de développement qui leur sont extérieures pour prendre en main leur propre développement. La participation active des gens est alors reconnue comme une condition essentielle au processus de développement. À ce titre, le développement durable repose aussi désormais sur la *communication* qui en devient son quatrième pilier. Sans la communication, les trois autres piliers ne sauraient être conjugués.

Mais hélas! Il ne s'agit pas de n'importe quelle communication. Au Sankuru, il y a urgence : il faut sauver la communication[149]. Pas celle qui s'y pratique par des médias dits communautaires[150]. Il en faut un modèle, un paradigme. Cela éviterait alors au peuple sankurois une communication qui discrimine, qui divise, qui incite à la haine et à la violence, qui va à la conquête des esprits au détriment des cœurs. Ainsi, aux côtés de la sphère économique se devant d'être viable, de l'environnement devant être vivable et du social équitable, il y a lieu d'intégrer la sphère de la communication fiable parmi les piliers du développement durable.

3. Conditions pour un développement durable

Plusieurs facteurs influencent le développement, notamment *la stabilité politique* qui crée un environnement favorable à la croissance économique et au développement social ; *l'éduaction et les soins de santé* qui favorisent la formation du capital humain, qui est cruciale pour le développement économique et social ; *les infrastructures* telles que les routes, les ponts et les ports qui améliorent la mobilité et la connectivité et facilitent la circulation des personnes, des biens et des services ; *la technologie* et *l'innovation* qui stimulent la croissance économique et améliorent la qualité de vie ; *l'accès aux ressources* telles que l'eau, la nourriture et l'énergie qui est essentiel pour répondre aux besoins fondamentaux et soutenir le développement économique et social.

La **sécurité** est aussi facteur de développement[151]. Sa bonne gestion peut contribuer à instaurer un environnement propice à la naissance d'activités économiques et sociales.

En effet, la sécurité est entendue ici comme "la réunion d'un ensemble de conditions faisant que les individus et les communautés peuvent vivre dans un climat de liberté, de paix et de sécurité, participer pleinement à la gestion des affaires publiques, bénéficier d'une protection de leurs droits fondamentaux, satisfaire leurs besoins les plus élémentaires et vivre dans un environnement qui ne porte pas préjudice à leur santé et à leur bien-être"[152].

Ainsi donc, pour être durable, le développement doit tenir compte des facteurs humains et permettre aux communautés concernées de décider elles-mêmes quels sont les objectifs à atteindre et les moyens pour y parvenir. La communication pour le développement est l'outil qui permet ce processus.

En conséquence, les orientations à poursuivre consistent à connaître les besoins des groupes cibles et leurs canaux de communication, à animer des processus de participation et de prise de décisions communautaires, à renforcer l'action des agents de changement et à influencer le développement de politiques institutionnelles et nationales. Concrètement, voici comment il faudra s'en tenir : *connaître et exprimer les besoins de la population, promouvoir l'essor des médias sur toute l'étendue de la province, s'appuyer sur un modèle de communication interactive.*

3.1 Connaissance et expression des besoins de la population du Sankuru

Le point de départ de la communication pour le développement ne réside pas dans la diffusion d'une innovation ou d'une nouvelle idée pleine de promesses, mais dans l'expression des besoins de la population qui sont de deux ordres : *matériel* et *immatériel.*

- *Besoins matériels :* par exemple l'eau, l'électricité, la santé, l'hygiène, la nutrition et les infrastructures.
- *Besoins immatériels :* par exemple l'égalité sociale, la liberté d'expression et la sécurité.

3.2. Expansion des médias sur toute l'étendue de la province

Estimée à 2.259.000 habitants[153], la population du Sankuru est naturellement disséminée à travers les six territoires administratifs que compte la province : *Katako-Kombe*, *Kole*, *Lodja*, *Lubefu*, *Lusambo* et *Lomela*, s'étendant sur des superficies respectivement de 25.490 km^2, 17.682 km^2, 12.052 km^2, 12.223 km^2, 10.530 km^2 et 26. 346 km^2. Les Sankurois se répartissent dans les 42 Secteurs, les 415 groupements et les 2.838 villages ou lacalités de la province[154].

Chacun d'eux ayant droit à l'information a besoin d'être tenu au courant en temps réel sur ce qui se passe et se fait dans son milieu de vie. En effet, le contenu médiatique est un instrument potentiel du développement avec sa culture politique, culture d'information générale ou encore culture de divertissement. À ce titre, la nature et la diversité des produits médiatiques sont susceptibles d'exercer une influence non négligeable sur la formation du système des valeurs de la communauté concernée par la consommation de ces produits.

Sur le sujet, sans y entrer dans les détails, l'article de Nathalie Sonnac *Les médias: une industrie à part entière et entièrement à part* HYPERLINK \l "sdfootnote155sym" [155] propose quelques éléments d'approfondissement.

De manière surprenante, constate-t-elle, les médias ont échappé à la curiosité des économistes, alors que sociologues, politologues, historiens, juristes ou encore sémioticiens s'en sont emparés et en ont fait, depuis longtemps, leur délectation.

Pourtant, les médias, observe Nathalie Sonnac, vivent des transformations importantes liées aux innovations technologiques, à la concentration et aux nouveaux besoins des consommateurs. Ainsi, si les médias concernent un lieu où s'expriment les valeurs d'un groupe social, et en particulier ses opinions politiques, leur étude relève-t-elle aussi des sciences économiques[156].

Que faut-il entendre par le mot ***média*** ? De sa conception classique, le mot “média” se définit comme un “*moyen technique de transmission d'information de masse*” visant la plus grande quantité d'information possible à transmettre au plus grand nombre de personnes.

Dans le sens commun, “un média est considéré comme un *support de transfert d'informations* passant par des objets concrets tels que TV, radio, journaux, livres... et ayant une forme symbolique telle que l'oral, l'écrit, le visuel, l'auditif... donc faisant appel à des modalités perceptives”[157]. Ce système est basé sur le schéma suivant : “émission-support-réception”. Selon cette conception des médias, l'information serait la même, quel que soit le support.

Nous considérons diverses formes de communication comme des tactiques complémentaires mais nécessaires pour accélérer le progrès social et le développement économique et atteindre les objectifs de développement durable.

En dépit de ses limites, il faut tirer parti de ces diverses stratégies de communication pour changer les comportements, produire et diffuser des informations nécessaires et utiles, impliquer les parties prenantes et faciliter le dialogue. Il en est ainsi de l'apport de la *communication participative* (facilite la participation des communautés à leurs propres initiatives de développement), de l'apport de la *comunication éducative* (communication de sensibilisation et de changement de comportement)[158], etc. Il serait souhaitable de connaître et d'utiliser les stratégies de communication locales et leurs canaux traditionnels, propres à chaque milieu, afin d'amener les populations à prendre en charge le processus de communication.

L'expansion de la presse et des médias audio-visuels peut avoir un impact significatif sur la vie économique et politique d’un peuple. Car les médias sont considérés tantôt comme des outils d'encadrement de la population et des facteurs de contestation d'un pouvoir politique autoritaire et directif, tantôt comme des outils de développement social d'une population pauvre, tantôt un vecteur d'intégration à la mondialisation des échanges[159]. C'est pourquoi nous avons coutume d'entendre dire que la presse est le quatrième pouvoir dans une démocratie.

Au-delà de ce rôle merveilleux, l'impact et l'apport des médias peuvent dépendre du paradigme communicationnel et du type de média en exercice. N'oublions pas que près de nous il y a eu "le génocide rwandais" d'environ 800.000 morts et le rôle néfaste qu'a joué la "radio Mille Collines"[160], une radio prétendument communautaire alors qu'il n'en n'était absolument rien.

Qu'est-ce que la *radio communautaire* ? Celle-ci est définie comme "un type de radiodiffusion *pour*, *par* et *au service* de la communauté ; sa propriété et sa gestion sont représentatives de cette communauté ; elle est à but non lucratif et a pour objet le développement social"[161].

Par sa définition, la radio communautaire comporte trois aspects importants : elle est une activité à but non lucratif ; elle est sous le contrôle de la communauté qui en est propriétaire ; elle est caractérisée par la participation de la communauté. Une radio communautaire est ainsi un outil de communication et d'animation qui a pour but d'offrir des émissions de qualité répondant aux besoins d'information, de culture, d'éducation, de développement et de divertissement de la communauté dont elle est issue.

3.3 Paradigme de communication, levier puissant pour développer le Sankuru

Dans l'un de ses ouvrages, *Penser la communication*[162], Dominique Wolton partage avec ses lecteurs un bilan de vingt ans de recherches sur la télévision, la culture, la communication et la politique, le journalisme, les nouvelles techniques et l'Europe. Il y montre les dangers qui ~~la~~ menacent le vieux continent et suggère qu'il faut le protéger, renforcer les identités, retrouver le temps et respecter ce qui nous sépare.

Les nouvelles technologies sont certainement de plus en plus présentes dans l'environnement socio-culturel. Leur influence est grandissante. Les médias en font la promotion, mais les opinions à leur sujet sont perceptiblement variées.

Certes, la communication est l'un des symboles forts de notre époque. Son idéal, rapprocher les hommes, les valeurs et les cultures, est au cœur du modèle démocratique et triomphe par l'intermédiaire de nouvelles techniques de plus en plus performantes et séduisantes. Sa réussite est à ce point exemplaire que nombreux sont ceux qui voient dans le multimédia et les réseaux sociaux la réponse aux maux de nos sociétés et l'esquisse de nouvelles solidarités sans tenir compte de ses nombreuses dérives. Car, si le mode de communiquer avec les nouvelles technologies fait vivre à l'homme une émancipation cognitive et démocratique, il engendre par contre une liberté d'accès aux données de toutes sortes. Il met à mal certains droits et devoirs de l'homme et instaure le régime de la tyrannie de la gratuité : avoir accès à tout.

4. Les jeux et les enjeux des médias locaux face au développement durable

Réussir à communiquer est la grande question de la vie de l'homme. Nous cherchons tous à y répondre et personne ne peut s'en passer. Elle est au cœur des rapports personnels, familiaux, sociaux, politiques et, de plus en plus, de la mondialisation. Pourtant, elle est constamment dévalorisée, soupçonnée de manipulation, réduite aux paillettes ou au commerce. C'est pourquoi, il faut "sauver la communication"[163].

Considérant les journaux français comme moyen d'action ou de pression, Reybaud écrivait : "On a parlé des sept plaies de l'Égypte, disais-je ; la France n'a qu'une plaie, le **journalisme**. Sans les journaux, il n'y aurait plus dans notre beau pays ni misère, ni gastrites, ni émeutes, ni affections de poitrine. Les trois premières pages d'un journal sont l'origine de tous les troubles..."[164]. Le progrès de la science, avec son lot de bienfaits et de nuisances, a ainsi radicalement métamorphosé la vie de l'homme et continue à exercer de l'influence dans la société. Le livre enthousiaste mais lucide de Dominique Wolton nous invite à pratiquer la distance au cœur de la communication qui disperse au lieu de rassembler.

Au Sankuru, en fait, un constat crève les yeux et appelle à une action responsable : sauver la communication des médias prétendument communautaires. Car, ces médias, dans leur majorité, ne constituent qu'un frein au développement de la province. Comme le disait Dorna, la radio au Sankuru est "un vecteur de propagande extrêmement efficace au service de leaders politiques", davantage encore lorsqu'ils en sont promoteurs. Et pour paraphraser Reybaud, il y a lieu de soutenir que sans les émetteurs radiophoniques implantés au Sankuru, il n'y aurait ni émeutes, ni incendies des maisons, ni haine et violences communautaires.

Au lieu de devenir les instruments opérationnels de développement, d'unité et de paix dans l'interaction et l'interactivité, les médias prétendument communautaires implantés au Sankuru ne sont rien d'autre que les caisses de résonnance de propagande politique, d'incitation à la haine, à la division et à la violence intercommunautaire. Pour ces médias, c'est la violence et la conquête des esprits.

Nous proposons, ci-dessous, l'arsenal des émetteurs radiophoniques émettant à travers le Sankuru avec l'identité de leurs promoteurs avant de découvrir s'ils sont réellement des médias communautaires.

4.1. Échantillon des émetteurs radiophoniques au Sankuru

Du résultat des investigations menées, la présente liste, loin d'être exhaustive, permet de se faire une idée sur les émetteurs radiophoniques implantés dans la province du Sankuru par territoire administratif.

1- Territoire de Lodja

a. Radio Télévision Nationale (RTNC, en sigle) : Émetteur radiophonique national officiel.

b. Radio Télé Losanganya (RTL, en sigle) : Émetteur radiophonique privé de l'Honorable Lambert Mende Omalanga.

c. Radio Télévision Grand Tam-tam du Sankuru (RTGTS, en sigle) : Émetteur radiophonique privé de l'Honorable Jean-Charles Okoto Lolakombe.

d. Radio Debout Sankuru (RDS, en sigle) : Émetteur radiophonique privé de l'Honorable Adolphe Onusumba Yemba.

e. Radio Nouveau Vent (RNV, en sigle) : Émetteur radiophonique privé de l'ancien Gouverneur de Province Joseph-Stéphane Mukumadi.

f. Radio Sankuru Liberté (RSL, en sigle) : Émetteur radiophonique privé de l'honorable Emery Okundji.

g. Radio Lokole (RL, en sigle) : Émetteur radiophonique privé de la candidate députée malheureuse, Mamy Enongo.

h. RTNG (Radio Télévision Nouvelle Génération) : Émetteur radiophonique privé de l'Honorable Charles Pongo.

i. Radio du Peuple (RP, en sigle) : Émetteur radiophonique privé de l'Honorable Daniel Omalosambo.

j. Radio Télévision Leekeeka (RTL, en sigle) : Émetteur radiophonique privé de monsieur Eshinyalanga, candidat député malheureux.

k. Radio Wooladì (RW, en sigle) : Émetteur radiophonique privé de la Caritas (Église Catholique, Diocèse de Tshumbe).

l. *Radio Message du Graal (*RMG, en sigle) : Émetteur radiophonique privé de la Confession religieuse Message du Graal.

2- Territoire de Katako-Kombe

a. Radio Owoto (RO, en sigle) : Émetteur radiophonique privé de l'Honorable Christophe Lutundula Apala Pene Apala.

b. Radio Télévision Enyamba la Waadi (RTEW, en sigle) : Émetteur radiophonique privé de l'Honorable Sénateur Jules Lodi Emongo, ancien Gouverneur du Sankuru.

3- Territoire de Lomela

*Radio Télévision Debout Salonga (*RTDS, en sigle) : Émetteur radiophonique privé de l'Honorable Jean-Albert Ekumbaki.

4- Territoire de Lusambu

Radio télévision Number One (RTNO, en sigle) : Émetteur radiophonique privé de l'Honorable Bernard Nkoso Lokakao.

5- Territoire de Lubefu

a. Radio Osase Waakiso (ROW, en sigle) : Émetteur radiophonique privé du diocèse de Tshumbe (Église Catholique).

b. Radio Télévision Debout Sankuru (RTDS, en sigle) : Émetteur radiophonique privé de l'Honorable Emery Okundji Ndjovu.

c. *Radio Télévision Leçons du Corps (RTLC, en sigle)* : Émetteur radiophonique privé de monsieur Yanana.

Ces émetteurs radiophoniques implantés à travers le Sankuru sont des outils importants à l'heure de la communication digitale. Ils ont en eux une force exceptionnelle et peuvent contribuer efficament au développement du Sankuru. Ils émettent généralement en langue locale.

Cependant, le constat qu'on en fait nous révèle qu'ils ont presque tous les mêmes caractéristiques :

- ce sont des émetteurs de propriété privée, radios des acteurs politiques ;
- ils se plient aux intérêts de leurs promoteurs et n'émettent, pour la plupart, que dans leur intérêt ;
- ils ne laissent aucune place à la participation de la communauté dans laquelle ils s'insèrent ;
- ils éloignent les communautés au lieu de les rapprocher ;
- ils ne contribuent pas à l'émergence de l'élite locale et à la consolidation de la paix ;
- ils sont les ennemis de l'unité dans la diversité, etc.

Ainsi, au Sankuru, peut-on nettement distinguer, la *Radio Osase* de la *Radio Télé Losanganya* ou de la *Radio Télévision Grand Tam-tam du Sankuru* ou encore de la *Radio Télévision Debout Sankuru*, etc.

Ceci dit, comment peut-on définir la radio ? Quel est son rôle ? Selon Le Dictionnaire, "la radio est un moyen de communication qui utilise des ondes électromagnétiques pour transmettre des signaux sonores sur de longues distances"[165].

De son origine, la *radio* est un diminutif courant de la *radiodiffusion* ou de la *radiocommunication* HYPERLINK \l "sdfootnote166sym" [166] . C'est un poste récepteur de radiodiffusion sonore permettant la transmission instantanée sur les ondes ou sur internet. En tant que média ou moyen de communication, la radio remplit trois fonctions : *informer, former (cultiver, éduquer) et divertir*.

En tant que moyen de transmission par ondes hertziennes, d'informations et de programmes culturels, la radio pénètre les foyers. *Cette pénétration des foyers par la radio-télévision représente certainement un élément favorable pour l'éducation des masses, car elle est un facteur d'accélération du développement de la pensée et une source d'enrichissement spirituel* (SILL. 1965).

La radio, comme moyen de communicaton, offre une grande variété de programmes, allant des nouvelles et des débats aux émissions de divertissement et de musique, ce qui en fait un média polyvalent et populaire dans le monde entier. C'est un outil favorable pour l'éducation et pour le dévelopement.

En outre, quand elle est combinée avec des appareils comme les téléphones cellulaires, la radio devient un outil interactif, c'est-à-dire un moyen de communication à deux sens. Outre l'information, la formation et le divertissement, la radio permet aux auditeurs d'interagir avec les animateurs en posant des questions, en fournissant des commentaires, etc.

Censés offrir la possibilité de promouvoir l'éducation, la culture ou la compréhension, les médias implantés à travers le Sankuru, dans leur majorité, ne sont que des émetteurs de propagande, en vue de façonner les opinions des auditeurs, dans le but d'obtenir les effets "politiquement" souhaités de leurs promoteurs.

C'est pourquoi, à l'instar de nombreux fils du Sankuru devenus radiophobes à cause de la diffusion des émissions à tendance égoïste, de conquête des esprits et non des cœurs, nous exhortons les médias locaux dans leur diversité éditoriale et idéologique à s'engager dans le débat public de la promotion des valeurs culturelles et démocratiques, à discuter des améliorations susceptibles de conduire le Sankuru à l'émergence et au développement durable. *C'est du vrai journalisme, faire du journalisme,* disait Verlaine.

Dans le même ordre d'idée, de l'Université de Montréal, Faculté des arts et des sciences, les experts, déplorant le manque de recherche, d'analyse et l'organisation des éléments d'information dans le chef des journalistes, utilisent le conditionnel pour les définir : "Le journaliste pourrait cependant être celui qui exerce une activité ayant pour objectif d'informer un public, sur une base quotidienne ou périodique, par l'intermédiaire de nouvelles ou de commentaires, au moyen d'un canal de diffusion, tels le Web, la presse écrite, la télé ou la radio. La recherche, l'analyse et l'organisation des éléments d'information comptent parmi les principales tâches liées à la pratique journalistique.

La profession se distingue également par sa participation à la vie démocratique des sociétés, et son encadrement éthique".

Somme toute, que les communications de tous les émetteurs radiophoniques implantés au Sankuru soient des communications d'amour et non de haine, d'union et non de discorde, de vérité et non de mensonge, d'espérance et non de désepoir[167]. Car, la communication occupe une place déterminante dans le développement socio-économique des communautés. Elle définit un processus social fondé sur la promotion du dialogue entre les collectivités et les décideurs à l'échelle locale, régionale, nationale voire internationale.

C'est ce que monsieur Eric Chinje, responsable de l'*African Media Initiative* (AMI), une orgnaisation panafricaine basée à Naïrobi, au Kenya, disait en d'autres mots : "Les Médias jouent un rôle fondamental dans le développement de la société. Les citoyens doivent pouvoir s'appuyer sur *des informations fiables capables d'enrichir le débat et de susciter des échanges pertinents susceptibles de transformer* l'Afrique"[168].

Dans ce contexte, l'ARGA (Alliance pour Refonder la Gouvernance en Afrique) exploite la même logique en faisant émerger une condition : "Les radios peuvent constituer un levier important pour impulser le développement local mais à condition que soit établi un véritable rapport de partenariat entre les acteurs intervenants dans le développement local et la radio dans la planification, la mise en ouvre, le suivi et l'évaluation des actions".

4.2 Les émetteurs radiophoniques implantés au Sankuru, médias communautaires ?

Par leur nature et sous la forme la plus simple de leur expression, "les médias communautaires peuvent être définis comme suit : Les médias de, par et pour une communauté", écrit une professionnelle internationale du développement des médias, Brigitte Jallov[169].

Qu'est-ce à comprendre ? Tels qu'ils sont définis par Birgitte Jallov, "les médias de la communauté soulignent la propriété communautaire. Les médias de la communauté, poursuit-elle, nous dirigent vers les diffuseurs audiovisuels communautaires (bénévoles) ; et les médias pour une communauté mettent en évidence le contenu des médias communautaires, en mettant l'accent sur l'assurance que les nombreuses « communautés au sein de la communauté » disposent de l'information dont elles ont besoin pour prendre des décisions éclairées sur et dans leur propre vie".

Les "de, par et pour", signifient que les médias communautaires donnent une voix aux communautés et leur permettent de tracer leur voie, sans se plier aux intérêts politiques ou commerciaux. Ils sont dans la position unique de n'agir que dans l'intérêt de la communauté qu'ils servent. Bref, c'est une plate-forme pour la liberté d'expression de la communauté, un droit humain fondamental dans une démocratie.

L'UNESCO, Organisation des Nations Unies pour l'Éducation, la Science et la Culture, conçoit les médias communautaires comme des médias alternatifs aux médias publics et commerciaux, et donc importants pour une écologie médiatique pluraliste, car ils contribuent à empêcher la concentration de la propriété des médias et permettent aux individus d'exercer leur droit à la liberté d'expression.

5. Acteurs du développement durable

Les acteurs du développement durable qui doivent promouvoir cette idée et participer à la réalisation de ses objectifs sont divers et répartis aux quatre coins du Sankuru.

Le fait du développement durable est l'affaire de tous. Il concerne les personnes physiques autant que morales. Il sollicite jeunes et grands, hommes et femmes, habitants, originaires et amis du Sankuru, hommes de bonne volonté, tous, pour insuffler un changement, une amélioration, un progrès, une évolution au Sankuru. Puisque de l'apport de tous, cette province peut accéder à un développement vraiment durable. À petite ou à grande échelle, à maigre ou à gros moyen, de près ou de loin, localement ou internationalement, individuellement ou collectivement, nous pouvons contribuer au changement social des Sankurois, ce peuple négro-africain qui vit au cœur de la République Démocratique du Congo, la RDC.

Oui, le développement durable au Sankuru est l'affaire de tous. Ne misons pas seulement sur les pouvoirs publics. L'aide du gouvernement national de la RDC y est certes attendue, mais celle des collectivités, des organismes internationaux et du gouvernement provincial également. Les associations sankuroises, les initiatives des institutions publiques et privées, les administrations communales, territoriales et coutumières, les opérateurs économiques, ne peuvent se comporter en spectateurs. Tous doivent agir pour le Sankuru afin de changer sa triste physionomie. Vous et moi, nous pouvons devenir acteurs et participer à la promotion du développement durable de la province des dignes fils du pays. Sankuru, le Bethléem de la République Démocratique du Congo, a donné naissance au héros national du pays, le bien nommé Patrice-Emery Lumumba. Par l'entremise de ses fils et filles, les efforts conjugués de tous, le Sankuru peut devenir plus beau qu'avant.

En outre, quoi de mieux qu'un média pour le changement de mentalité et l'appui au développement durable! Les médias, en tant que partenaires de l'éducation au développement durable, sont également comptés parmi les acteurs du développement durable. Ils sont les aréopages de la société moderne. Il ne fait alors aucun doute que les responsables des médias ont une influence énorme sur la manière dont leurs organes de presse doivent couvrir les événements provinciaux. Le pouvoir des médias, le quatrième pouvoir, vient de la manière dont ils influencent les peuples et les hommes politiques. Les responsables de médias doivent ainsi voir leurs responsabilités en termes de promotion du développement durable.

Conclusion

Réfléchir sur le *développement durable du Sankuru* est comme lancer un nouveau produit sur le marché. Par conséquent, la présente réflexion entend convaincre le lecteur et les potentiels acteurs de développement d'une idée afin d'obtenir le changement d'attitude et de comportement pour transformer le Sankuru. Pour convaincre, il faut communiquer. C'est une urgence et une nécessité. Cependant, dans beaucoup d'actions de développement, la communication est soit marginalisée, soit non adaptée voire absente.

Comment parvenir alors à intégrer la communication qu'il faut dans la promotion du développement pour un Sankuru nouveau et durable ? Pour l'heure, c'est une vision, un rêve. Mais à long terme, ça sera une nécessité et une possibilité. Car à cœur vaillant, le rêve peut devenir réalité. C'est pourquoi, pour parvenir à cette réalité, il faut miser sur la bonne communication, celle qui joue un rôle essentiel. Il n'est pas question de faire foi à n'importe quelle communication. Il en faut un modèle, sachant que les changements d'attitude et de comportement ne tombent pas du ciel. D'où l'importance, première instance la communication vise d'abord à informer, puis en seconde instance elle parvient à expliquer et enfin, en troisième instance elle cherche à convaincre pour faire agir.

De ce processus, la communication pour le changement social peut s'entendre comme un mécanisme de dialogue public et privé à travers lequel les populations ou les communautés définissent qui elles sont, ce qu'elles veulent et comment elles peuvent l'obtenir.

En parlant de changement social, nous voyons le changement dans la vie des populations. L'objectif de la communication pour le développement, à cette étape, sera alors celui de chercher particulièrement à améliorer la vie de ceux qui sont marginalisés selon des principes de tolérance, d'auto-détermination, d'équité, de justice sociale et de participation active pour tous.

En outre, dans la communication, la crédibilité et la confiance demeurent les principaux atouts. Mais cet impératif ne va pas sans effort. Au contraire, il exige un travail de longue haleine jugé nécessaire pour établir cette confiance, alors qu'il suffit de peu de chose pour la détruire. Pour être crédible, il ne suffit donc pas de proclamer les valeurs auxquelles on croit, il faut encore les appliquer soi-même, en donner l'exemple. C'est le principe de la charité bien ordonnée, mieux l'apologie de "l'interne avant l'externe" qui est dès lors un principe central de la communication, une communication pour le développement.

Une *communication pour le développement* n'est pas une *communication du développement*. À la différence de la seconde, la première est celle qui permet de déployer un certain nombre d'efforts pour prendre conscience des problèmes en mettant en évidence les conséquences d'un comportement ou d'une décision non conforme aux critères du développement durable ; pour présenter et rendre accessibles les solutions de remplacement, les innovations technologiques et les nouvelles infrastructures ; pour influencer les points de vue et, par conséquent, l'opinion publique ; pour intervenir dans le processus politique, soit directement, soit en l'orientant en fonction des opinions publiées dans les médias. Le paradigme du développement est indissociable de son modèle de communication. Ainsi, il ne peut y avoir de développement durable sans un modèle de communication, la communication participative, celle qui permet d'interagir.

Indications bibliographiques

- AHADE Y., *Les persuadeurs du village: communicateurs, informateurs et éducateurs populaires dans les projets de développement national en Afrique*, Centre d'études de la famille africaine, Nairobi, 1987.

- BERRIGAN Francis Joseph, *Les médias communautaires et le développement,* Unesco, Paris, 1981.

- BESSETTE Guy, RAJASUNDERAM C.V., *La communication participative pour le développement*, CRDI, Ottawa, 1996.

- BOULANGER Philippe, *Géopolitique des médias: acteurs, rivalités et conflits,* Armand Colin, Paris, 2014.

- BRUNDTLAND Gro Harlem, *Conférence des Nations-Unies sur l'environnement et le développement,* Rio de Janeiro, 1992.

- FAO, *La communication pour le développement rural. Instructions et directives à l'intention des planificateurs du développement et des élaborateurs de projets*, FAO, Rome, 1998.

- KONÉ Hugues, SY Jacques Habib, *La communication pour le développement durable en Afrique*, PUCI, Abidjan, 1995.

- LIBAERT Thierry, "Introduction" dans *Le plan de communication. Définir et organiser votre stratégie de communication,* Dunod, Malakoff, 2017.

- QUEBRAL Nora Cruz, "De la technologie éducative à la communication pour le développement" dans *Direct,* vol. 2, 1985.

- SONNAC Nathalie, "Les médias : une industrie à part entière et entièrement à part" dans *Questions de communication*, n° 9, 2006.

- WOLTON Dominique, *Il faut sauver la communication,* Flammarion, Paris, 2005.

- WOLTON Dominique, *Penser la communication,* Flammarion, Paris, 03/03/2008.

- WOLTON Dominique, *Sauver la communication,* Flammarion, Paris, 19/11/2008.

Troisième Partie

Visions et stratégies pour l'émergence et le développement durable du Sankuru

Chapitre IX

La vision contextualisée et la praxis éthique pour le développement durable du sankuru

André NGUWO NDJOVU,
Poète et écrivain
Directeur scientifique de la COPREMASCO (Commission Provinciale de Rédaction des Manuels Scolaires en Otetela)

Résumé : *Au Sankuru, préoccupation et angoisse ! Pour construire cette province à l'aune de la décentralisation, il importe de compter sur la conversion au registre de faire mais encore à celui de l'être. Le développement du Sankuru devra constituer un effort réfléchi et soutenu en vue d'aménager la province où la division, les conflits et l'ignorance auront diminué, où les ressources mieux agencées donneront plus de bien-être. Il est ainsi beaucoup plus question d'éthique que de compétence. Les conflits, la foire d'empoigne, justifient à bien d'égards le mal au Sankuru. C'est pourquoi, sans doute, l'éducation et l'éthique devraient se soutenir dans un nouveau projet créateur de vie, d'équilibre et d'harmonie. Par ailleurs, la détermination au développement du Sankuru est aussi cet effort pratique de "l'éthique de la discussion" où sans l'ombre du doute, les partenaires dialoguant s'écoutent et se considèrent.*

Mots-clés : Vision contextualisée, praxis, éthique, développement, moi, autrui.

Introduction

Le concept de développement est polysémique et sa signification reste tributaire de l'occurrence. Ici, nous voudrions le comprendre en tant que "accroissement naturel par l'acquisition de nouvelles fonctions, de nouveaux organes".

En effet, le mot “développement” est né de la prise de conscience du retard accusé, du point de vue de leur industrialisation, par un grand nombre de pays africains et latino-américains. Le développement peut bien se décrire comme une succession d’étapes qui diffèrent à des degrés divers soit par la forme d’organisation (familiale, urbaine, nationale) de la production et des échanges, soit par le rythme de croissance de l’investissement et de l’accumulation du capital. Ces étapes sont : tradition, décollage, maturité, consommation des masses. De façon beaucoup plus explicite, le mot “développement” que nous voulons appliquer au Sankuru est celui qui inclut la dimension humaine et intègre l’économie et l’écologie, le naturel et le culturel.

Ainsi pour le Sankuru, développer signifierait, prendre de l’extension, de l’importance, grandir. Suivant l’expression de Pierre MASSE, le développement équivaut à la construction d’une nation[170]. C’est dire qu’il n’est pas, comme d’aucuns le croiraient, le processus vers l’abondance. De cette conception émane tout le progrès de l’humanité. Celui-ci sort tout droit de l’application judicieuse de la science et de la technologie. Le savoir engendre la maîtrise de la nature, et cette maîtrise permet un bien-être toujours plus grand et plus général.

Qui mieux est, un bien-être total et une organisation rationnelle de la société impliquent toujours déjà, en amont comme en aval, une éducation et culture conséquentes. De ce point de vue, le professeur Okolo a sans nul doute raison de penser que l’homme moderne se sent responsable de lui-même et de toute la société. Il doit prendre des décisions en connaissance de cause. Pour ce faire, il doit être éduqué et formé. Le citoyen formé se sent responsable de la vie politique et de la prospérité économique et participe à l’instauration du bien- être[171].

Sous cet angle, le développement constitue un effort réfléchi et soutenu en vue d’aménager le Sankuru où la division, les conflits et l’ignorance auront diminué, ou les ressources mieux agencées donneront plus de bien-être. Il appert effectivement de poser que le développement de la province est beaucoup plus question d’éthique que de compétence. L’atonie dans laquelle s’engouffre le Sankuru ouvre des pistes à des tentatives d’explications les plus diverses, souvent même contradictoires. Cependant, s’agissant du Sankuru, pour notre cas, et de l’Afrique, le professeur Van Parys fait remarquer que : “nous avons mené de nombreuses années une réflexion sur le développement. Nous avons tenu des colloques et des congrès. Nous sommes témoins d’expériences. Nous avons fait des contrats, heureux et malheureux, sur un grand siècle de changements, positifs et négatifs, sur ce qui a été réalisé en matière de développement, et sur les efforts vains et les espoirs déçus. Après tout cela, j’en suis venu, pour ma part, comme pour d’autres, à la conclusion que le développement de l’Afrique est beaucoup moins, à l’heure actuelle, une question de compétence et de capitaux qu’une question de moralité et d’éthique. Et j’en viens à penser qu’une fidélité, et non tant à des pratiques anciennes, vues dans leur moralité, qu’à l’esprit qui les animait, peut jouer un rôle positif dans le redressement des égarements moraux actuels, et dans le développement”[172]. Ipso facto, pour construire le Sankuru à l’aune de la décentralisation, il importe de compter sur la conversion au registre du faire mais encore à celui de l’être. Car, tant il y a des faits qu’il y a des valeurs. Les conflits, la foire d’empoigne, justifient à bien d’égards le mal au Sankuru. C’estpourquoi, sans doute, l’éducation et l’éthique devraient se soutenir dans un nouveau projet créateur de vie, d’équilibre et d’harmonie.

Ce faisant, une raison scientifique, efficace dans l’ordre de l’opérativité, seule ne suffit pas pour appréhender le réel. C’est dire que le développement du Sankuru n’acquiert tout son poids que tendu vers une téléologie enracinée dans la moralité et l’éthique. Une telle vision du monde serait en fait une potentialité d’un avenir à articuler en vue d’un horizon de sens.

Par ailleurs, la détermination au développement pour le cas du Sankuru, est aussi cet effort pratique de “l’éthique de la discussion” où sans l’ombre du doute, les partenaires dialoguant s’écoutent et se considèrent. Moins que hier, le problème du développement du Sankuru qui oscille entre l’unité, l’éducation et l’éthique, doit être posé à l’heure actuelle, en termes du nouveau langage d’altérité, de “bissoïté”, en termes de découragement des masses désorientées, le postulat d’une éthique qui rencontre, à la racine, le problème du Sankuru en tant que totalité à orienter. Cette éthique, somme toute, doit être non seulement un but global à atteindre, mais surtout un but qui oblige les volontés. Encore faut-il élucider les conditions de son inscription aux frontières de l’homme : chronologique, écologique, topologique… Les interrogations à propos du surgissement ou de l'effacement de l'homme, de la relation entre l'expérimentation et la thérapeutique, des échelles où l'homme intervient sur l'homme.

Préoccupation et angoisse. Quelle orientation doit prendre le Sankuru à l'heure des évidences problématiques : transfert des technologies, transfert des compétences, déliaison du corps et de la personne par "l'éthique de tout est permis", le marché en pleine expansion des produits humains, la transsexualité, la greffe d'organes, la protéine de synthèse, la location de l'utérus, le stock d'embryons congelés, le reniement de la vocation ultime de soi, la désacralisation de l'être, etc.? La tentation n'est plus de l'ordre des hypothèses dans le district de tout est permis où l'on ne renonce à rien, sauf au discernement et à la responsabilité. Toutes ces préoccupations seront toujours d'une telle suite et actualité. Car cette interrogation esquisse à quel point le rapport de soi à autrui s'en trouve remis en question, problème de mentalité.

1. Une éthique pour le Sankuru

Le mot "éthique" prête à confusion. Elle renvoie à la réalité objective des mœurs, des façons communes de vivre, de sentir, d'opiner, ce que nous pourrions appeler, par souci de distinction, l'éthique objective. Aussi bien à la pensée de cette éthique objective, à la réflexion et au jugement sur elle, à ce que nous pourrions aussi dénommer éthique subjective, par ce qu'elle se réfère directement au sujet connaissant et voulant.

D'entrée de jeu, la réflexion sur l'éthique (philosophique) n'est pas secondaire comme théorie et pratique des valeurs de recherche de voies de la réalisation de l'humain. En tant que telle, l'éthique joue un rôle de choix dans l'orientation générale de l'homme.

Aborder le problème de l'éthique, c'est poser l'une des interrogations majeures et peut-être l'interrogation sur la situation au Sankuru vécue comme risque et comme appel.

En fondant notre propos sur l'éthique, nous voudrions reconnaitre qu'il s'impose une urgence de l'intervention de l'éthique au Sankuru. En nous interrogeant sur ce que peut être l'éthique dans la situation du Sankuru, au regard de la raison instituant, nous emboîtons le pas, dans notre langage et selon notre approximation de l'exigence de la rationalité, à une préoccupation, sans cesse attestée par la tradition.

C'est que cette réflexion vise plus qu'une compréhension théorique ou une vision selon des principes. Elle vise l'instauration d'une forme de vie où le savoir et l'action seraient assumés comme expression d'un effort unique.

Le Sankuru se trouve de plus en plus engouffré du point de vue même de la raison pratique dans des situations de difficile description, suscitées par des idéologies mesquines, des quêtes effrénées de leadership, la manipulation des messes ; tueries, incendies de ménages, recrudescence de la barbarie, etc. Un décor franchement menaçant que prend la figure du Sankuru à l'aube de la décentralisation. Ce qu'il y a peu, était répugné, s'impose en droit de cité, ce qu'il y a peu, pouvait être simplement imaginé, de redoutables questions se posent à l'action. Nous réalisons, nous mesurons les enjeux, mais en même temps nous découvrons combien les "modèles éprouvés" et les "principes reçus" nous laissent démunis.

Dans cette perspective nous sommes davantage convaincus que la raison scientifique, si efficace dans l'ordre de l'opérativité, n'a rien à apprendre au Sankuru meurtri, dans l'ordre des significations, des valeurs, des critères d'appréciation et des principes de décision. Ce fait étant constaté, le "que dois-je faire" Kantien doit s'imposer à nous avec une acuité croissante, mais en même temps sous une forme radicalement aporétique.

Notre description de la situation du Sankuru s'avère par nature médiation entre l'effort réflexif en lequel l'existence tente de s'assumer d'elle-même et les impératifs de l'action, en laquelle elle se risque et décide de son être[173]. Notre intervention est une contribution modeste, mais résolus et, à travers elle à cette immense entreprise en laquelle, les uns avec les autres, assumant ce que nous reconnaissons devoir faire, nous essayons de nous rendre dignes de ce que nous croyons pouvoir espérer.

2. De l'asymétrie de l'interpersonnel comme jalon de sauvetage

D'aucuns le diraient, l'intersubjectivité, peut-elle être asymétrique? Le choix de cette éthique de relation, l'expression elle-même n'est-elle pas tautologique ? Car l'éthique est essentiellement relationnelle. À ces questions comme à tant d'autres, notre réponse sera simple et directe. Il y a d'abord intangibilité impérative de la vigilance éthique ensuite l'impérative nécessité de voie de sortie.

En effet, conscient de sortir de soi a coïncidé avec soi-même ou à rencontrer l'autre, l'homme sankurois, en mal d'unité et d'identité, se doit vouloir jonction et désir.

Cependant, dans quelle mesure, le Sankuru meurtri par le mal qui le ronge, désacralisé dans son mode actuel de penser, dans son être-ensemble, dans sa manière actuelle de faire l'histoire, fait-il son expérience de l'altérité ? ***Que faire pour que cette vocation structurellement ontologique ne soit pas trahie par la prédation politicienne ? Que faire pour voler de façon décisive à la ressource de l'unité et de l'identité, de la solidarité et de la coexistence pacifique ?*** Quelle orientation prendre pour que ne se creuse pas la tombe de l'homme sankurois en déstructurant notamment ses rapports avec son frère ? Ces questions comme d'autres posent le jalon d'une nouvelle définition de responsabilité, responsabilité du Sankuru dans le destin de son histoire future.

Le choix d'une telle exigence s'impose. On le voit, le Sankuru, hypnotisé par la grisaille des exploits idéologiques fratricides "*Ekonda-Eswe*", se retrouve simultanément désenchanté, constamment victime des déséquilibres, des illusions et des aliénations les plus ignobles, les plus asservissantes et même avilissantes. L'histoire, la sociologie le révèlent. Ce qui importe, c'est de le libérer sans l'aliéner. L'univers sankurois de vie et de pensée a explosé.

Il s'agit à présent d'ouvrir de nouveaux paradigmes de sens, de redéfinir le sens du sens et d'articuler de nouveaux systèmes référentiels sur la base d'une culture riche en potentialités. L'asymétrie de l'interpersonnel est une conscience non réflexive qui a à répondre de son être dans sa tension vers autrui, et qui se vit comme responsabilité pour autrui. ***"Le moi s'occupe d'autrui et laisse autrui s'occuper de ses affaires".*** L'asymétrie comme question d'éthique non théorique trouve son lieu dans l'intériorité de la conscience non intentionnelle et qui se joue dans cette mise en question radicale du moi où autrui est reconnu comme prochain.

La toile de fond de cette éthique porte sur le caractère asymétrique, c'est-à-dire le caractère non réciproque de la responsabilité. Nous estimons, par ailleurs, que l'asymétrie de l'interpersonnel met en évidence, de façon frappante, le mode de vie actuel au Sankuru tel qu'il doit être, la nécessité qu'elle fait peser sur l'action humaine, et l'éthique comme rationnelle, le contraste entre les intentions et les résultats effectifs de l'action.

Somme toute, tout notre propos est d'en appeler à une éthique de responsabilité, qui seule peut redonner sens à la situation du Sankuru d'aujourd'hui laquelle évolue selon ses propres pesanteurs. Ainsi donc, nous sommes-nous proposé d'examiner succinctement ces deux points : développement et éthique dans une perspective dialectique où le bien-être du Sankuru trouve son plein essor dans l'éthique et dans l'interaction développement comme conséquence d'unité, d'identité et de destinée.

Dans notre effort d'analyse, nous nous sommes donné la règle de savoir : développement pour quel Sankuru ? Quelle éthique dans un Sankuru en quête de développement ? En répondant à ces questions et à tant d'autres, nous avons souscris à une éthique intersubjective asymétrique, comme appel au dépassement et défi vers les horizons renouvelés.

L'univers du Sankuru a explosé. Il importe d'ouvrir un nouveau paradigme de sens, un nouveau système référentiel. Pour autant que le développement du Sankuru ne se fera pas sans le Sankuru. Comme on le dit, "on ne développe pas, on se développe". Donc la solution au problème du Sankuru n'est pas dans la praxis de la raison instituant orthodoxe, mais dans la praxis éthique hétérodoxe.

3. La vision contextualisée du développement durable du Sankuru

Depuis "l'objectif 80", la R.D. Congo est à la recherche d'une formule efficace pour la mise en œuvre d'un plan de développement. Après avoir expérimenté sous contrainte l'inefficacité des programmes d'ajustement structurel, après avoir déploré les incertitudes économiques suscitées par une situation politique bloquée, le pays est aux prises avec l'accroissement de la pauvreté et de la misère en dépit de ses immenses ressources.

Au vu de l'ampleur de la misère humaine, des affres de la guerre et de l'instabilité des institutions et refusant de tomber plus bas que le fond du trou, le gouvernement de la République s'est engagé à restaurer la paix, reconstruire l'Etat, résorber les déséquilibres macro-économiques et relancer la croissance en faisant face aux besoins urgents de la population créés par les conflits et les catastrophes naturelles.

En quête de ressources et d'opportunités nouvelles, il a opté, après avoir tenté avec succès les programmes intérimaires de relance pour l'élaboration avec le concours des partenaires nationaux et internationaux impliqués dans la lutte contre la pauvreté, un document de stratégie pour la réduction de la pauvreté HYPERLINK \l "sdfootnote174sym" [174] . Ce processus s'articule autour : du renforcement du cadre institutionnel d'élaboration et de la mise en œuvre de la stratégie ; des consultations sectorielles et thématiques, participatives des communautés de base ; d'enquêtes sur la pauvreté ; d'études d'intérêts spécifiques.

Il a été ainsi possible de dégager le profil de la pauvreté en R.D. Congo, d'explorer des stratégies pour la réduction de cette pauvreté, d'établir des états de besoins chiffrés ainsi que de pouvoir mettre en place un dispositif de suivi et d'évaluation qui tienne compte de diverses contraintes et des risques.

C'est le schéma prévisionnel théorique qui devrait être répercuté au Sankuru une fois devenu opérationnel au niveau national. Mais le hiatus qui existe entre les programmes nationaux de gouvernance et leurs applications à la base, rend hypothétique l'espoir de voir rapidement l'effet d'entrainement de ce document qui laisse ressortir les aspirations, les ambitions et des vœux, qui rendent nécessaire la définition d'une ligne directive que devrait suivre le développement du pays et par conséquent du Sankuru. Cette ligne directive prendrait alors la forme de vision qui soit cohérente afin d'assurer une cohérence au projet de développement du pays et un sens aux initiatives et aux processus complexes qui émergent dans la société congolaise.

3.1. Les matériaux d'élaboration de la vision

Alors que la colonie fut prospère et que le Sankuru florissait, après l'indépendance, l'ère des vaches grasses fut de courte durée, presque une parenthèse durant les années 1970, avant que ne commence une descente à pic aux enfers. Tout se passe alors comme si l'indépendance fut un porte-malheur et que la liberté conquise le fut au sacrifice de la prospérité. Le désespoir, le fatalisme et la résignation ont fini par gagner le gros des populations au point de croire qu'une malédiction pesait sur elles.

C'est dans ce contexte de désarroi que surgit au fonds des cœurs un appel pressant : ***"Debout Sankurois"***. Les temps sont arrivés de se mettre une fois pour toutes "debout" en vue d'une nouvelle société et de se créer l'espoir[175].

La vision dans ce contexte est une image globale de ce que l'on souhaite devenir en tant que communauté ou pays au terme d'un horizon de planification qui aura préalablement été retenu. La vision sert de guide pour tous ceux qui seront chargés de la réalisation et de la gestion du changement souhaité. La vision est utile dans la mesure où elle sous-tend une stratégie institutionnelle de planification et de prise de décision. La vision stratégique est englobante et directionnelle, elle vient définir la cible de la planification de lutte contre la pauvreté et la réalisation d'un développement durable, lequel intègre le progrès social, la préservation de l'environnement, l'efficacité économique et de développement culturel. Le pari du développement durable au Congo et au Sankuru est à ce prix, pour assurer à l'ensemble de la population congolaise l'accès à une vie décente, digne.

Mais sa réalisation reposera sur les socles que sont : un nouveau type d'éducation qui libère des pesanteurs de tous ordres et permette à la population de participer activement au développement du pays et du monde ; un système de gouvernance participatif et transparent; une culture débarrassée d'antivaleurs.

Ce programme ne pourra donner des résultats escomptés que si règnent désormais et pour toujours la discipline, l'orthodoxie et la rigueur dans la gestion de la chose publique.

3.2. L'exploration des réalités et des options de la vision

La vision du développement durable doit se nourrir des réalités de terrain et sélectionner des options d'un arbitrage éclairé par la recherche scientifique. Il faut récolter les avis et considérations scientifiques sur les défis à relever dans les secteurs clés de la vie sociale et communautaire en passant en revue la démographie, l'éducation, la santé, la jeunesse, les ressources du sol et du sous-sol, les valeurs fondatrices, l'environnement, l'état de la science et de la technologie, les catastrophes naturelles, etc[176]. Conformément au processus d'élaboration d'une vision, il faut répondre aux questions suivantes : Où en sommes-nous aujourd'hui ? Où allons-nous si nous maintenons le cap actuel ? Où voulons-nous aller de manière responsable ? Comment atteindre ce que nous souhaitons ?

À bien observer la réalité et qu'elle n'est pas non plus irréversible, car à côté des faiblesses bien identifiées, se présentent des forces et des opportunités susceptibles de promouvoir l'émergence de la R.D.C. et par ricochet du Sankuru. Le défi majeur consiste justement à vaincre les faiblesses en exploitant les opportunités et en valorisant les forces. Il a été affirmé que l'éducation tout comme la santé avaient un coût et que le prix à payer était monétaire autant que mental et culturel. La gratuité voulue pour l'éducation fondamentale et pour la prise en charge des soins de santé des indigents ne devraient guère signifier l'amorce d'un paternalisme révolu. Il faut restaurer l'éducation pour tous et la santé pour tous, car l'éducation doit être le socle du changement qualitatif dans une société du savoir, de même que la bonne santé doit prévenir la pauvreté et permettre de lutter contre elle HYPERLINK \l "sdfootnote177sym" [177] .

Le fait d'évoquer le conditionnement global dans lequel doit se développer l'État congolais, ne gomme en rien les expressions concrètes de l'identité des Sankurois en tant que communauté des individus jouissant de cette identité qui s'est constituée autour d'un faisceau des valeurs qui ont pris formes diverses à travers l'histoire et qui se sont toujours traduites à travers :

- le respect de la vie et de l'humain ;
- le sens de la solidarité ;
- le sens de la démocratie participative ;
- la culture de la modernité ;

- le sens de la responsabilité ;
- le sens de la nation.

C'est à partir de cette "manière d'être" que nous devons aborder les problèmes comme ceux de la gestion du milieu, des richesses, de l'espace et du temps, de la science, des technologies, de l'avoir, du pouvoir et de l'être au monde. On ne peut parler de pauvreté et de richesse sans faire allusion à la question des investissements (même si au Sankuru ils sont hypothétiques à l'heure actuelle) qui sont les catalyseurs de la transformation des richesses potentielles en richesses réelles et effectives. Pour le développement durable, les investissements à promouvoir et à sécuriser ne doivent pas uniquement se limiter aux pauvres actuels, mais aussi et surtout stimuler la recapitalisation de l'économie du pays[178].

La transformation des richesses réelles simplement potentielles, en richesses réelles et effectives, rejoint la préoccupation relative à la gestion de l'espace et de l'environnement pour un développement durable. Il est déjà établi qu'un environnement malsain constitue un lit bien doux pour la mauvaise santé et partant pour la pauvreté, nous l'avons également vu antérieurement[179].

Combien une mauvaise organisation administrative, d'avantage préoccupée par les questions de pouvoir, et peu soucieuse des problèmes de la population, ne pouvait qu'alimenter la désintégration du système administratif lui-même. Il s'avère donc nécessaire de repenser et de systématiser la hiérarchie administrative de manière à instaurer des unités décentralisées qui soient des lieux de dialogue et d'échanges permettant une gestion participante des problèmes de la société. Un tel réarmement de l'espace administratif devra considérer les unités administratives de base comme des unités d'action et non pas d'initier un découpage, fut-il fédéraliste, mais dont le seul mérite serait de réorganiser la prédation à l'échelon plus accessible à des dirigeants qui seraient refoulés de la centralité de la capital[180].

Le réaménagement spécial ne peut s'accompagner d'une gestion saine de l'environnement que si les communautés de base y trouvent leur compte en termes d'amélioration de cadre de vie et des sources d'une richesse renouvelable[181].

C'est à la science et à la technologie qu'il faudra s'adresser en dernier ressort pour construire un développement durable, éviter une réédition des misères du peuple au seuil de chaque génération et sortir enfin du cycle infernal et humiliant d'une société à remettre sous-tutelle tous les quarante ans. Fruit de la technologie et de la science, la nouvelle société à bâtir dans la richesse, devra produire ses scientifiques en grand nombre, les mettre à contribution pour que, du fait d'une mauvaise gestion ou simplement de catastrophes naturelles, les opportunités de développement n'accroissent pas la vulnérabilité des populations au risque de les ramener plus bas que le point de départ. C'est la science qui permettra d'identifier les populations vulnérables aux catastrophes et qui assurera l'intégration des risques aux programmes de développement[182].

À l'horizon des risques se profile le risque permanent des inégalités sociales qui faute d'être éradiquées devraient tout au moins être gérées de manière à les réduire sensiblement. La réduction des inégalités sociales devient alors le lieu par excellence de l'arbitrage des stratégies de mise en œuvre de la solidarité du partage équitable des richesses, de la prise en charge des personnes vulnérables, de la participation de tous aux processus de décisions politique à la base, de sauvegarde et préservation du milieu de vie.

Ce pari nous invite non à la transcendance mais au dépassement et nous rappelle qu'il existe des territoires d'une existence d'un peuple qui ne devraient souffrir ni de marchandage ni de nivellement par-delà les contingences et les aspérités. Le Sankuru n'a pas droit à l'erreur, il doit rendre compte à l'histoire de son existence.

4. La perspective

La Conférence Nationale Souveraine de 1992 a adopté la décision de redécoupage du pays en de nouvelles provinces. Les critères fondamentaux à remplir par une entité administrative pour devenir une province sont : la superficie, la démographie, le socio-culturel et l'économique[183].

Le Parlement de Transition de la R.D. Congo a adopté un projet de constitution pour la troisième République en 2005. Ce projet approuvé par référendum en 2006 prévoit le découpage territorial du pays en 26 provinces dont le Sankuru[184].

Les préalables juridiques et institutionnels pour l'installation de la province sont acquis. Il est question d'organiser les prérequis de sa mise en route. Le développement de la nouvelle province dépendra de la détermination, de la compétence, du travail et du patriotisme des Sankurois. Pour cela, ils devront : faire passer les intérêts de la province avant les intérêts personnels et partisans ; apprendre et comprendre l'importance del'organisation de tous les services publics ; préparer l'installation des institutions provinciales et tous les services publics ; apprendre connaitre les lois et à les respecter ; organiser correctement l'économie et les finances ; développer le civisme fiscal en payant correctement les impôts et les taxes ; promouvoir la démocratie et les droits humains ; développer les vertus citoyennes de tolérance et de responsabilité, etc.

Le Sankuru compte deux grands bassins hydrographiques : les bassins du Sankuru sont bornés par les rivières Mbuji-Mayi, Lubi, Luilu, Lubilashi et Lubefu orientées du Sud vers le Nord. Ce bassin est navigable jusqu'à Pania-Mutombo dans le territoire de Lusambo. Les ports de Lusambo dans le territoire de Lusambo et de Bena-Dibele dans le territoire de Kole sont érigés le long de la rivière Sankuru, tandis que le port de Kela dans le territoire de Lodja et de Djondo dans le territoire de Lubefu sont installés sur la rivière Lubefu. Quant au bassin de la Lokenye dont les affluents sont orientés de l'Etat à l'Ouest, il est navigable à partir du territoire de Lodja. A l'extrême Nord du district coulent les rivières Lomela navigable et Salonga (Loto), ainsi que Tshuapa non navigables. À l'extrême Est sur le Lomami sont situés les ports de Katopa et Pole-Pole.

4.1. La pysionomie socio-culturelle du Sankuru

Le facteur humain étant le plus déterminant, il ya lieu de dire un mot sur la pysionomie socio-culturelle du Sankuru.

La culture reste pour une société l'un des moyens dont dispose un peuple pour créer une synergie capable de lui permettre de maitriser son destin. Après un siècle d'histoire, le peuple du Sankuru a une nouvelle opportunité de refondation et de la reconstruction de sa conscience culturelle dans une entité socio-politique pour contribuer à l'édification de son histoire.

C'est à travers les structures de gestion de la communauté et la cohésion sociale que se mesurent la dynamique et la capacité de son destin. Ces structures sont: l'éducation, la santé et l'économie.

En 2010, le Sankuru possède 1.448 établissements d'enseignement primaire, secondaire et professionnel avec un effectif total de 272.118 élèves. Dans l'enseignement primaire 1.074 écoles avec l'effectif de 206.501 élèves dont 110.212 garçons et 96.289 filles respectivement 53,37 % et 46,63 %.

Au secondaire et professionnel 374 écoles avec un effectif de 65.617 élèves dont 41.991 garçons et 23.616 filles, soit respectivement 64 % et 36 % (47).

Au niveau supérieur, le Sankuru est doté de plusieurs établissements d'enseignement supérieur et universitaire: pour le territoire de Katako-Kombe, il y a l'institut Supérieur pédagogique de Wembo-Nyama (ISP Wembo-Nyama), l'Université Patrice Emery LUMUMBA (UPEL) à Wembo-Nyama, la Faculté de Thélogie Méthodiste (FATHEM) à Wembo-Nyama, l'Institut Supérieur d'Etudes Agronomiques (ISEA) à Wembo-Nyama, l'Université Simon KIMBANGU (USKI) à Katako-Kombe.

Au territoire de Kole, il y a l'Institut Supérieur des Techniques Médicales de Kole, le Centre Interdisciplinaire (CIDEP) de Kole, l'Institut Supérieur Pédagogique (ISP-Extension Mbuji Mayi) à Kole.

Au territoire de Lodja, on trouve l'Université de Lodja (UNILOD) l'Institut Supérieur des Arts et Métiers (ISAM) à Lodja, l'Institut Supérieur d'Etudes Agronomiques (ISEA) à Lodja, l'Université des Sciences et des Technologies (USTL) à Lodja, l'Université Pédagogique Lodja-Poto (UPLP).

Au territoire de Lomela, l'Institut Supérieur d'Etudes Agronomiques de Lomela (ISAL) à Lomela, l'Université Laurent Désiré KABILA à Lomela.

Au territoire de Lubefu : l'Université Notre-Dame de Tshumbe (UNITSHU) à Tshumbe, l'Institut Supérieur des Techniques Médicales (ISTM) à Tshumbe, l'Institut Supérieur Pédagogique à Lubefu, l'Institut Supérieur des Arts et Métiers (ISAM) à Tshumbe.

Ce quadrillage du Sankuru dans la promotion de l'éducation des jeunes augure des perspectives encourageantes pour l'avenir de la province[185].

En matière de santé, le Sankuru dispose de 16 zones de santé et de 15 hôpitaux généraux de référence : territoire de Katako-Kombe quatre zones de santé (Katako-Kombe, Djalo-Ndjeka, Wembo-Nyama, Dikungu) et trois hôpitaux de référence (KatakoKombe, Wembo-Nyama, Dikungu) ; territoire de Kole : deux zones de santé (Kole et Bena-Dibele) et deux hôpitaux généraux de références (Kole et Bena-Dibele) ; territoire de Lodja : quatre zones de santé (Omendjadi, Onema-Ototo, Vanga-Kete, Lodja) et quatre hôpitaux généraux de référence (Onema-Ototo, Vanga-Kete, Lodja, Omendjadi) ; territoire de Lomela : deux zones de santé (Tshudi-Loto, Lomela) ; territoire de Lubefu : deux zones de santé (Minga et Tshumbe) et deux hôpitaux de référence (Minga et Tshumbe) ; territoire de Lusambo : deux zones de santé (Pania-Mutombo et Lusambo) et deux hôpitaux généraux de référence (Pania-Mutombo et Lusambo).

À côté de ces structures sanitaires, il existe trois hôpitaux secondaires : l'hôpital Saint François d'Assise de Lodja, zone de santé de Lodja et l'hôpital Saint Jean-Baptiste de Lubefu (zone de santé Minga) et l'hôpital Sainte Hélène de Dikungu, zone de santé de Tshumbe. Quelques bureaux de coordination des programmes spécialisés couvrent l'accompagnement sanitaire de la population, à savoir : la coordination de la lutte contre l'onchocercose, la coordination de la lèpre et la tuberculose, la coordination du Monkey pox, le programme National de nutrition (PRONUT), le programme multisectoriel de lutte contre le VIH/SIDA (PNMLS)[186].

Ces structures sanitaires sont opérationnelles pour la couverture sanitaire de la population du Sankuru, mais elles nécessitent un renforcement des capacités institutionnelles par le gouvernement national et les partenaires au développement.

4.2. L'économie réelle

L'économie du Sankuru repose essentiellement sur l'agriculture, l'élevage et la pêche pratiqués dans la quasi-totalité du district est artisanale. Les principales cultures développées sont des cultures vivrières, le riz, le millet, le manioc, l'ananas, la banane plantain, le taro, les ignames, lacanne à sucre, etc, et non vivrières : le palmier à huile, le caféier, l'hévéa, etc. L'élevage du petit bétail et de la volaille est rudimentaire, il est essentiellement domestique et comprend les capridés, les ovidés, les porcidés et les volailles de la basse-cour. S'agissant de la pêche, les bassins du Sankuru, du Lomami et de la Lokenye sont très poissonneux, mais la pêche qui est pratiquée reste encore artisanale. Les pêcheurs utilisent des matériels rudimentaires tels que les petits filets, leshameçons, les nasses, les machettes et le fil nylon, etc... Le secteur de l'agriculture, élevage et pêche qui constitue la base de l'économie réelle du Sankuru fonctionne encore pour l'essentiel dans l'informel de la subsistance.

- De l'énergie

Le Sankuru ne dispose pas de l'énergie électrique autour du développement économique. Les quelques postes d'énergies thermique à usage domestique ne peuvent contribuer au programme efficient de production industrielle. De même la quasi-inexistence d'installations de production d'eau potable dans le district, sauf les sites insuffisants de la Regideso Lodja et Lusambo, expose en permanence la population aux maladies hydriques et aux épidémies.

- Des mines

Le Sankuru est une province minière et chaque territoire dispose de plusieurs sites miniers : **Katako-Kombe** (Lowela, Okitodimba, Kadika, Kiomi) or et diamant ; **Kole** (Yongo, Yoko, Isombo, Indanga, Nsaka, Batetela-Dibele, Inkoka A, Inkoka B, Okela, Bokempata) diamant, mercure, quartz ; **Lodja** (Onyama B, Oleko, Djese, Luviye) Diamant, Coltan; **Lomela** (Djonga, Lohoto) diamant, coltan, mercure ; **Lubefu** (Onyama A, Koy, Olota) diamant... ; **Lusambo** (Kombe-Kombe, Onyama, Panya-Mutombo, Mbalanganyi) diamant, coltan, mercure, cuivre[187]. Mais l'exploitation minière au Sankuru demeure encore artisanale et la quasi-totalité de la production minière échappe au contrôle des pouvoirs publics. Le secteur minier devrait être le fer de lance de l'économie de la province et être porteur de la croissance robuste de la région, et par effet d'entrainement, toutes les autres branches de l'économie de la province seraient bénéficiaires des économies d'échelles crées par la vente de la production minière.

- *De l'exploitation forestière*

Comme toutes les autres exploitations, l'exploitation forestière demeure artisanale au Sankuru. Les exploitations produisent le charbon de bois et le bois scié dont la grande partie est consommée localement et reste exporté sous forme de grume. Le contrôle des statistiques de production de ces produits forestiers par les services publics pose problème et les recettes fiscales que les Régies financières pourraient générer dans ce secteur échappent au trésor public.

- *Du transport et communication*

Le Sankuru dispose de trois sortes de voies communication, à savoir: la voie routière, la voie aérienne et la voie fluviale. Le réseau routier du Sankuru comprend 36.251.2 Km dont 624 Km de routes provinciales et 1392,2 Km de routes de desserte agricole[188]. La quasi-totalité de ces routes est en très mauvais état.

- *Le transport aérien*

Le transport aérien au Sankuru est assuré par quelques avions passagers et cargo des compagnies nationales dans les aéroports de Lodja et de Tshumbe et quelques pistes aménagées dans chaque territoire suivant le routing suivant : - Kinshasa, Lodja-Kinshasa, Kinshasa-Lodja-Boende-Kinshasa, Goma-Lodja-Goma, Goma-Tshumbe-Goma... Kinshasa – Kananga – Lodja – Kinshasa, Kinshasa – Kananga – Lusambo – Kinshasa, Mbuji-Mayi – Lodja – Mbuji-Mayi, Kinshasa – Lomela – Kinshasa, Kinshasa – Kole – Kinshasa...

C'est l'antenne de la Régie des Voies Aériennes (RVA) de Lodja qui gère l'espace aérien et les aéroports du Sankuru.

- *Le transport fluvial*

Le transport fluvial est assuré par des bateaux qui empruntent la voie d'eau du fleuve Congo à partir de Kinshasa jusqu'à Mushie avant de remonter par le Fimi et emprunter ou bien la Lokenye jusqu'à Kole ou le Kasai-Sankuru jusqu'à Lusambo avec l'embranchement de la Lubefu jusqu'à Djondo. À partir d'Isangi on peut descendre avec le Lomami jusqu'à Katopa et Pole-pole dans le territoire de Katako-Kombe. À partir de Mbandaka on peut emprunter la voie de la Tshuapa jusqu'à Lomela.

- De la télécommunication et médias

Il existe actuellement au Sankuru une dizaine de stations de radio et une télévision pouvant relayer les chaines nationales et internationales. Depuis 2002, deux entreprises de téléphonie sont opérationnelles.

L'économie réelle du Sankuru est encore certes embryonnaire, mais ses potentialités sont importantes. Pour servir de fer de lance à la nouvelle province, elle a besoin d'une réelle volonté politique et d'un appui institutionnel et structurel important pour matérialiser un projet de société piloté par un contrat d'avenir. C'est la tâche à laquelle doivent s'atteler le peuple du Sankuru et ses acteurs socio-politiques pour réussir l'installation de la nouvelle province.

Conclusion

Moins que hier, le problème du développement du Sankuru oscille entre l'unité, l'éducation et l'éthique. Il doit être posé à l'heure actuelle, en termes du nouveau langage d'altérité, de "bissoïté", en termes de découragement des masses désorientées, le postulat d'une éthique qui rencontre, à la racine, le problème du Sankuru en tant que totalité à orienter. Cette éthique somme toute, doit être non seulement un but global à atteindre, mais surtout un but qui oblige les volontés. À l'horizon des risques se profile le risque permanent des inégalités sociales qui faute d'être éradiquées devraient tout au moins être gérées de manière à les réduire sensiblement.

Après un siècle d'histoire, le peuple du Sankuru a une nouvelle opportunité de saluer sa refondation à travers la reconstruction de sa conscience culturelle dans une entité socio-politique une et indivisible pour contribuer à l'édification de son histoire.

C'est à travers les structures de gestion de la communauté et la cohésion sociale que se mesurent donc la dynamique et la capacité du destin du Sankuru.

Indications bibliographiques

- NGUWO NDJOVU, A., *Défi de la refondation de l'Unité des Kusu-Tetela du Sankuru-Lomami,* CERCA / Lakaso, 2006.

- NDAYWELL, I. et KAFUMBA, L., *Vision et stratégie pour le développement durable de la R.D. Congo,* CEDI, Kinshasa, 2011.

- LADRIERE, J., "Discours de clôture", **in** *justification de l'éthique, XXe congrès de l'association des sociétés de philosophie de langue française.*

- VAN PARYS, J.M., *Foi chrétienne et développement. Actes de la XVII*[e] *semaine philosophique de Kinshasa* (du 05 au 11 Avril 1992).

- OKOLO OKONDA, *Pour une axiomatique du développement,* Paris, Gallimard, 1982.

- MASSE, P., *Le plan de l'anti-hasard,* Paris, Gallimard, 1965.

- NGUWO NDJOVU, A., *Le Sankuru, fondements d'une province au cœur de la R. D. Congo,* CERCA/Lakaso, 2011.

- Constitution de la République Démocratique du Congo, Kinshasa, 2011.

- Link: *https://www.presidence.cd/detail-texte-fondateur/1*

Chapitre X

Ordre et désordre au Sankuru. *Obsolescence de l'état et résilience populaire*

Richard ONGENDANGENDA Muya
Dr en Théologie et en Philosophie
Professeur à l'Université Catholique du Congo (UCC) et à l'UPN
Secrétaire Scientifique du CERA

Résumé : *L'article assure le diagnostic de l'état critique dans lequel se trouve aujourd'hui la Province du Sankuru. Il nourrit dans le même temps, l'ambition de montrer par quelles voies en sortir. La crise multiforme dont nous déplorons les conséquences ne s'inscrit nullement dans l'ordre de la mentalité, mais dans celui de la matérialité. Le peuple sankurois doit se réveiller pour lutter contre la division, la haine de l'autre, les incitations à la violence, le rejet du frère ; lutter aussi contre la pauvreté à travers de nouvelles initiatives de développement, contre le mépris du bien commun, l'égoïsme, la manipulation et l'instrumentalisation politiciennes, ces vices et fléaux qui rendent chétives nos ambitions de grandeur et d'authentique citoyenneté. D'où le besoin d'impulser une dynamique sociale nouvelle fondée sur la conscience politique provinciale et nationale.*

Mots-clés : État, politique, conscience politique, violence, insécurité résilience, citoyenneté, développement

Introduction

La Constitution de la République démocratique du Congo du 18 février 2006 redonne au Sankuru le statut de Province.[189] À ce titre, fort de la conscience d'appartenir à cet espace, je viens répondre aux insistantes sollicitations du Professeur Abbé Pierre-Claude OKONDJO, à contribuer au volume collectif consacré à la situation globale d'une crise multidimensionnelle que traverse le Sankuru. En ce sens, le propos de cet article, au-delà du nécessaire diagnostic de l'état critique de la Province du Sankuru, nourrit également une ambition, celle de montrer par quelles voies en sortir.

En effet, jadis, le traître l'était à sa foi, à son roi. Le relaps acceptait la mort pour prix de son hérésie. L'émigré était fidèle au principe monarchique. Il ne se pensait pas traître à sa patrie. Plus tard, le traître l'a été à son pays, à sa nation, à sa Province. Certes, il n'y a pas si longtemps on pouvait, sans doute le peut-on encore, se faire traître à sa tribu, à son ethnie, à sa race, à sa religion, à sa culture, à son idéologie. N'est-ce pas la situation dans laquelle se trouvent aujourd'hui plusieurs fils de la Province du Sankuru ?

Pour autant, la parole est comme l'ombre qui accompagne le marcheur. Elle ne se détache jamais de lui. Elle prouve la présence de son auteur mais ne donne de lui qu'une silhouette, pas son essence. Il en va ainsi de la parole politique. Avant l'acte elle pose sa nécessité. Pendant sa réalisation, elle s'efface derrière lui, l'enjolive par des fioritures. Après, elle disparaît sous les justifications. Reste l'acte. Il existe ainsi, de la parole à l'acte, une sorte de relation transitive. Parler des actes, en parler seulement, ce serait déjà agir, et même, tant il faut savoir ne pas reculer devant les métaphores héroïques, mener un combat. Consentant implicitement à cette idée triviale, le politique fait, en quelque manière, injure à l'histoire. Au Sankuru, il en travestit la logique, la portée et l'honneur. Et, pour cette énorme Province, le tout s'est joué et se joue encore dans le rapport entre parole et acte, entre histoire et politique.

D'où les troublantes interrogations : Sankurois, qu'as-tu fait et de ta Province et dans ta Province ? Quelle est notre responsabilité dans la descente en enfer de notre Province ? Sommes-nous devenus traîtres à notre propre cause ? Comment expliquer que la politique avec des mots dont le sens se perd un peu plus chaque jour, n'a pas conservé la mémoire du devoir d'éclairer la route et de rendre la progression possible ? C'est une évidence de comptoir: pour accéder au pouvoir dans ce pays-là, les candidats aux postes de responsabilités politiques font des promesses. Devenus gouvernants, ils s'enlisent ou se trahissent eux-mêmes. Autant de questions qui taraudent notre esprit et imposent aux fils du Sankuru de rompre radicalement avec tout ce qui a compromis notre destin commun et castré nos rêves légitimes d'un Sankuru développé et modernisé.

Pour tenter de démêler l'écheveau d'un tel questionnement, notre propos s'articule en deux points de longueur inégale mais de valeur complémentaire. D'abord, un effort pour diagnostiquer la situation en établissant un état des lieux de la Province du point de vue des symboles de l'État et de ses services, de la gouvernance socio-économique et sécuritaire; ensuite, un décryptage des impératifs d'une conscience politique provinciale et nationale, il s'agira de redécouvrir le sens authentique du politique, de poser la tolérance comme impératif politique, de présenter la politique comme un chantier perpétuel pour l'avenir, de convier à renouer avec la vocation du politique et à repenser le contrat synallagmatique entre l'État et le peuple sankurois.

I. État des lieux de la province du sankuru

1.1. Obsolescence des symboles de l'État

À strictement parler, la notion de pouvoir se décline sous le registre de la diversité et de la pluralité quant à sa forme. Au sein de l'État, le pouvoir revêt des caractères que l'on ne trouve pas ailleurs. En effet, l'État dispose du monopole de la contrainte physique (force). Il a des symboles qui lui sont propres. En changeant de forme, il change de nature. Sa singularité ne repose pas que sur la force qu'il brandit ou sur la force qu'il suggère; elle repose aussi et essentiellement sur sa vocation à servir l'intérêt général, ce qui suppose que dans l'État le pouvoir n'est pas la propriété d'un homme qui abuse, mais le symbole d'une fonction qui oblige.[190]

Dès lors, « les rapports du citoyen au pouvoir s'en trouvent modifiés: en obéissant à l'État on n'obéit à personne en particulier mais à un principe universel au terme duquel chacun peut se reconnaître des droits pourvu qu'il ait consenti à s'obliger par des devoirs ».[191] En ce sens, il est légitime de supposer plusieurs façons de détenir un pouvoir, c'est-à-dire d'exercer la faculté d'agir sur les êtres et sur les choses. Ainsi, à la puissance qui en définit l'aspect matériel, répondent l'influence qui s'impose aux esprits et le charisme qui s'empare des sentiments. Mais une chose est de s'imposer ou de séduire, une autre chose est d'obtenir l'obéissance par quoi se reconnaît le pouvoir véritable.[192]

À l'évidence, on peut considérer que le pouvoir se déploie sous trois formes : d'abord, comme une puissance matérielle; ensuite, comme une puissance d'influence et de séduction; et enfin, comme puissance des symboles. Laissons de côté les deux premières formes, pour nous intéresser plutôt à la dernière forme. De l'analyse, il ressort que le pouvoir ne va pas sans la puissance des symboles qui traduisent sa matérialité : un sceptre ou une couronne, des bâtiments administratifs, des postes de police, des camps militaires et des établissements pénitentiaires qui inspirent la crainte ou le respect, sont autant de signes qui visent à rappeler que l'État existe, que le pouvoir est tangible et qu'il est nécessaire, comme le pensait l'homme d'État italien, de frapper les esprits en lui donnant la consistance des choses.[193]

En effet, l'expérience au Sankuru est plutôt celle de l'obsolescence de ces symboles. De Lusambu, chef-lieu de la Province à Lubefu, de Katako-Kombe à Lodja en passant par Kole et Lomela, on peine à identifier les symboles de la présence de l'État. Et, lorsqu'à tout hasard l'un ou l'autre territoire conserve étonnamment le vestige du symbole de l'État, on doit reconnaître qu'aucun n'a résisté aux outrages du temps. Ce délabrement avancé des symboles de la présence de l'État a des conséquences immédiates et néfastes non seulement sur les agents et fonctionnaires en charge de l'animation de ces structures, mais aussi et surtout sur l'ensemble de la population qui n'éprouve que mépris, dépit et abandon. Ce facteur participe en partie de l'amenuisement de la valeur de l'État dans l'imaginaire des Sankurois.

1.2. Carence/absence des services publics de l'État

Le sentiment d'abandon généré par l'obsolescence des symboles de l'État et l'aveuglement des actions politiques des uns et des autres se trouve renforcé et aggravé par l'absence ou la carence des services publics. Tout le monde veut gouverner, prendre le pouvoir à la tête du Sankuru. Mais dans cette course, plutôt, dans cette «foire d'empoigne», il manque souvent cet oiseau rare, capable de rappeler aux autres acteurs cette vérité: gouverner est une ambition dont il faut avoir les talents.

En fait, en dehors des territoires de Lodja et de Lusambo où les anciens conservent nostalgiquement les souvenirs et quelques traces de la REGIDESO (régie de distribution d'eau), les territoires de Kole, Lomela, Losambo, Lubefu et Katako-Kombe n'entretiennent que le long espoir de voir venir, le jour, où la desserte en eau courante et potable deviendra une réalité. Oui, en ce début du XXIème siècle, la desserte en eau courante au Sankuru relève encore de l'ordre de la mythologie. Bien plus, l'électricité demeure cette autre épine aux pieds des Sankurois. Aucun de nos centres territoriaux ne jouit de l'éclairage public. Ce souci est fondamental dans la mesure où il n'est pas possible de penser, de rêver de parvenir à un certain niveau de développement économique sans énergie électrique.

Cependant, face à cette situation générale qui consacre, pour ainsi dire, un ordre de la désolation, le peuple Sankurois, vaillant par certains de ses dignes fils, tente de résister à travers des initiatives de survie comme les projets d'adduction d'eau et de forage dans certaines cités comme Katako-Kombe, Lodja, Tshumbe[194]... Dans la même perspective, on peut se réjouir des initiatives d'installation des Kits de panneaux solaires et des groupes électrogènes pour besoin d'éclairage domestique et fonctionnement d'appareils téléviseurs et autres services.

Ces initiatives de suppléance à l'actif des particuliers et des Églises sont louables et méritent tous les encouragements. Mais elles n'ont ni rôle ni vocation à supplanter ou à remplacer l'État ni à congédier les gestionnaires du pouvoir politique ou les artistes de la chose politique de leur mission essentielle. Certes, les techniques de gestion, dans la gouvernance moderne, s'opposent aux impatiences, et la sagesse financière réprime les enthousiasmes. Mais il importe de trouver le chemin et la méthode pour renouer avec le contenu humain de l'idée de progrès, le défi contemporain de l'art de gouverner.

En fait, l'eau et l'électricité relèvent de l'ordre de la nécessité, du primordial, de l'indispensable dans une société à prétention moderne. Nous devrions savoir nous concentrer sur le primordial dans le mode de fonctionnement de l'État ou de ce qu'il en reste, c'est la qualité essentielle de ceux qui assument le sort des peuples. Car, les bonnes pratiques sont liées à la qualité et à l'expérience des personnes. Elles le sont, au moins autant, à l'efficacité des institutions, à la bonne justification des choix et à la probité de leur mise en œuvre.

1.3. Une socio-économie de la sauvette et de la cueillette

D'une superficie de 104.331 km^2, le Sankuru est littéralement enclavé. Les voies d'accès et de sortie sont difficiles. À ces difficultés s'ajoute la dégradation du réseau routier interne rendant complexe la possibilité d'échanges commerciaux entre territoires et entre la Province et le reste du pays. Pour une Province essentiellement rurale à vocation agricole, cette situation constitue une sorte d'asphyxie et l'enclavement sur le plan des affaires et du commerce, amenuise considérablement le niveau de vie des populations.

Qui plus est, les quelques routes qui subsistent depuis l'époque coloniale, non asphaltées, se trouvent régulièrement menacées non seulement par les eaux de pluie mais aussi par la libre extension de la forêt et de la savane au point d'en faire de purs tronçons. Dans ce contexte, et devant la rareté des entreprises génératrices d'emplois, la population est encline à penser au petit commerce. Là encore, faute de voies de communication, on est réduit à se contenter des boutiques et des étalages hors-normes. Ces activités elles-mêmes étant rendues précaires à cause des difficultés d'approvisionnement.

Avec principalement deux aérodromes (Lodja et Tshumbe) et la voie fluviale débouchant sur le port de Bena-Dibele et celui de Djondo, même si l'on ajoutait la route qui donne sur Kindu, la Province reste l'une des plus enclavées de la RDCongo. Ce qui compromet substantiellement le destin de tous les apprentis commerçants sankurois condamnés à des économies de la rente et donc de la sauvette. Si aujourd'hui avec les baleinières, la nouvelle génération tente de donner un nouveau souffle aux activités commerciales (savons, sels, matériaux de construction…), on doit reconnaître d'énormes difficultés à faire parvenir les marchandises dans les grands centres urbains, faute de voies de communication. Cette situation génère un état de pauvreté presqu'endémique au Sankuru où des pans entiers de la population croupissent dans la misère et la précarité. Aucun secteur n'est véritablement à l'abri de cette forme de violence.

En effet, en dépit des efforts louables et encourageants des Églises Catholiques, Protestantes, celles de réveil et des particuliers, les secteurs de l'éducation HYPERLINK \l "sdfootnote195sym" [195] et de la santé sont encore aux prises avec le phénomène de la précarité qui consacre essentiellement leur fragilité : la vétusté des infrastructures ou leur absence, la désacralisation de la fonction enseignante[196]. Dès lors, la voie de la compétitivité pour nos élèves devient une exception que seuls les petits séminaires et quelques institutions privées confirment. Si l'enseignement fondamental est passé sous le régime de la gratuité à travers tout le pays[197], il faudra encore des années pour parvenir à désintéresser les enseignants des pratiques de la motivation et de ce qui est devenu un sport national où tous les mauvais athlètes sont déclassés : la corruption multiforme.

Il y a plus. Le Sankuru, comme tant d'autres Provinces de la RDCongo, a initié la création des universités ou implanté des succursales. Ces choix me semblent encourageants et nous devrions tous apporter notre pierre au développement et à l'aboutissement heureux de ces initiatives d'importance, pour l'avenir de notre Province et de la RDCongo. Seulement voilà. Plutôt que de multiplier ces initiatives, une vision plus globale aurait permis la création de deux ou trois grandes universités sankuroises, quitte à essaimer progressivement des facultés en fonction des nécessités et des opportunités qu'offrent les territoires, les communes ou la région à travers la Province. Car dans le foisonnement actuel, en dehors de deux ou trois d'entre elles, beaucoup de ces structures n'ont de l'université que le nom. Certes, on n'évitera jamais, totalement, les erreurs de jeunesse à nos institutions universitaires, mais il y a lieu de faire mieux pour aller plus loin et efficacement.

Par ailleurs, le secteur de la santé qui a bénéficié d'un certain nombre de partenariats grâce aux actions des Églises (particulièrement catholique avec le BDOM) et à l'État, échappe difficilement à la même peste au Sankuru: manque d'infrastructures appropriées, carence de compétences avérées et d'équipements modernes pour les soins de santé des fils et filles du Sankuru. En attendant la réalisation ou la concrétisation du méga-projet de 145 territoires et l'extension de la mesure relative à la gratuité de la maternité, le Sankuru est appelé ou invité à plus d'efforts encore.

1.4. Insécurité et risque d'une culture thanatocratique

Si, comme le dit Hérodote, « nul homme n'est assez dénué de raison pour préférer la guerre, la violence à la paix », au Sankuru, la logique de la survie commande et conditionne parfois les attitudes et les comportements. En effet, Raymond Aron était si attaché à cette phrase d'Hérodote, très présente dans son monumental traité *Paix et guerre entre nations*,[198] qu'il l'avait fait graver sur son épée d'académicien. Et pourtant, s'il la considère comme une affirmation de fait, il est difficile de trouver une déclaration plus erronée.

À moins d'être ironique, la phrase d'Hérodote ne peut être comprise que comme normative : la guerre ou la violence ne serait jamais porteuse de sa propre justification, elle serait toujours menée au nom d'une paix à atteindre ou à rétablir. Même si de fait, d'Héraclite à Foucault, les penseurs n'ont pas manqué pour affirmer le primat du conflit sur l'harmonie, du désordre sur l'ordre, de la force sur la forme.[199] De la dialectique hégélienne à la guerre des dieux wébérienne, en passant par la lutte pour la vie, la lutte des classes (K. Marx) et la volonté de puissance (F. Nietzsche), les formules ne manquent pas pour généraliser et fonder ontologiquement le primat de la guerre ou de la violence. Cependant non seulement nous résistons à cette conclusion mais aussi dénonçons cette position.

En effet, dans un contexte où la pauvreté est assez généralisée, la problématique de l'insécurité ou de la violence ne se réduit pas à un épiphénomène. Comme pour l'ensemble du pays, le Sankuru n'échappe pas à la règle et à l'ordre de la violence et de l'insécurité. Certaines opinions et orientations politiques, se servant ou exploitant cette pauvreté, poussent la logique jusqu'à susciter, à provoquer des clivages identitaires et des mouvements d'exclusion.[200]

Les idéologies politiques qui consacrent l'ordre de la division, de la haine de l'autre, du repli sur soi et se nourrissent d'affabulations, de mensonges et de la pauvreté des masses populaires, neutralisent gravement les efforts de paix et d'unité des Sankurois et favorisent l'insécurité.

Bien plus, à côté de la violence et de l'insécurité dues parfois aux difficiles conditions d'existence, celles-ci ont pris également une forme plus cyclique en fonction principalement de quatre cycles électoraux organisés à travers la RDCongo. Quoique d'intensité variable, au Sankuru, chaque cycle électoral s'accompagne de son taux de violence et d'insécurité, de son lot de morts et de ses macabres comptabilités des blessés et des vies réduites. Cette insécurité et cette violence ne sont nullement reliées de façon essentielle au phénomène électoral, mais il s'agit plutôt d'un mécanisme d'instrumentalisation de certains membres des partis politiques à la faveur des jeux électoraux. Instrumentalisés par quelques leaders, en déficit de liberté démocratique (jeu), certains membres des partis politiques sankurois se croient autorisés d'orchestrer des menées subversives et punitives à l'encontre des partis adverses. D'où souvent les tueries, les violences de toutes formes, les incendies de maisons voire de villages entiers, des règlements de compte, etc.[201]

Ces violences orientées et déployées comme moyens pour intimider les adversaires politiques et conquérir (confisquer ?) le pouvoir font le lit de ce qui est en passe de devenir une sorte de «culture thanatocratique», une culture de la mort, au Sankuru. Il nous semble qu'il s'agit ici des conséquences d'un aveuglement politique, de l'échec de la mission essentielle du politique au Sankuru.

Devant ce spectacle, de plus en plus nombreux sont ces sankurois qui répugnent tout en goûtant ses péripéties et se détournent de ce qui pourrait en générer le sens. Ceux-là, comme les auteurs intellectuels des crimes au Sankuru oublient que de toutes les activités humaines, c'est la politique qui a les effets les plus déterminants sur le sort des personnes. De notre point de vue, si les comédiens sont des acteurs, en politique, ce n'est pas seulement par synonymie. Les politiciens, en jouant des rôles, fabriquent le destin des peuples.

N'eût été sa capacité à produire du terrible, la politique serait proche parente du théâtre. Chez le politicien congolais et sankurois en particulier cependant, la passion du rang surplombe l'humilité du serviteur des grands textes. La vanité sociale et le penchant pour les privilèges déprécient ce que comportent de noblesse les paroles et pratiques vouées à l'intérêt public. Chateaubriand disait de Bonaparte qu'il aimait la gloire et se laissait prendre à ce qui en avait l'air. Chacun peut être victime d'une griserie de notoriété. Certains élus sankurois croient voir en leur propre personne l'incarnation de la volonté populaire. Erreur !

Sous ce prisme, notre classe politique se trouve interpellée et se doit d'assumer son rôle, sa mission essentielle devant l'histoire : mener de bonnes campagnes, de lobbying[202] en faveur de grands projets de développement du Sankuru ; s'inscrire du bon côté de l'histoire sankuroise et congolaise à travers un rapport cohérent avec les exigences d'un engagement politique authentique.

Heureusement, la pauvreté multiforme dont nous déplorons les conséquences ne s'inscrit nullement dans l'ordre de la mentalité mais plutôt dans celui de la matérialité. Et, ce diagnostic, au lieu de nous installer dans la frustration et la récrimination, doit nous motiver, nous inciter à plus d'efforts de conversion au bien, de vigilance citoyenne et d'unité provinciale. Le peuple sankurois doit se réveiller, se lever et entrer en guerre contre la division, la haine de l'autre, la jalousie, les incitations à la pratique de la violence, le rejet du frère ; lutter contre la pauvreté à travers des nouvelles initiatives, le mépris du bien commun, l'égoïsme, la manipulation et l'instrumentalisation, ces vices et fléaux qui rendent chétives nos ambitions de grandeur et d'authentique citoyenneté. D'où le besoin d'impulser une dynamique sociale nouvelle fondée sur la conscience politique provinciale et nationale.

II. Impératifs d'une conscience politique provinciale et nationale

2.1. Ce que la politique veut réellement dire

Le but prioritaire de la communauté est de préserver la liberté de la cité en assurant sa défense et ses ressources alimentaires. La réalisation de ce but autorise ensuite la poursuite d'objectifs secondaires : la participation politique et l'amélioration des conditions d'existence de chacun. C'est dans ce cadre collectif que l'individu acquiert une identité. Qui ne connaît cette formule consacrée d'Aristote, selon laquelle l'homme est un *Zoon Politikon*, un «être destiné à vivre en société» ?[203] Et, dans le monde grec, «politique» (*ta politika*) désignera l'ensemble des affaires de la cité. L'homme d'Aristote est, selon cette formule canonique du livre I de la *Politique*, un animal politique doué de *logos* : de discours et de la raison. Seul entre les vivants, il est apte à discerner les valeurs, à percevoir l'utile et le nuisible, le juste et l'injuste, le bien et le mal. Il ne désire pas seulement «vivre» mais «bien vivre». Or rien n'est plus fragile que la visée du «bien vivre», que cette aspiration qui s'attache en propre à la «vie bonne».

En fait, « passant de l'état de nature à l'état de culture, donc à la société, l'homme a été confronté à la nécessité de l'organiser au mieux des intérêts de la communauté constitutive. De cette exigence est née l'action politique, qui a su très tôt revêtir différentes modalités. La société se présente comme un espace politique qui peut être ouvert ou fermé, selon les cas. Le politique serait en quelque sorte la topographie de la société »[204]. En ce sens, il n'y a de politique que là où se manifeste une différence, un lieu ouvert où les hommes se reconnaissent les uns les autres comme citoyens, se situent ensemble dans l'horizon d'un monde commun. La vie sociale exige en effet un rapport défini entre les hommes, régi par l'exigence de répondre à des questions qui mettent en jeu le sort partagé des sankurois, des congolais. Ils font l'épreuve de leur dépendance réciproque, avec la division du travail et la nécessité de la satisfaction à leurs besoins. Par là même, le concept de politique est déjà dans la politique à l'état naissant.

Sous ce prisme, le politique est le lieu de manifestation de la différence, dans ce qu'elle a de plus irréductible. Penser le politique, c'est se livrer à un exercice dialectique qui a pour vocation d'exprimer cette différence. La fonction première du politique est donc de reconnaître et d'institutionnaliser la différence afin de la rendre légitime. Elle ne se théorise pas, elle se vit et il faut apprendre à vivre avec elle. L'inter-subjectivité des consciences, pensant la différence, finit par donner à cette dernière une réalité physique incontournable. Ce n'est pas la conscience des hommes qui détermine leur existence politique, mais leur existence sociale qui détermine cette conscience. En clair, si l'existence sociale baigne dans la différence, la conscience politique sera bien l'expression de cette différence.

Toutefois, le politique n'a pas qu'une dimension normative et s'il a pour vocation de penser, de légitimer la différence, il n'y parvient pas toujours. Il lui est même arrivé plus souvent de faillir à son tour à sa mission ou vocation, de se représenter en lieu d'inaltérité au Sankuru, refusant de reconnaître l'autre, de l'accepter dans sa différence. La résurgence des violences et des exclusions avec leur relent de haine tribale sont des faits qui doivent ramener au sens des réalités. À l'image du politique, la différence est quelque chose de fragile, sans cesse remis en question. Parce que sa constitution est délicate, il appartient à tous ceux qu'unit un esprit de citoyenneté de ne point la mettre en péril par les mots, leurs attitudes. La démocratie que nous appelons de tous nos vœux ne reste-t-elle pas, quelque part, une culture de la différence ?

La preuve a contrario, c'est que le rejet des différences par souci d'homogénéité mène à ce que le philosophe Herbert Marcuse appelait «l'homme unidimensionnel» et, en définitive, à l'eugénisme social, dans la logique intrinsèque du totalitarisme.[205] Bloquer le rouleau compresseur de l'homogénéité, c'est différer, reconstruire le pluralisme et donc donner un supplément d'âme à la démocratie.[206] La revendication de la différence est une vieille aspiration sociale des hommes ; elle n'a pas tardé à se manifester sur le terrain politique. L'ordre de l'indifférence se terre face aux slogans révolutionnaires : «politique d'abord ! Lutter pour différer, et donc pour exister à sa manière, ou mourir; telle est l'alternative de l'authentique révolution démocratique ».[207]

2.2. La tolérance comme impératif politique

La démocratie et l'État de droit qu'elle promeut doivent garantir les conditions de possibilité du vivre ensemble harmonieux. Ce dernier ne se traduit en réalité que dans un contexte où les hommes sont à même d'assumer la vertu de la tolérance. En effet, si la démocratie a pour finalité l'inclusion politique de tous les citoyens en rendant effectif leur droit de cité, elle a pour ressort la tolérance de la diversité de leurs opinions, de leurs conceptions de la vie bonne et de leurs modes de vie.

Au Sankuru et, en général, au sein de notre république, la promotion abstraite et théorique de la tolérance est quasi unanime ; la tolérance apparaît comme une valeur consensuelle qui recueille le suffrage de tous. Cependant, de l'affirmation commune de la valeur de tolérance ne suivent pas nécessairement des pratiques tolérantes ; le consensus sur la valeur de la tolérance nous semble simplement apparent et masque, pourrait-on dire, un profond désaccord philosophique et politique sur le sens, les implications, la portée, et donc les limites de la tolérance. Une des raisons de ce désaccord est qu'en dépit de son évidence normative, la tolérance est une idée, contre-intuitive, et parfois paradoxale dans ses effets.[208]

À l'analyse, la tolérance est un idéal politique d'un monde commun qui rend possible le développement des accords moraux[209] et de la conflictualité politique sans la guerre. Promouvoir la tolérance, c'est d'emblée rejeter les visions du politique comme antagonisme opposant des groupes bien définis et irréconciliables, les amis et les ennemis[210] ; la conflictualité, même si elle est destinée à demeurer dans une société pluraliste, ne peut se solder par la victoire des uns sur les autres, et personne ne peut dire : *vae victis*. Notre hypothèse est simple : entendue abstraitement, la tolérance démocratique exprime l'idéal d'inclusion de la diversité des citoyens idéologiquement et culturellement divisés au sein d'une même société politique.

L'idéal d'inclusion est devenu en théorie politique un lieu commun, mais c'est qu'il rend sans doute le mieux compte de ce que l'on entend par démocratie, même dans ses versions agonistiques : du C*ontrat social* (Rousseau)[211] à *La société des égaux* (Rosanvallon),[212] de la reconnaissance du Tiers-État (Sieyès)[213] au refus des sans-part (Rancière)[214] du gouvernement représentatif (Mill)[215] au libéralisme politique (Rawls)[216], la démocratie se lit comme le programme d'une inclusion des individus marginalisés par les pratiques du pouvoir.

Dans le monde moralement fragmenté de la démocratie contemporaine, caractérisé par le conflit des valeurs et des croyances, la tolérance réalise l'idéal d'un monde politique commun par delà la différence, ou plutôt dans la différence. Car ce monde est fait d'une même étoffe tissée de motifs humains variés. Comprise comme acceptation à contrecœur de la différence et comme reconnaissance du droit de participer à l'élaboration d'une culture politique commune, la tolérance accomplit l'œuvre d'inclusion qui définit la démocratie authentique.

Qui plus est, dans un régime à prétention démocratique, les individus ne sont pas seulement des sujets auxquels les lois s'appliquent, mais ils sont des citoyens habilités à participer au processus d'élaboration des lois (pris au sens très général), et sont dépositaires ultimes de la force publique de coercition. Mais parce que les individus sont divisés idéologiquement, il est indispensable que les lois ne reflètent pas seulement des rapports de domination entre groupes soutenant des conceptions différentes. La différence idéologique ne peut pas servir de fondement à une domination politique et sociale qui restreindrait la liberté de conscience des uns et protégerait celle des autres. La reconnaissance du «fait du pluralisme», pour reprendre l'expression classique de John Rawls[217], a un sens normatif et pas seulement descriptif : il n'est pas légitime d'utiliser la force publique pour réduire la pluralité des opinions, des croyances, des pratiques et des modes de vie. Et, il me semble requis d'accorder une place importante à la discussion rationnelle et à la confrontation critique des opinions, ce qui du reste consolide la démocratie et fait progresser la société.

Ainsi compris, la tolérance, dans le contexte démocratique, apparaît alors doublement comme un idéal d'inclusion: tout d'abord, les individus ne doivent pas être exclus des bénéfices de la vie sociale au motif qu'ils soutiennent des conceptions déplaisantes pour la majorité ; ensuite, en tant que citoyens, ils doivent tous jouir des mêmes droits de participation politique, même si les conceptions qu'ils soutiennent déplaisent à la majorité. Le problème de la tolérance est alors étroitement lié à celui de la légitimité. Afin de protéger les droits de la conscience tout en maintenant l'obligation politique et juridique de respecter les lois civiles, il convient de mettre en œuvre un test de justification[218] : une loi n'est légitime que si elle est justifiée de telle sorte que ceux auxquels elle s'applique ne peuvent raisonnablement la rejeter. Cette idée est au cœur de l'œuvre de John Rawls, et nous inscrivons, pour ainsi dire, notre réflexion dans le cadre conceptuel de la théorie de la justice comme équité qu'il a développée.[219]

À tout prendre, la tolérance est la vertu qui consiste à supposer ce qui nous répugne moralement. Et le Sankurois, de quelque bord ou chapelle politique qu'il soit, doit se convaincre de la nécessité de cette vertu individuelle difficile à mettre en œuvre. Les institutions démocratiques se doivent de la soutenir par la défense stricte de la liberté de conscience et d'expression. Par contre, lorsque le discours public encourage les citoyens à développer une aversion pour l'émergence d'autres leaders politiques, quand la loi se fait l'incarnation institutionnelle de l'intolérance, il ne faut pas espérer que les individus se montrent plus vertueux. Faire le pari de la tolérance est toujours un risque, mais prendre ce risque est un impératif politique pour nous tous, si nous voulons vivre en démocratie. Et même lorsqu'on endosse encore l'idéal de tolérance, on se doit de pousser sa logique apparente jusqu'à la contradiction : car la tolérance consiste à ne pas tolérer l'intolérant, l'intolérance, l'intolérable. Cette rhétorique est une menace intérieure pour le bien commun ; elle encourage la censure, l'interdiction de manifester sa différence et finalement renforce la marginalisation des individus et des groupes qui devient de la norme morale sociale ou politique.

2.3. Le politique comme chantier en perpétuel devenir

En démocratie, le pouvoir ne se laisse pas réduire à une technique quelconque, et c'est une des raisons pour laquelle la question « Que faire pour l'avenir ? » risque de rester sans réponse directe. Même présenté sous une forme apparemment inédite, le pouvoir demeure lié au passé, car il lui emprunte trop de traits qu'une révolution ne saurait définitivement effacer. « Au travers des tribulations, voire des turpitudes du pouvoir, éternel objet de convoitise, le politique pose sans détour la question de la place des valeurs dans un monde de faits. Les valeurs proclamées ne cessent de se heurter aux faits, si exaspérants ».[220]

À l'évidence, le politique s'évertue à défendre et à imposer les valeurs, le droit des valeurs à prendre corps dans la réalité. Il s'agit là d'un combat de chaque instant, et dont chaque Sankurois devrait se convaincre, car l'impérialisme des faits menace inlassablement les faibles acquis du moment. Telle est la vocation du politique *in statu nascendi.*

Dès lors, pour mener à bien cette tâche qui n'a rien d'exaltant et s'affirme comme assez prosaïque, le politique n'a pas besoin de grands démiurges mais de besogneux. Il est vrai que l'humilité du quotidien protège des humiliations. Il serait alors tentant de substituer à la question « Que faire pour l'avenir ?» un « Pourquoi faire ?», lourd de sous-entendus. Si le politique requiert autant d'efforts pour si peu de réconfort, il faudrait peut-être baisser les bras devant autant d'ingratitude. Or, il se trouve que le propos ne résiste pas à l'analyse, fût-elle sommaire : que l'individu se désintéresse totalement du politique, et il ne tardera pas à déchoir davantage. Il ne lui servirait à rien de faire l'impasse de son «être au monde» qui le lie, pour le meilleur et pour le pire, à ce chantier en perpétuel devenir qu'est la politique.

Que faire pour l'avenir ? De la réponse apportée à cette interrogation peut dépendre le tour que prendra le politique, dans les prochaines décennies au Sankuru. Nécessairement, il nous faudra explorer plusieurs directions et nous prescrire à chaque fois un haut niveau d'exigence. Il conviendrait qu'ensemble l'on s'efforce d'assumer nos responsabilités politiques tel un service au peuple. Pour nous référer à Max Weber, soulignons qu'il a le mérite d'être le premier à déceler les signes avant-coureurs d'un déficit du politique en insistant sur le désintérêt grandissant des citoyens ordinaires.

Quant à la notion qu'il dégagea de «politiciens professionnels sans vocation», force est de constater qu'elle s'applique aisément à nombre d'hommes politiques[221] sankurois en particulier et congolais en général! La poursuite du pouvoir pour le pouvoir et ses prébendes paraît bien souvent la motivation essentielle de la classe politique, au point de rendre problématique l'idée de représentation dont dépend la participation des citoyens aux rites de légitimation du pouvoir. C'est d'actualité quotidienne, la multiplication des affaires de toute nature et des inculpations corrélatives de personnalités politiques devrait suffire à nous en convaincre.

2.4. Renouer avec la vocation du politique

Dans le contexte actuel de l'évolution politique du Sankuru et de l'ensemble de la RDCongo, il est plus qu'urgent de renouer, de restaurer le métier et la vocation d'homme politique. Or, restaurer le métier et la vocation d'homme politique postule un changement radical de perspectives, de mentalités et d'état d'esprit. Puisque ce métier doit obéir à une authentique vocation, il faut le concevoir avec toute la rigueur d'un sacerdoce. Plus question de se lancer en politique par pur carriérisme, pour rechercher les signes extérieurs de réussite sociale ou de richesse égoïste et surtout sans compétences requises pour ce genre de vocation. Alphonse de Chateaubriand écrivait avec justesse que «l'ambition dont on n'a pas le talent est un crime».[222]

Que chacun s'en souvienne à l'heure des grands choix. Une vocation sacerdotale authentique suppose par ailleurs le détachement, le désintéressement le plus complet et un regard surnaturel sur les biens matériels attachés à la figure de ce monde et particulièrement de l'argent. La seule considération du bien public dicte la conduite d'un tel homme.

En effet, au sein des appareils politiques, il est promu et proposé au choix des électeurs non pas sur son aptitude à se montrer retors, à intriguer en coulisse, à manœuvrer pour parvenir à évincer meilleur que lui, mais sur sa capacité à gérer, à répondre sans démagogie aux attentes longtemps déchantées de ceux qui lui ont fait confiance. Il serait grand temps que la classe politique sankuroise fasse à son tour sa révolution copernicienne, révolution au sens où l'entendait le philosophe Alain Deneault.[223] Aussi, est-ce placer la barre trop haut que d'écrire et de suggérer cela ? Serait-ce là une simple vue d'esprit ? Pas sûr, car les Sankurois et les Congolais en général ont déjà montré, en de multiples circonstances, une étonnante capacité à susciter de profonds changements et à s'y adapter en un temps record... pour autant qu'ils en aient la volonté.

Là, me semble-t-il, se situe le problème crucial : la nature humaine est ainsi faite qu'elle recherche des incitations, des «stimuli» à toute forme d'action. Bref, elle est intéressée et se préoccupe au plus haut point de la défense de ses intérêts. Dès lors, le défi qu'aura à relever l'action politique, dans les prochaines années, se présentera-t-il sous cette forme : comment susciter, pour le politique, un intérêt qui soit immédiat mais non moins stimulant ? Seule une culture civique intensément partagée par le plus grand nombre et insufflant à la notion de citoyenneté un élan nouveau la rapprochant des cimes, sera en mesure de susciter puis d'entretenir cet intérêt effectif, voire éthique pour la politique. A quand le retour de l'éthique ? Il n'est pas exclu que ce retour se réalise plus rapidement que prévu ; imperceptiblement, les choses commencent à bouger sur ce terrain. Mais, qui vivra verra.

2. 5. Penser le contrat synallagmatique entre le peuple et l'État

Pratiquer la démocratie au quotidien, c'est en quelque sorte sonder le possible avec obstination pour faire en sorte que demain soit un peu meilleur qu'aujourd'hui. Bien entendu, cela suppose qu'en tant que citoyens nous apprenions une bonne fois pour toutes à résister victorieusement à cette « force du vertige » que dénonçait André Glucksmann il y a quelques décennies.[224] Rallier cette idéologie, se laisser piéger par l'engrenage infernal du tribalisme ou de la dictature des identités familiales, clanique ou ethnique[225], ce serait succomber à des formes de vertige dont la démocratie et l'homme lui-même ont invariablement fait les frais. Vivement, que cette leçon d'un passé récent éclaire la route de l'avenir du Sankuru.

En fait, ce que nous pourrions envisager d'entreprendre tous ensemble, c'est de revoir la relation de la société à l'État sur des bases plus saines, de telle sorte qu'elle tienne du contrat synallagmatique et non plus d'un concubinage forcé.[226] Car, ainsi que l'indique Marc Ullmann, l'État doit protéger les citoyens contre la violence qui transforme la société en jungle et contre la misère qui dégrade et avilit. Il doit aussi agir pour assurer aux citoyens l'égalité des chances. Or, note-t-il, en pratique, son interventionnisme va bien au-delà de ces nécessités.[227]

Gouverner c'est choisir. Il importe d'ajouter que gouverner c'est aussi déplaire. En effet, aucun choix n'est suffisamment consensuel pour parvenir à satisfaire tout le monde. Il fera donc forcément des mécontents. Le phénomène du clientélisme est tel et les intérêts de groupes à ce point enchevêtrés, qu'il est pratiquement impossible aujourd'hui de faire un choix conforme aux intérêts des uns sans porter directement préjudice aux intérêts des autres. C'est à un État redéfini selon le principe de subsidiarité, qu'il incomberait de garantir en toutes circonstances cette cohésion sociale entre groupes par une pédagogie de l'écoute et de l'agir en équité. L'État ne restaurera crédibilité et confiance au Sankuru et à travers la RD Congo que par la capacité dont il fera preuve à exister effectivement, à se faire accepter comme décideur ordinaire et en usant pour cela de sa seule autorité… ce qui suppose que ses décisions soient a priori reconnues légitimes par la collectivité que nous formons.

Conclusion

Ordre et désordre au Sankuru, tel est le titre d'une réflexion qui se donne à lire comme une contribution à double voix. Celle qui essaie d'établir un état des lieux de la province du Sankuru. Si le tableau qui en est dépeint est largement sombre, on devait se garder de conclure à une certaine fatalité (fatum), à un destin, un malheur ou une malédiction qui pèserait sur la Province. C'est plutôt une question essentiellement historique, structurelle, conjoncturelle et politique. C'est cette conscience qui ouvre la voie à la deuxième voix. Celle-ci, nourrissant l'ambition de montrer les voies de sortie de cette crise, propose un certain nombre de chantiers articulés en six points que voici :

A. Décrypter le vrai sens de ce qu'est la politique de manière à en faire émerger sa portée essentielle au bénéfice du peuple sankurois uni;

B. Promouvoir la vertu de la tolérance entendue comme droit de participer à l'élaboration d'une culture politique commune excluant toute violence, division, haine et rejet de l'autre ;

C. Comme chantier, la politique doit être le lieu de dialogue entre acteurs politiques, lieu où les valeurs civiques prennent corps et deviennent réalités intégrant la compréhension mutuelle, la discussion rationnelle, et les confrontations critiques ;

D. Renouer avec le métier et la vocation d'homme politique, ce qui postule un changement radical de mentalités susceptible de conduire à une révolution ;

E. Repenser avec rigueur et vigilance citoyenne le rapport entre le peuple et l'État de manière à conjurer le piège infernal du tribalisme ou de la dictature des identités familiales claniques et ethniques ;

F. Concevoir et initier des projets de développement de grande envergure soutenus par de bonnes techniques de lobbying (bonne plaidoirie) dans les domaines de l'agriculture, de routes (désenclavement), de la santé, de l'éducation, de l'assainissement de nos villes et centres ruraux, de la couverture et desserte en électricité et en eau potable, auprès des organismes nationaux et internationaux.

Aussi, pour tenter de mener à bien ces chantiers, qui exigeront du temps, n'en doutons pas, il importe de poser une dernière question interpellant, cette fois, non plus le collectif tout simplement, mais aussi la conscience de chacun. Que faire au préalable ? Penser en hommes d'action, agir en hommes d'idées, reste un impératif plus que jamais d'actualité.

Certes, l'unité de tous est un impératif catégorique, mais avant de s'unir, et pour que cette union soit profitable, il est indispensable que chaque citoyen intériorise une telle exigence et s'empêche d'être traître à la cause de la province du Sankuru. Faute de quoi, il pourrait être à redouter que, dans un avenir indéterminé, chacun d'entre nous ait à partager les affres d'un Guillaume II qui, à la fin de la pièce de Karl Kraus[228], s'écrie au moment où le rideau tombe : "Je n'ai jamais voulu cela !"

Bibliographie indicative

Ouvrages

- DILHAC, M-A., *La tolérance, un risque pour la démocratie. Théorie d'un impératif politique*, Paris, Vrin, 2014.
- *Constitution de la République Démocratique du Congo*, Kinshasa, 18 février 2006.
- DENEAULT, A., *La Médiocratie*, Québec, Lux Éditeur, 2015.
- DUBREUIL, L., *La dictature des identités*, Paris, Gallimard, 2019.
- MANYA K'Omalowete, *Évolution du pouvoir local au Sankuru*, Berne, Peter Lang, 1996.
- NGUWU Ndjovu, A., *Le Sankuru. Fondements d'une Province. De l'émergence politico-administrative à la chimère du conflit Ekonda-Eswe*, Kinshasa, Cards/ Lakaso, 2023.
- ONOKOKO Okitongombe, F., *L'éducation des enfants et des jeunes du Sankuru à l'épreuve des inégalités de la République Démocratique Congo*, (Thèse de doctorat), Université de Nice, 2022.
- RANCIERE, J., *La mésentente. Politique et philosophie*, Paris, Galilée, 1995.
- SAVES, C., *Tristes topiques du politique*, Paris, Ellipses, 1997.
- TURNER, T., *L'ethnie tetela et le MNC/ LUMUMBA*, Études congolaises, 1960.

Articles

- HUNYADI, M., «A l'aube du monde commun: la tolérance mise en latence de conflits continués», dans *Revue de métaphysique et de morale* 58 (2), 2008, p. 191-205.
- MACEDO, S., «The politics of Justification», dans *Political theory* 18(2), 1990, pp. 280-304.
- ONGENDANGENDA Muya, R., «Conscience politique d'appartenance nationale et exigence de la pluralité des hommes», dans *Cahiers des Religions Africaines* (Conscience nationale, identités et appartenances dans l'Afrique postcoloniale), Nouvelle série, vol. 4, n°7-8 (avril-décembre 2023), pp. 191-213.

- ONGENDANGENDA Muya, R., «Droits de l'homme et limite du pouvoir politique. Comprendre l'État de droit», dans *Congo-Afrique*, n°568, (octobre 2022), pp. 981-995.

Chapitre XI

L'écriture scientifique de la langue ɔtɛtɛla comme un puissant marqueur de l'évolution culturelle et sociale pour le développement au Sankuru

Michel WETSHEMONGO KAMOMBA
Dr en en Linguistique Générale et Appliquée
Professeur Associé à l'ISP/Lubefu

Résumé : *L'Ɔtɛtɛla est une langue écrite et parlée. Les pistes de cette langue donnent toutes les possibilités de son écriture, du fait de la transparence qui accuse un degré élevé de correspondance entre la façon dont on prononce et celle dont on doit transcrire les mots. Il suffit donc de suivre ces pistes pour écrire correctement l'Ɔtɛtɛla et permettre à cette langue d'occuper sa juste place au sein des langues négro-africaines.*

Mots clés : Écriture standardisée, espace plurilingue, néologisme, politique linguistique.

Introduction

Parmi les langues négro-africaines en général et celles de la RD Congo en particulier, l'Ɔtɛtɛla[229] émerge en vertu de sa transparence orthographique, qui désigne son degré de correspondance entre l'orthographe et la phonologie, autrement dit, entre sa graphie et son articulation, ou mieux encore, entre son écriture et sa prononciation.

Malgré des manipulations et des interventions étrangères autoritaires[230], qui s'évertuaient à assimiler le système linguistique négro-africain à leurs systèmes indo-européens importés, anéantissant par conséquent les cultures que véhiculent les langues négro-africaines, plusieurs de ces langues dont l'Ɔtɛtɛla ont quand même survécu à cette invasion, en s'affirmant comme « des ensembles autonomes qui contiennent de façon intrinsèque leurs règles de fonctionnement ...»[231].

Etant doté d'une capacité particulière d'appropriation de la nouveauté, l'Ɔtɛtɛla continue à augmenter sa fluidité à produire des termes et à interagir avec d'autres parlers tant nationaux qu'étrangers. Parallèlement à l'évolution technologique moderne, l'Ɔtɛtɛla continue à s'acquérir des mots scientifiques nouveaux, par une stratégie néologique qui consiste à intégrer des termes véhiculés par des langues étrangères en les marquant de ses propres morphèmes majeurs (nominants). S'étant dotée des règles systématisées, radicalisées et rationalisées, l'orthographe de l'Ɔtɛtɛla se simplifie en écartant des encombrements dus à un conservatisme des systèmes linguistiques étrangers hérités de la colonisation et qui sont, de surcroît, déjà dépassés.

Cette orthographe demeure transparente, et se met résolument à la disposition de l'évolution sociale et culturelle du Sankuru, pour rendre explicites de nouvelles notions à traduire et à transcrire grâce aux applications des règles néologiques et énonciatives, afin d'adapter la transcription de nouveaux concepts à l'orthographe qui tient compte des pistes propres et exclusives de la langue Ɔtɛtɛla.

Au cours des colloques de linguistique africaine, le plus souvent, la question de la norme et celle de la faute sont les deux thèmes d'actualité fréquemment débattue. La norme est définie comme « l'ensemble des régularités observables d'une langue donnée et les diversifications comme les écarts aux régularités dans cette même langue ». Et la faute comme «tout ce qui est hors norme, ce qui n'est pas conventionné»[232]

Les langues africaines ne sont plus à qualifier uniquement comme celles à tradition orale car, la plupart d'entre elles ont déjà connu des travaux de description linguistique. Certaines ont même accédé au statut des langues nationales ou vernaculaires dans les pays où on les parle et où elles sont dotées d'une écriture standardisée, qui est le résultat d'un processus de choix d'une variété linguistique dans un espace plurilingue.

On peut se poser la question cependant de savoir si dans l'état actuel de la description des langues négro-africaines, et eu égard aux politiques linguistiques actuelles en Afrique, voire notamment aux espaces linguistiques qu'occupent certaines langues étrangères dites langues officielles, si on pouvait véritablement parler de la norme et de la faute en matière d'écriture (orthographe) des langues négro-africaines ? La réponse peut être positive pour ce qui concerne une langue comme l'Ɔtɛtɛla, du fait de son évolution phonologique et morphologique, et surtout de la transparence de son orthographe par rapport à plusieurs langues de son groupe dont toutes les quatre langues vernaculaires de la RD Congo.

Cet article s'inscrit dans le vaste domaine de la planification linguistique et ne constitue ici qu'une petite contribution aux débats en cours sur la normalisation des langues africaines. Il sera structuré en deux parties à savoir : - considérations générales, - orthographe de la langue Ɔtɛtɛla.

I. Considérations générales

L'orthographe est un mot (du XVIème siècle.) qui vient à la fois du latin «orthographia» et du grec «orthographia» de même sens, et qui est lui-même composé à partir de /orthos/ qui signifie « droit, juste, sensé », et /graphein/ qui signifie «écrire». Il s'agit donc simplement des règles à suivre pour écrire correctement les mots d'une langue.

Une orthographe est dite transparente lorsqu'il existe une correspondance entre la façon dont on écrit et celle dont on prononce les phonèmes de la langue dans laquelle cette écriture s'applique.

La maîtrise des règles d'orthographe est généralement considérée comme une marque d'intelligence, de logique et de discipline, voire même comme une aptitude à la fiabilité et au sérieux. L'écriture correcte est exigée partout, aussi bien en milieu scolaire qu'en zones d'activité professionnelle.

I.1. Impacts positifs de l'orthographe dans le domaine scolaire

Fortement impliquée dans la visualisation des phonèmes et dans la compréhension des mots, l'orthographe est une nécessité absolue pour les élèves, afin qu'ils deviennent autonomes en écriture, en lecture et en analyse des textes.

En apprenant à mieux se concentrer pour éviter des fautes d'orthographe, les élèves augmentent par là leur chance de réussir.

I.2. Impacts positifs de l'orthographe dans le domaine professionnel

La bonne orthographe pourrait faire améliorer la productivité d'une entreprise car, en rédigeant rapidement et correctement les documents, on évite des retards qui pourraient mécontenter des clients pour finir par risquer de les perdre.

En entreprise, l'orthographe est une compétence essentielle du fait qu'elle permet de transmettre des messages d'une manière claire, précise et responsable, pour renforcer la crédibilité et marquer le sérieux et le professionnalisme de l'auteur. Par des écrits en effet, on incarne la confiance et le respect du public vis-à-vis de l'entreprise pour laquelle on travaille.

Certains enquêteurs libres publient qu'en France, 75 % des clients pensent qu'une mauvaise orthographe sur des panneaux publicitaires est un signe de manque de professionnalisme, tandis que 88 % d'individus se disent choqués lorsqu'ils repèrent une faute d'orthographe sur le site d'une institution ou d'une entreprise.

Encore en France, ces mêmes enquêteurs publient que 92 % d'employeurs craignent qu'une mauvaise expression écrite de leurs salariés puisse avoir un impact négatif sur l'image de leur entreprise à l'extérieur, c'est pourquoi ils organisent souvent des périodes de formation en entreprise pour recycler des salariés faibles en écriture. C'est pourquoi également, par soucis de respect et de crédibilité auprès du public extérieur, ils utilisent souvent des signataires pour contrôler l'orthographe, la clarté et la concision des textes qui émanent de leurs entreprises.

Ces enquêteurs publient aussi que 15 % d'employeurs confient avoir freiné la promotion d'un salarié en raison d'un mauvais niveau en orthographe.

II. Orthographe de la langue Ɔtɛtɛla

II.1. Rappel historique

Les documents écrits sur la langue Ɔtɛtɛla sont récents, car ils ne datent que du XXème siècle. Les premiers transcripteurs de la langue furent des missionnaires protestants[233] et catholiques[234].

Leurs premiers écrits portèrent donc généralement sur des textes religieux, en adoptant la transcription de type indo-européen.

II.2. Quelques astuces sur l'orthographe de la langue Ɔtɛtɛla

L'Ɔtɛtɛla étant un parler d'une évolution rapide, en plus de la stratégie néologique qui augmente son vocabulaire, il use des phénomènes de modifications phonétiques, notamment ceux de palatalisation et de labialisation, ainsi que ceux de neutralisation et d'harmonisation vocaliques. Autant de phénomènes qui relèvent de l'expression du langage et qui permettent l'acquisition des concepts susceptibles de refléter la culture et de marquer des comportements adaptés aux nouvelles technologies et au développement.

Rappelons qu'en dépit des retards qu'accuse la politique linguistique en matière de la défense et de la promotion des langues négro-africaines, face aux espaces linguistiques encore occupés par des langues étrangères (officielles) héritées de la colonisation, le développement du Sankuru nécessite également l'application des langues autochtones qui privilégient le contexte et l'approche locale afin de satisfaire les besoins réels dans le sens d'un développement qualifié par Adair d'endogène[235] ; d'où l'urgence qui s'impose de systématiser l'orthographe qui est constituée d'un ensemble des règles encadrant les phénomènes livrés par les pistes propres de la langue en les transcrivant en signe d'écriture.

II.2.1. Les consonnes

Fidèle à sa tradition et à son histoire, l'Ɔtɛtɛla conserve d'ordinaire toutes ses syllabes, même celles que les usagers tentent de faire perdre en les sautant par un principe de moindre effort à cause d'une prononciation rapide. En effet, cette langue impose toujours un ton clairement audible à chaque endroit où disparaît un morphème.

Attention ! IL FAUT DONC ÉCRIRE CHAQUE TON IMPOSÉ PAR LA LANGUE ET UN TON QUI SOIT BIEN AUDIBLE !

II.2.1.1. Lorsque le morphème /-°bi- / disparait à l'intérieur d'un mot

Exemple : **oco / occo** (nuit/poids) et non (oco ≠ poids)
/ -c-/ et /-cc- /

Il y a eu ici la disparition du morphème /-°bi-/, à la place duquel apparaît le premier /-c-/ pour en supporter le ton et répondre présent en tant que syllabe. Il suffit de prononcer les deux mots lentement pour en maîtriser la différence.

Il en est de même pour les termes suivants :

- lomba / lommba (noix de palme / rosée ou sagesse)
/ -m- / et / -mm- /
- ata / atta (guerres / graisses)
/ -t- / et / -tt- /
- anya / annya (bras / traces des pieds)
/ -ny- / et / - nny- /

II.2.1.2. Lorsque le morphème /°di-/ disparait à l'initial d'un mot

Exemples :
- nnu «dent» et non ≠ / nu /
/°di-nu/
- sso «œil» et non ≠ / so /
/°di-so/
- mma «nourriture» et non ≠ / ma /
/°di-ma/
- ddɔ «rêve» et non ≠ / dɔ /
/°di-lɔ /
Il y a eu ici la disparition du morphème /°di-/, à l'initial des mots…

II.2.1.3. Lorsque le morphème /°yi-/ disparait à l'initial d'un mot

Exemples : **- jja** «feu» et non ≠ / ja /
/°yi-ja /
- ccɔ «poix» et non **≠ / cɔ /**
/°yi-cɔ /
- jjɔ «sommeil» et non ≠ / jɔ /
/°yi-jɔ /

II.2.2. Les voyelles

Les voyelles peuvent se combiner en séquence, suite à la disparition d'une consonne située en position intervocalique (en tenant toutefois compte des contextes pouvant aboutir à des phénomènes de palatalisation, de labialisation ; aussi d'assimilation et de neutralisation vocaliques) :

II.2.2.1. Séquence vocalique suite à un phénomène d'assimilation

Attention ! IL FAUT ALORS ÉCRIRE TOUTE LA SÉQUENCE
(de crainte de commettre une faute d'omission)

Exemple : - **lɛɛhɔ** «sel» ≠ et non (lɛhɔ)
/ lɔ(k)ɛhɔ/
Ici, suite à l'amuïssement de la consonne /-k-/, la voyelle / -**ɔ**- / s'assimile à la voyelle / -**ɛ**- /qui est située à l'initiale lexématique. De même :
- **laanga** «pintade» ≠ et non (langa)
/lo(k)anga/
- **lɛɛdi** «van» ≠ et non (lɛdi)
/lɔ(j)ɛdi
- **leembo** «chant» ≠ et non (lembo)
/lo(k)embo/

II.2.2.2. Séquence vocalique suite à un phénomène de palatalisation

Attention ! IL FAUT ALORS ECRIRE TOUTE LA SEQUENCE
(de crainte de commettre une faute d'omission)

Exemple : **dyoola** «croissance» ≠ et non (diola)
/ di(b)ola /

Ici, la voyelle antérieure /-i-/, suivie de la voyelle postérieure /-o/, se palatalise et passe en yot /-y- /, et suivie d'une séquence bi-vocalique.

De même :
- **dyɛɛsɛ** «chance» ≠ et non (diɛsɛ) /di(h)ɛsɛ /
- **dyaasa** «jumeaux» ≠ et non (diasa)
/di(h)asa /

II.2.2.3. Séquence vocalique suite au phénomène de labialisation

Attention ! IL FAUT ALORS ÉCRIRE TOUTE LA SÉQUENCE (de crainte de commettre une faute d'omission).

Exemple: **ɔtwɛɛlɔ** «pilage» ≠ et non (**ɔtɔɛlɔ**)
/**ɔtɔ**(l)ɛlɔ/

Ici, la voyelle postérieure /-o- / ou /-ɔ- /, se labialise en / -w- / et est suivie d'une séquence bi-vocalique, lorsqu'elle rencontre une voyelle antérieure ou la voyelle centrale /-a- /.

De même : - **ovweelo** «mort» ≠ et non (ovuelo)
/ovu(l)elo/
- **ɔnwɛɛlɔ** «action de danser ou de boire» ≠ et non (ɔnɔɛlɔ)
/ɔnɔ(l)ɛlɔ /

II.2.2.4. Séquence vocalique suite à un phénomène de neutralisation

Attention ! IL FAUT ALORS ÉCRIRE TOUTE LA SÉQUENCE (de crainte de commettre une faute d'omission)
mbotɛɛ «emballer» ≠ et non (mbotɛ)
/mbote(l)a/

Ici, la voyelle antérieure /-e-/, lorsqu'elle rencontre la voyelle centrale /-a / en position finale, elle se neutralise en séquence bi-vocalique antérieure /-ɛɛ /.

De même :

- **nkambɛɛ** «travailler pour quelqu'un» ≠ et non (nkambɛ)
/nkambe(l)ela /
- **mbitɛɛ** «dire à quelqu'un» ≠ et non (mbitɛ)
/mbite(l)a /

Tableaux des phonèmes dans la langue ɔtɛtɛla

1. Les consonnes

Bilabiales labio-dentales pré-palatales sifflantes palatales postérieures : p f t s c k b v d j (g) mb mv nd nj ng m n ny ŋ w l sh y h

2. Les voyelles

i u e e ɛ ɔ a

Conclusion

Au terme de cet article sur l'orthographe de la langue Ɔtɛtɛla, il sied de rappeler que cette langue émerge au sein des langues négro-africaines en général et de celles de la RD Congo en particulier en vertu de la transparence de son orthographe.

L'orthographe étant un signe d'une bonne structuration de la pensée, elle montre que l'usager assimile bien la logique et les règles typologiques de sa langue ; elle est donc digne d'intelligence et son contraire qui est «commettre des fautes» ne l'est pas mais, pourrait l'être si on se concentre à éviter ces fautes afin de faciliter au moins la vie du lecteur par une lecture à la fois plus facile et plus agréable, tout en suscitant pour soi-même du respect et de l'estime de la part du lecteur.

L'orthographe est le « code graphique qui sert à retranscrire la langue » HYPERLINK \l "sdfootnote236sym" [236] . N'eût été l'hétérogénéité des écritures due à un conservatisme des règles orthographiques et grammaticales impropres héritées de la colonisation par certains usagers, et le non respect des règles d'orthographe typologique négro-africaine déjà disponible, l'Ɔtɛtɛla comblerait déjà valablement son déficit de manquer d'orthographe commune dotée des règles scientifiquement cohérentes et de ce fait, il occuperait déjà une place au sein des langues vernaculaires de la RD Congo.

Bibliographie

- ADAIR P., *Technologie appropriée et besoins essentiels. Tiers Monde, Time 25, n°100, Le développement en question,* 1984, pp. 779-786.

- AFELI K., *Le français et les langues endogènes en francophonie au Togo: le cas des langues d'éveil dans le jardin,* Open Editions Journals, Revues de l'ACAREF, 2001, p. 10.

- DUMON M., préface, *Rectifications de l'orthographe, Conseil supérieur de la langue française*, 1990.

- GAIGNARD A.M., *Rien n'est foutu – Les fautes d'orthographe n'est pas une fatalité,* Ed. Book, 13/09/2017.

- GUTHRIE M., *African Language Studies*, AbeBooks France, 1961.

- LEDEGEN G., *Le bon français – Les étudiants et la norme linguistique,* l'Harmattan, 2000, 223 p&ges.

- SAUSSURE F., *Cours de linguistique générale*, Payot Lausanne, 1916, 337 pages.

- REEVE T.E. In *Wembonyama's land*, San Fransisco, 1920.

- VAN DEN BON P., DECKERS J., HANDENKIJN H. (traduction des prières ciluba en Ɔtɛtɛla).

- WETSHEMONGO KAMOMBA M., *Phonologie de la langue Ɔtɛtɛla,* DEA de Linguistique générale appliquée, Université René Descartes – Paris-V-Sorbonne, 262 pages.

- Circulaire Kongo Overizee – *Essor du Congo*, Elisabethville, 22.04.1953.

Conclusion générale

Tout au long de cette étude, nous avons tenté de démontrer que l'homme est au cœur du développement durable de la province du Sankuru. Le cri d'alarme sur le constat de la dégradation du tissu social et écologique a permis de mobiliser un panel des Sankurois pour passer en revue les entraves endogènes et exogènes à l'émergence et au développement durable de la province du Sankuru.

La montée des démons de la division et des clivages sociaux, le manque de collaboration et de solidarité au sein de la classe politique du Sankuru, le déficit communicationnel, la lutte de positionnement et la prise en otage des communautés entières, la mauvaise gouvernance menacent également de naufrage toute initiative au développement et bloquent la province.

En effet, si la passion de domination de la politique locale, l'instauration des clivages communautaires, l'enclavement structurel et l'insécurité constituent les défis essentiels à relever, les Sankurois doivent s'unir pour décrier les attitudes des uns et des autres et les combattre.

D'autre part, dans un monde où les engagements personnels et communautaires sont si facilement violés, où les accords sont faussement interprétés pour donner la main libre aux visées des uns et des autres, où « les promesses des politiciens n'engagent que ceux qui y croient », où les déclarations faites la main sur le cœur cachent les doigts croisés derrière le dos, on peut se demander comment tout rapport social juste et équilibré est envisageable. Dans de telles conditions, il y a lieu de se demander comment un minimum d'ordre et d'harmonie entre les humains est encore possible.

Le fondement de la vie en commun, des échanges particuliers et collectifs ne repose-t-il pas en grande partie sur le respect de la parole donnée ? Ou bien ce respect n'est-il qu'une apparence nécessaire afin de gagner la confiance de ses interlocuteurs ou de ses partenaires puis de mieux les dévorer le moment venu ?

L'*Ɔtɛtɛla* est une langue écrite et parlée. Comme toute langue, elle a ses exigences grammaticales, orthographiques et phonétiques. Il suffit donc de suivre les pistes données dans cette étude pour écrire correctement l'Ɔtɛtɛla et permettre à cette langue d'occuper sa juste place au sein des langues négro-africaines. Elle ne mérite pas moins.

Annexes

ANNEXE I

CARTES GÉOGRAPHIQUES DE LA PROVINCE DU SANKURU

Figure I[237]

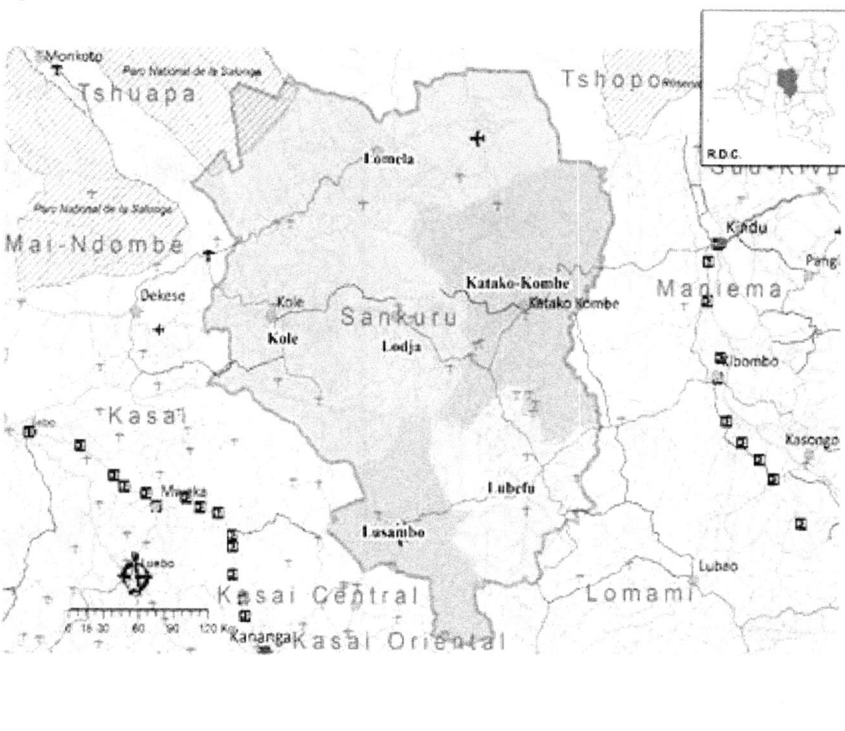

Figure II[238]

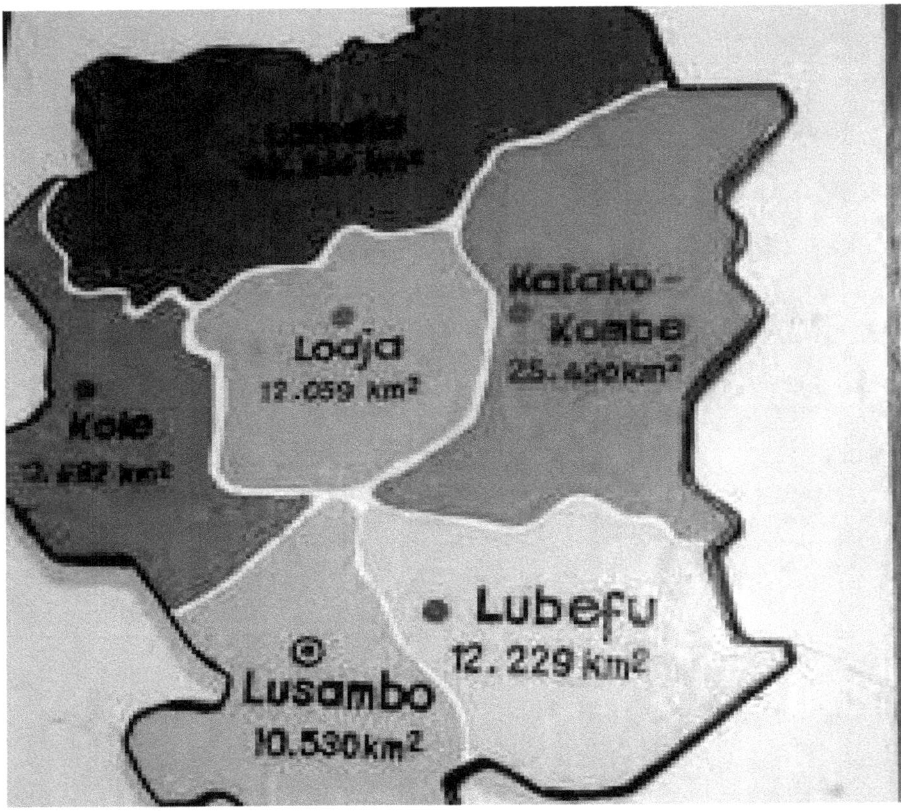

ANNEXE II

ENTRETIEN AVEC LE PROFESSEUR ABBÉ WEMALOWA TOKOPANGA SUR L'ÉMERGENCE ET LE DÉVELOPPEMENT DURABLE DE LA PROVINCE RURALE DU SANKURU

1).- Au Sankuru, « tout est à faire » au détriment de « tout est à refaire » !

Monsieur l'abbé Louis WEMALOWA, bonjour. Vous êtes philosophe, prêtre originaire du Sankuru et professeur d'université en République Démocratique du Congo. Après avoir pris connaissance du projet initié par un panel des Sankurois sur l'opportunité de mettre en œuvre certaines visions et stratégies susceptibles de faire accéder la province rurale du Sankuru à l'émergence et au développement durable, vous avez décidé d'y prendre part et nous vous en remercions. En Allemagne, lors de votre conférence sur le Sankuru, vous avez soutenu que dans cette province "tout est à faire". "Tout est à faire", estimez-vous, et non à refaire ! En peu de mots, voulez-vous préconiser une "tabula rasa" ? Sur base de quel diagnostic jugez-vous ainsi la situation de votre province ?

R/ Il y a plusieurs choses à clarifier dans votre interrogation. Je vais me limiter à donner mon intelligence sur l'expression *« tout est à faire »* au détriment de *« tout est à refaire »*.

En effet, « Tabula rasa » est une expression latine. Elle se traduit en français par « Table rase » et signifie le fait de reprendre à partir de rien, de tout réinventer, d'effacer le passé et de recommencer à zéro. Faire *« table rase »* fait donc référence au fait d'effacer le passé, tout ce qui s'est fait jusqu'alors pour repartir à zéro, sur de bonnes bases.

Dans le contexte de l'émergence ou du développement du Sankuru, à tout bien considérer, je n'entends nullement préconiser ou parler de "tabula rasa" puisque dans cette province rien ne s'est passé jusqualors, rien n'existe, rien n'a été réalisé, tout reste à faire. C'est pourquoi les Sankurois et les hommes de bonne volonté devront fournir davantage d'efforts pour changer la physionomie actuelle de la province rurale du Sankuru et lui trouver de la place dans la société moderne. Ces efforts devront viser à trouver un équilibre entre le progrès économique, la protection de l'environnement et le bien-être social.

Mutatis mutandis, la thèse ASHIDI contient en substance une réflexion susceptible de faire accéder la province du Sankuru au progrès et/ou à un changement de mentalité. Tous ceux qui arrivent dans notre pays disent que nous avons tout ; mais nous donnons l'impression de ne rien avoir. « Pourquoi cela ne marche pas chez nous ? » D'où vient cette cécité intellectuelle ? C'est en quelque sorte l'interrogation fondamentale de la Thèse ASHIDI. Un travail qui nous interpelle et nous incite aux diverses réflexions.

La conférence de l'Allemagne à laquelle vous faites allusion, n'avait pas pour but de présenter une Thèse scientifique, mais de montrer comment aider notre pays, le Congo-Kinshasa, tout en vivant à l'étranger.

Néanmoins, ma thèse scientifique nous a servi de coulisses puisque, avant d'aider le pays, il faut savoir localiser les causes de son dysfonctionnement.

Ainsi, après la défense de ma thèse de doctorat, l'objectif à atteindre était celui de faire connaître en détail le contenu de mon travail.

En effet, au Congo-Kinshasa nous avons tout. Le pays est potentiellement le plus riche du monde, un scandale géologique pour certains érudits comme le professeur Gomez paraphrasant un explorateur britannique du 18ième siècle : « L'Afrique serait le Paradis sur terre pour l'homme blanc s'il n'y avait pas de Nègres là-bas » (!).

Et si l'Afrique était le Paradis comme le prétendait ce Lord britannique au 18ème siècle, il ne faut pas oublier, ajoute Gomez, que « le jardin d'Eden, c'est le Congo-Kinshasa ».

L'Afrique noire ou l'Afrique subsaharienne était prospère. Elle est le berceau de l'humanité, le berceau de la civilisation, de l'architecture, de l'agriculture, de la technologie, de l'astronomie, de la géométrie, de la philosophie, etc. D'où vient alors tout d'un coup la

« syncope du discours de l'Afrique sur elle-même », comme aimait bien s'interroger Oscar Bimwenyi Kweshi ?

L'Afrique n'a pas toujours été ce qu'elle parait être aujourd'hui. Elle avait sa gloire. Elle est le berceau de l'humanité et de la civilisation. Ce continent avait non seulement produit l'Égypte pharaonique avec ses quatre mille ans de prospérité au Nord, « mais aussi des empires puissants au centre du continent, les Ouadaï et le Darfour aux confins du Sahara, les Kanem Bornou et le royaume Haoussas autour du Golfe de Guinée ; viendront dans la suite l'Empire du Ghana (IVe-XIIe siècles), l'Empire du Mali ou Mandingue (XIIe-XVe siècles), l'Empire Songhaï ayant eu Gao et Tombouctou comme grands centres culturels et universitaires.

Toute la zone de Guinée connut des civilisations originales et glorieuses, notamment chez les Ashanti, l'Abomey, les Yorouba, l'Ife, l'Oyo et le Bénin.

Au centre-sud du continent, on peut citer le Royaume Kongo (XIIIème siècle), le Royaume Kuba qui a survécu à la colonisation et aussi à la république, l'Empire Luba qui s'étendait de la Zambie jusqu'au Kwango en passant par le Kasaï avec une structure administrative remontant aux VIIème ou IXème siècles.

En Afrique méridionale, le Ndongo en Angola, le Monomotapa à la boucle du fleuve Zambèze dont les fouilles du Zimbabwe en font une palpable illustration. Et enfin dans le massif éthiopien, un royaume chrétien s'est maintenu malgré l'Islam et plus tard contre les agressions italiennes pour coloniser cette contrée.

Telle fut l'Afrique d'avant la traite des Noirs ; une Afrique vivante, dynamique, active, fière de son style, de ses héros et de ses dynasties chantées par ses poètes et griots.

Et les jeunes chercheurs de la diaspora africaine de la Guadeloupe et des Caraïbes, comme Kalala Omotoundé, ont raison de dire, nous rappelant Patrice LUMUMBA, que : *« l'histoire de l'Afrique doit être écrite à nouveau »*, ne fut-ce que sur le plan visuel.

Il s'est passé quelque chose dans cette Afrique millénaire, d'au moins 7.000 à 6.000 ans d'histoire, allant de l'Ancienne Égypte Pharaonique jusqu'à l'Afrique de l'après-deuxième-guerre-mondiale ; un cataclysme, une catastrophe naturelle peut-être, pouvant donner libre cours à ce changement de comportement chez les Négro-Africains, une catastrophe conduisant d'une Afrique souveraine et créatrice des valeurs civilisationnelles, d'un côté, vers une Afrique soumise, misérable et à la remorque d'autres valeurs civilisationnelles non assumées venant d'ailleurs, de l'autre côté.

Sans entrer dans les détails, nos recherches pour trouver réponse à la question fondamentale de départ de savoir pourquoi rien ne marche pas chez nous, nous ont conduits, disais-je, à trois causes de fond : la traite et la colonisation comme causes exogènes, et l'humanisme xénophile négro-africain.

Dans notre thèse scientifique, nous avons analysé l'état des lieux, en proposant même des pistes de solutions pour y remédier en qualifiant la crise négro-africaine d'une crise ontologique exigeant un changement de paradigme.

En second lieu, il s'agit de savoir pourquoi nous avons opté pour l'expression « tout est à faire » plutôt que pour l'autre. Notre jugement tire son origine sur l'histoire douloureuse de notre pays.

Si sur le plan théorique et intellectuel notre pays, grâce à ses enfants, a agencé des projets de société plus ou moins remarquables, il faut savoir que ces bonnes idées ont toujours manqué dans leur concrétisation. On peut citer le premier Premier Ministre Patrice LUMUMBA qui, en deux mois à peine de pouvoir et 21 jours, a pu créer trois institutions pour donner une identité à notre pays. À savoir: une Banque, une Armée et une Agence de presse, ou bien un Mabika Kalanda, avec *La remise en question, base de la décolonisation mentale.*

Dans notre pays, nous avons toujours eu des cerveaux pensants, mais presque pas des vulgarisateurs et des multiplicateurs, c'est-à-dire des pédagogues sociaux pouvant mettre en pratique les idées directrices conséquentes en tant que fonctionnaires pour le bien-être de chacun.

En Afrique, nous sommes le seul pays où le téléphone fixe n'a jamais fonctionné ; dans le grand Kasaï, nous sommes la seule province dans laquelle il n'y a jamais eu un millimètre de route goudronnée. Bref, il n'y a jamais eu dans le Sankuru un projet global de développement qui tienne compte des aspirations légitimes de nos peuples. Aucun moyen de transport organisé avec une couverture provinciale, etc.

Mon adhésion à ce panel des Sankurois est une occasion exceptionnelle, voire un allant de soi, puisqu'après avoir couché par écrit ce que j'ai trouvé, il s'agit d'ouvrir des fenêtres pour d'autres auditoires, et plus spécialement dans le Sankuru natal, en vue de vulgariser ma contribution.

Je ne me suis pas limité à exposer les causes potentielles de la crise ontologique de la culture négro-africaine dans mon livre, mais également j'ai tenté de proposer un changement de paradigme, un changement de perception de notre vision du monde. Ce changement est lié inextricablement à l'interrogation philosophique en lui-même sur le plan de l'histoire de la philosophie, mais bien de la philosophie de l'histoire.

Si l'histoire de la philosophie comprend successivement l'antiquité, le moyen-âge, la période moderne et l'époque contemporaine, la philosophie de l'histoire propose, elle, une autre division de la philosophie en périodes suivantes : *la philosophie de la substance ; la philosophie du système ; la philosophie de la structure et la philosophie du rythme.*

Chaque phase a sa façon particulière de se comporter face à la philosophie. Chaque période crée ses préoccupations, Mais chaque période comporte aussi sa stratégie et son questionnement. C'est ainsi que la philosophie de la substance se préoccupe du « qu'est-ce que c'est », du « pourquoi y-a-t-il quelque chose plutôt que rien ? »

La philosophie du système, quant à elle, mettra l'accent sur le «comment cela fonctionne-t-il ? » La philosophie de la structure, elle, s'interroge sur le « comment ça va ? » puisqu'il s'agit de mettre tout en œuvre pour mettre fin à la léthargie et à la crise ontologique. C'est pourquoi je ne me suis pas limité à faire l'exposé des causes de la syncope du discours de l'Afrique sur elle-même et sur le monde, mais aussi et également chercher des solutions pour créer l'espoir permettant d'inventer le futur grâce à la découverte du rythme ontologique.

2).- Le diagnostic des entraves endogènes et exogènes à l'émergence et au développement durable du Sankuru

À présent, parlons "diagnostic"! Ce mot tire son origine du grec "gnose" qui signifie « connaissance », et "dia" qui veut dire « en traversant, au travers, en divisant ». Diagnostiquer, c'est connaître "au travers de", le préfixe "dia" indiquant un processus, une traversée. En tant que fils du Sankuru, vous connaissez votre province. Pouvez-vous établir le diagnostic des entraves endogènes et exogènes à l'émergence et au développement durable du Sankuru ?

R/ En deux mots, tout le diagnostic sur l'état actuel de la province du Sankuru repose sur **l'enclavement structurel.** Notre province est enclavée de toute part. Elle n'est pas enclavée seulement sur le plan géographique, mais aussi sur le plan informatique, énergétique, radiophonique, culturel et scientifique. C'est pourquoi cet enclavement est réputé structurel.

Tous ces secteurs nécessitent, en fait, un désenclavement de haut niveau. Ce constat, issu d'un diagnostic approfondi, est amer. Je m'explique.

L'enclavement du Sankuru est multi-sectoriel. Un *enclavement stratégique* voulu et entretenu. Ensuite, il y a un *enclavement géographique et routier* (Le Sankuru qui était le domaine de la couronne est devenu la prison naturelle de Léopold II); il existe aussi un *enclavement énergétique* (par manque d'électricité sur tout le territoire) ; puis un *enclavement des voies de communication* (aucune route asphaltée, aucun aérodrome goudronné, aucune voie ferroviaire); un *enclavement audiovisuel* y prend également part (bien sûr que le Canal+ est là et presque omniprésent, mais ces chaînes étrangères qui arrosent nos régions ne nous arrangent pas parce que les thèmes diffusés ne répondent pas aux besoins attendus ni aux désirs de nos populations) ; un *enclavement radiophonique* (bien sûr qu'il y a des radios privées, mais elles ne servent pas à l'éducation civique de la population pour le bien-être) ; un *enclavement informatique* (par manque d'internet à haut débit sur le marché) ; un *enclavement téléphonique* (par son coup en comparaison avec ce qui se fait dans d'autres pays d'Afrique).

Le désenclavement géographique de la province du Sankuru sur le plan routier nécessite au moins cinq ponts. Et sur les cinq, il n'y a qu'un seul qui a été lancé jusqu'à ce jour : c'est le pont sur la rivière Lomela qui relie le Sankuru à la province de la Tshuapa. Un autre pont doit relier le Sankuru au Maniema sur la Lomami ; sur la rivière Sankuru, qui est une frontière naturelle de la province, il faut au moins trois ponts : d'abord un pont au niveau de Lusambo puis un autre à Bena-Dibele et enfin le dernier à Lodi où Patrice-Emery LUMUMBA fut arrêté en attendant la traversée.

Nous ne parlons pas ici des ponts dont le Sankuru a besoin pour son désenclavement intérieur en tant qu'entité provinciale viable et économiquement fonctionnelle.

Le désenclavement culturel et scientifique est décisif pour un développement harmonieux dans la province du Sankuru. Le premier pas dans cette direction passe par la valorisation de soi, de sa langue maternelle, de son village et de son propre pays.

L'enclavement de la communication scientifique est à mettre sur la même ligne que l'enlisement de l'enseignement et de la recherche scientifique dans notre pays, puisque très peu de domaines préoccupant les patriotes sont des domaines de recherche au sens propre du mot dans notre pays.

Les scientifiques africains devraient s'abstenir d'analyser l'intelligence des animaux et commencer à étudier la bêtise humaine. En outre, quand on prétend qu'en RDC on fabrique des cerveaux inutiles, l'on veut entendre par là que le système éducatif dans ce pays est assujetti à la colonisation et qu'il fallait à tout prix refonder depuis longtemps selon les vœux de Mabika Kalanda. Nous avons encore un système d'enseignement qui ne favorise pas le progrès. Il faut des intellectuels à notre Province et non des érudits pleins de diplômes. Je vais m'expliquer.

Chercher, c'est mettre son intelligence en mouvement pour résoudre un problème qui se pose à ma vie ou à mon-être-au-monde-actuellement.

Un intellectuel n'est pas égal à un diplômé. Un intellectuel n'est pas identique à un érudit qui a répondu avec distinction aux questions d'examens, mais une personne possédant des aptitudes à résoudre certaines difficultés de la vie de chaque jour. Il n'existe aucun transfert de technologie. Grâce à l'enseignement, on peut acquérir la mise en lumière et la maîtrise des lois de la nature comme les lois physiques, chimiques, biologiques et être capable de les appliquer le moment venu dans la vie courante.

La vraie science c'est la connaissance des principes de la nature dont le spécialiste sait faire des applications. Il y a peu d'étudiants et des diplômés qui ne savent quoi faire avec ce qu'ils ont appris ou/et étudié après avoir répondu aux questions d'examens (NDAYWEL). Et dans ce domaine, les diplômés et les érudits dans notre province et dans notre pays ont démissionné à l'unisson puisqu'ils attendent que les autres viennent d'ailleurs pour résoudre nos problèmes à notre place. Ainsi en est-il des scientifiques qui attendent que d'autres enseignants viennent travailler pour faire passer des étudiants compétents pendant les examens, en fabriquant pour notre pays des cerveaux inutiles ; ou encore pour ceux de nos apprenants qui trichent soit physiquement soit moralement avec le but de ne pas reprendre leurs années d'étude.

La science n'est pas la théorie en soi, mais la maîtrise des certains principes permettant de venir à bout des problèmes posés par notre vivre-au-monde-actuel. Nous devons donc être capables de démocratiser et d'enseigner la science moderne dans nos langues africaines vernaculaires. Car la science, à ce qu'il nous parait, n'est pas ce qu'on nous donne mais ce que nous produisons en valorisant ce que nous faisons et ce que nous sommes.

Les gestionnaires de la chose publique – et ici on n'entend pas seulement les politiciens, mais les membres de la collectivité dans leur ensemble – devraient saisi l'importance et l'utilité de la science. Pourquoi les gens trichent-ils et pourquoi la tricherie est-elle devenue une institution dans la gestion de notre pays ? Et pourquoi ne pas en faire un domaine de recherche ? Il n'existe chez nous aucun centre d'apprentissage pour creuser le diamant, le coltan, le zinc, etc., pendant que les étrangers qui sillonnent nos régions minières sont en alerte déjà en étant en contact avec notre relief.

Le désenclavement stratégique, non seulement de notre pays mais du Sankuru, commencera quand les responsables de la chose politique verront en âme et conscience que ce que la RDC est pour l'Afrique et l'Afrique pour le monde, le Sankuru l'est pour la RDC. Il y joue le même rôle. Le Sankuru nous semble être le plus court chemin pour la réunification de notre pays.

L'on devrait cesser de voir dans la province du Sankuru un handicap ou de vouloir la traiter avec cynisme sous les attributs d'hier. Le Sankuru n'est plus le quartier général des rescapés de la révolte de Luluabourg et de l'Ituri, ni *« le domaine de la Couronne »*, ni encore la « prison naturelle de Léopold II », etc. Nous devons changer de perception pour y voir le plus court chemin pour relier les 26 provinces de notre pays sur le plan optique. Mais également pour relier le Congo avec les autres continents, du Nord au Sud et de l'Est à l'Ouest. Le Sankuru est comme la ligne droite pour un développement intégral de notre patrie comme nation et l'avenir de ce monde pensé globalement.

Le désenclavement télé-communicationnel de la province sera effectif quand le téléphone portable sera disponible partout avec une couverture satellitaire et aussi à la portée de toutes les bourses.

Le même argumentaire vaut aussi pour l'internet et la télévision digitalisée. Quand on sait que la RDC est à cheval sur l'équateur et que tous les satellites de communication sont en orbite à cet endroit de notre planète, les experts en télécommunication ne voient aucun mal pour une couverture satellitaire aux prix abordables dans notre pays.

3).- "Le développement durable est lié directement à la politique de recherche du désenclavement structurel"

Le développement durable, selon les experts de l'Organisation des nations unies (ONU), est une expression qui repose généralement sur trois piliers : *l'économie, le social et l'écologie.* Pour eux, *"lorsque le développement est durable, chacun a accès à un travail décent, à des soins de santé et à une éducation de qualité. L'utilisation des ressources naturelles permet d'éviter la pollution et les pertes permanentes pour l'environnement. Les choix de politique publique garantissent que personne n'est laissé pour compte en raison d'un désavantage ou d'une discrimination". Comment évaluez-vous chacun de ces piliers dans la province rurale du Sankuru ?*

R/ Le développement durable est lié absolument au bien-être social intégral. Cependant, ce bien-être intégral, à mon humble avis, ne devrait pas être défini par les experts de l'ONU. Ce bien-être est accompagné avec le désenclavement structurel de notre province. En d'autres termes, c'est la communauté du Sankuru elle-même qui devrait agir pour soulager les besoins fondamentaux ressentis par notre population. *«Il est vrai qu'ils nous ont menti»* (et toutes ces organisations nous mentent jusqu'à ce jour), comme aimait le souligner Nelson MANDELA avant de poursuivre : *« mais nous devons dire la vérité à nos enfants pour qu'ils prennent leur destin en main (...). Dites-leur que pour manger, ils doivent développer leur agriculture (...). Dites-leur que tous les pays dits développés n'ont pas été construits par des anges, mais par des hommes comme nous qui ont appris à utiliser leur intelligence (...) ; dites-leur que dans ce monde les forts dominent toujours les faibles, c'est une évidence que personne ne peut changer. Bref, dites-leur que Dieu a créé l'Univers et nous a créés et nous a doté d'une intelligence. Nous possédons des solutions à nos problèmes (...) ».*

D'après nous, le développement durable est lié directement à la politique de recherche du désenclavement structurel compris ici comme le contre poids, ou bien encore une somme d'efforts à consentir pour aider notre peuple à sortir de la misère structurelle dans laquelle il vit.

4).- ''L'Intellectuel n'est pas celui qu'on engage, qui cherche avec un dossier de l'emploi, mais quelqu'un qui en crée pour les autres''

Les acteurs qui doivent promouvoir l'idée du développement durable et participer à la réalisation de ses objectifs existent-ils dans la province du Sankuru ? Quels sont-ils et comment les évaluez-vous ? Face aux acteurs actifs et passifs du développement durable du Sankuru, quel conseil donneriez-vous aux niveaux interne et externe ?

R/ Les acteurs sociaux, qu'ils soient actifs ou passifs, doivent être évalués à partir de ce qu'ils entreprennent dans la société et rien d'autre. Ils existent dans toutes les sociétés. Ils sont des êtres humains qui vivent aujourd'hui chez nous sans distinction aucune. Un proverbe Ɔtɛtɛla le souligne : « *Onto cɛɛ eekɔ ohomba* ». Des gens inutiles n'existent pas dans la société.

Comme depuis environ 50.000 ans l'homme n'a pas encore connu une évolution substantielle sur le plan génétique, tout est possible aussi pour l'Afrique et pour notre province du Sankuru.

Le seul problème que je décèle chez les acteurs sociaux concerne les actes qu'ils commettent effectivement qu'ils ne devraient pas commettre ; il y a beaucoup trop d'actions qu'ils négligent d'entreprendre ou qu'ils auraient dû entreprendre, mais ne les font pas du tout. La raison, c'est un manque de socialisation.

Le constat suivant était fait vers les années 1990, du temps de la République du Zaïre, par un cadre du MPR Parti-État : *« Les noko savent où ils vont avec nous, mais nous, nous ne savons même pas ce que nous voulons ».*

Une telle situation ne signifie point que le pays ne possède nullement des cerveaux. Les observations judicieuses, les propositions concrètes et même les plans d'actions se trouvent non seulement dans la littérature orale et écrite (la chanson, les légendes, les œuvres d'arts et les monuments architecturaux), mais également dans des livres savants en la matière.

Ce qu'on peut donner comme conseil se rapporte aisément aux propos de Nelson MANDELA quand il recommandait : *« Dites-leur que les Occidentaux, à cause de la religion, nous ont empêchés d'utiliser notre intelligence »*. Ou bien encore, ce que le professeur Émile BONGELI assurait, pour le paraphraser, que nous avions besoin dans notre pays, non pas des universitaires ou des diplômés en tel ou tel domaine qui ne font qu'égrainer à longueur des journées leurs titres académiques et la maîtrise théorique de leur érudition, mais des «intellectuels» qui, grâce à leur savoir et maîtrise des lois de la nature, essaient d'apporter des solutions aux problèmes qui se posent en République Démocratique du Congo.

Moi personnellement, j'ai toujours défendu l'idée selon laquelle l'Intellectuel n'était pas celui qu'on engage, qui cherche avec un dossier de l'emploi, mais quelqu'un qui en crée pour les autres. Ainsi, en est-il aussi des enseignants et des apprenants qui font des manœuvres dans la période des examens.

Un étudiant qui donne de l'argent pour réussir l'examen n'est pas un apprenant. De même l'enseignant qui se laisse corrompre n'est pas un intellectuel digne de ce nom. Ils sont tous des acteurs sociaux inconscients de leur responsabilité ; ils ne jouent pas le rôle qu'ils doivent jouer pour aider le pays à démarrer.

5).- ''La langue ɔtɛtɛla est le premier moyen de communication au Sankuru. Le tam-tam « lokombe » en est le vecteur de prédilection dont les Atɛtɛla peuvent être fiers et se prévaloir d'avoir conservé.''

Thierry LIBAERT est un auteur français, professeur des universités. Selon lui, "sans communication, il n'y a pas de développement durable". Au Sankuru, les Atɛtɛla informent et communiquent encore au moyen des "médias autochtones", c'est-à-dire des médias issus du sol où ils habitent, notamment le tam-tam "Lokombe", la cloche

(Lokole), le gong (Elonja) et bien d'autres, mais aussi au moyen de la radio et du téléphone portable. Quel impact aurait un Outil Traditionnel Négro-Africain de l'Information et de la Communication (OTNAIC, en sigle) au développement durable du Sankuru face aux médias contemporains que sont la radio, la télévision, la téléphonie cellulaire, etc. ? De quelle manière jugez-vous l'influence des radios locales à la réalisation du développement durable du Sankuru ?

R/ Au Sankuru, effectivement, les Atɛtɛla n'ont pas encore pris congé de beaucoup de leurs moyens autochtones. Ils continuent d'échanger les nouvelles et d'entrer en relation entre eux au moyen du tam-tam "Lokombe", de la cloche (Lokole), du gong (Elonja) et de bien d'autres, mais aussi au moyen des outils contemporains dont la radio et le téléphone portable.

En effet, les moyens traditionnels qui sont encore en usage au Sankuru le sont puisque l'Ɔtɛtɛla y est une langue vernaculaire. La palabre, les épopées, les fables, les distiques, les proverbes, les signes conventionnels s'en servent.

Cependant, depuis la mort tragique de P.E. LUMUMBA et son indexation sur le plan politique, plusieurs tentatives ont été initiées pour supprimer la langue Ɔtɛtɛla de l'enseignement public, mais avec la détermination qui caractérise notre peuple hier et aujourd'hui, on a toujours assisté à un succès mitigé, pour ne pas parler d'échec de la part des initiateurs de telles barbaries culturelles.

Le seul moyen de communication dont les Atɛtɛla peuvent être fiers et se prévaloir d'avoir conservé et qui a survécu malgré les turbulences de l'histoire à ce jour c'est la langue ɔtɛtɛla elle-même. Cette langue a comme auxiliaires des genres littéraires utilisés par ses locuteurs pour son déploiement en constituant un corps de genres regroupés dans l'expression *« discours parémiologique ».*

Ces auxiliaires n'ont été que progressivement dénombrés dans la recherche scientifique, faute de perception adéquate de l'objet de recherche jusqu'à un schéma de présentation beaucoup plus complexe, comme on peut le trouver dans notre ouvrage *ASHIDI* (Ed. Ashidi 2018 ; 398 p.). Les études antérieures en font des dénombrements de plus en plus intelligibles dont le temps et le projet de la science linguistique en portent des empreintes indélébiles.

Dans l'ouvrage précité, les genres littéraires sont subdivisés en quatre sections : *les genres indéfinis, les genres simples, les genres intermédiaires et les genres complexes* (pp. 261-367). Ce qui représente jusqu'à ce jour un degré assez élevé de la perception des genres littéraires ɔtɛtɛla. Comme la première manifestation de notre identité est notre langue Ɔtɛtɛla, les auxiliaires et outils que l'Ɔtɛtɛla utilise seront toujours nos alliés dans l'usage informé de cette langue.

Cela ne veut nullement dire que les Atɛtɛla ne sont pas ouverts aux apports civilisationnels. Rien n'est moins vrai. J'ai essayé récemment, dans un article publié dans un ouvrage collectif intitulé *Centenaire d'évangélisation de la paroisse de Katako-Kɔmbɛ 1913-2013* (Éd. Edilivre, pp. 95-121), de démontrer comment les genres oraux peuvent féconder la littérature négro-africaine moderne et par ce faire aident à décomplexer une fois pour de bon l'oral face à l'écrit ; cloué que l'oral était dans un complexe d'infériorité ontologique depuis que l'adage latin *« scripta manent verba volant »* existe.

Un constat se fait avec les nouvelles technologies que l'oralité se trouve non seulement anoblie et valorisée, mais qu'elle est mise sur le même pied d'égalité que l'écrit au niveau épistémologique. Ils sont tous deux des visions du monde, *« Lokombe hɔɔtɔ loonyɔ wa woonnyangaande »*.

Dans les réseaux sociaux, l'oralité se taille la part du lion dans ce nouveau marché médiatique puisqu'on y observe presque une entrée en force délibérée de la liberté de prise de parole pour tous, que garantissait autrefois le système palabrique africain.

Avec les réseaux sociaux, la prolixité verbale et la spontanéité sont mises au galop pour tenter de façon irréversible à prendre de l'ascendance sur les presses écrite et audio-visuelle classiques d'État qui muselaient ce système démocratique en utilisant des moyens de pression des pouvoirs établis dans le monde entier. Il suffit actuellement d'être un peu créatif et courageux, d'avoir un peu de moyens organisationnels, pour créer des followers propres, en initiant des plateformes propres et des banques de données taillées sur mesure, c'est-à-dire la mise en place des éléments constitutifs pour asseoir nos priorités en vue de construire à longue ou à courte échéance les bases de la prise de conscience de l'être Ɔtɛtɛla.

6).- La "Fondation ASHIDI", pour le bien-être et le progrès de la province et des habitants du Sankuru

Monsieur l'abbé Louis, au Sankuru, en parlant de vous on parle aussi de la "Fondation ASHIDI". Pouvez-vous nous la faire découvrir ? Sa raison d'être permet-elle de servir les intérêts de l'émergence et du développement du Sankuru ?

R/ Il n'existe aucun commencement ni modèle absolu en matière de pensée et de culture, puisque les grandes initiatives qui ont bouleversé la face de l'humanité n'ont jamais fait date, c'est-à-dire n'ont souvent pas été spectaculaires en leur début. Elles commencent parfois comme des illusions, des utopies, des mythes et des légendes. Et très souvent les uns ne vont pas sans les autres. Mais c'est en faisant une relecture attentionnée sur leur cheminement que l'on fait le constat de la sobriété de tout début, c'est-à-dire qu'il y a toujours un travail sur le tas au départ puisque c'est en forgeant que l'on devient forgeron.

Après presque quatre décennies d'activités, nous faisons un tour d'horizon et on peut dire avec satisfaction qu'à part une volonté pour s'affirmer comme culture de la part du peuple ɔtɛtɛla, ASHIDI n'a rien de particulier comme organe.

En tant que Fondation, ASHIDI peut aider à l'émergence et au développement puisqu'elle veut fonder le discours scientifique à partir de l'état des besoins de l'être-au-monde- Ɔtɛtɛla d'aujourd'hui.

Dans ce cheminement, on peut diviser l'histoire de la Fondation ASHIDI en trois étapes importantes :

- L'élaboration du projet de société et les recherches doctorales comme origine (1993-1997).
- La création des antennes (1997-2010).
- La conservation du patrimoine culturel (2010 à nos jours).

1. L'élaboration du projet de société et les recherches doctorales

Tout a commencé au cours de nos enquêtes sur le terrain à Wɛmbɔnyama, au Sankuru, sur l'épopée **Kudukɛsɛ** conçue dans notre hypothèse comme l'abrégé de la vision du monde Ɔtɛtɛla dans les années 1993-1997.

La définition du projet de société exigera l'érection d'un cadre scientifique et académique légal de concertation ayant un siège social, une dénomination, une devise, des armoiries et des objectifs bien définis pour commencer avec les recherches scientifiques à l'ISP de Wɛmbɔnyama.

° Du siège social : le siège social de l'Association sera établi à Wɛmbɔnyama.

° De la dénomination : l'organisation sera appelée ASHIDI.

° De la devise : notre devise est « Identité-Unité-Progrès ».

° Des armoiries : les armoiries sont constituées d'une main tenant un Gong.

L'objectif de ASHIDI, c'est le bien-être et le progrès. Ceci dit, il a été constaté, grâce aux recherches sur la philosophie du langage, que la vision du monde en tant que saisie du réel ou de l'irréel, est véhiculée par la langue en usage. Elle est façonnée et transportée par la langue en question. Et elle a pour but d'y investir une action efficace. Il existe toujours une complicité entre la langue et la pensée. De telle sorte que l'une ne doit se concevoir, ni se prévaloir sans l'autre.

La tâche qui nous incombait alors était de penser dans le prolongement des pensées antérieures, c'est-à-dire reprendre l'activité pensante au point où l'ont laissée nos prédécesseurs et nous la laisserons sans conteste à nos successeurs. Faisant reculer indéfiniment et de plus en plus les limites de notre ignorance en se hissant sur les épaules d'ASHIDI comme patrimoine qui fait la refondation de l'unité entre la langue, la culture et le peuple ɔtɛtɛla, nos successeurs pourraient dans un proche ou lointain avenir apparaître comme des géants. Les Statuts seront confectionnés et les recherches vont commencer.

2. La création des antennes et les recherches pluridisciplinaires

Comme ces recherches ont été pluridisciplinaires et de très haut niveau, elles ont mené au désir de leur conservation. Nous nous y sommes penchés dans les années 1997-2010.

Ces publications vont aider le personnel scientifique à la promotion académique et le guider vers des recherches doctorales.

Ce mouvement ne s'est pas limité à l'ISP de Wɛmbɔnyama mais s'est étendu, non seulement au grand Kasaï, mais également vers la Capitale de notre pays et même à l'Étranger. On peut citer, par exemple, les débats sur l'orthographe Ɔtɛtɛla (Beauvais I et II, en France, Tshumbɛ, Lodja) ; la confection des livres scolaires d'après-guerre (Tshumbɛ, Wezembeek-Oppem, en Belgique, et Lodja) ; les promotions scientifiques des chercheurs (ISP/Wɛmbɔnyama, ISP/Kananga, Université de Würzburg, en Allemagne). Le bien-être social et l'amélioration des conditions de vie de la population seront également à l'ordre du jour (Wɛmbɔnyama, Olela, au Sankuru).

3. Activités d'auto prise en charge et de conservation du patrimoine culturel

À partir des années 2010, il a été constaté que les activités pluridisciplinaires d'auto-prise en charge, bien que de haut niveau à leur début, étaient fragmentaires et disparates. Elles ont exigé par la suite une répartition thématique (en Histoire, Géographie, Culture générale) et aboutiront à la création d'un organe de concentration de toutes ces recherches comme une banque de données donnant naissance à la revue « Nte Ntɛkɛtɛ ». Celle-ci, en 2020, était à sa 46ème parution.

Sur le plan juridique, notre Fondation a déjà une personnalité juridique et est reconnue comme A.s.b.l. par l'État congolais avec le numéro F 92. Sur le plan scientifique, les pourparlers sont en cours pour que la Fondation soit rattachée à un institut d'enseignement supérieur du Sankuru, sans exclure toutefois sa quête d'autonomie sur le plan légal, scientifique et géographique.

Nous ne nous sommes pas limités à la compilation des textes oraux, ou bien au passage de l'oral à l'écrit, mais aussi des textes orientés vers l'étude du milieu en nous intéressant au régime alimentaire et au peuplement de la région. Nous nous sommes également intéressés à la musique ainsi qu'à la sauvegarde et conservation de ce qui pouvait encore l'être sur le plan artistique et même sur le plan de l'anthropologie culturelle, en collectionnant, en perfectionnant les recherches sur les genres littéraires, les usages et les coutumes, les variantes dialectales, les anciens documents de recherche, les journaux et les livres de lecture édités en période coloniale, etc.

7). ''Prendre en charge notre province par nous-mêmes''

Voulez-vous conclure ?

Absolument. L'initiative de ce projet est très louable. Toutefois, l'émergence de la province du Sankuru n'est encore qu'un rêve. Ce rêve ne pourra devenir réalité que dans la mesure où la prise de conscience des Sankurois, des gestionnaires de la chose publique et des hommes de bonne volonté n'aura pour compagne que la lutte contre le désenclavement.

Cette prise de conscience n'est pas une affaire d'un jour. Elle ne peut venir que progressivement du cœur d'un citoyen épris de l'amour de la chose commune, en tant que fils et fille du terroir, et en tant que chercheur à la période actuelle.

En tant que « citoyen » et « Sankurois », nous ne pouvons pas remettre à demain ce que nous pouvons entreprendre ou réaliser déjà aujourd'hui. Nous devons rompre avec les pratiques de somnolence et de démagogie et nous employer d'ores et déjà à la prise en charge de notre province par nous-mêmes.

Prendre en charge notre province par nous-mêmes signifie que nous devons savoir que chacun de nous est source de valeurs et de potentialité capable d'innover, source d'énergie capable de transformer et de refonder le Sankuru et donc cueillir le jour présent sans nous attarder à nous soucier du lendemain. C'est l'enseignement du *« carpe diem, quam minimum credula postero »* du célèbre poète latin Horace.

L'initiative est vraiment louable ! En dépit de la production de ce panel des Sankurois, cette initiative devra bénéficier de la générosité des autres Sankurois soucieux d'une province qui émerge.

À propos de la Fondation ASHIDI, il y a encore beaucoup de choses à dire et à faire. Le temps viendra où nous allons nous démarquer de cette sobriété pour verser dans une plus grande prolixité.

Propos recueillis par

Pierre-Claude OKONDJO WANDJA,
Professeur.

Notices biographiques des auteurs contributeurs

Ci-dessous, le répertoire de différents auteurs qui ont contribué à la conception et à la réalisation du présent ouvrage.

1. Mgr DJOMO LOLA Nicolas

Né le 03 juillet 1944, à Lushimapenge, dans le territoire de Katako-Kombe, Province du Sankuru, en République Démocratique du Congo, DJOMO LOLA Nicolas fit ses études primaires de 1953 à 1959 à Tshumbe Sainte Marie. Ses études Secondaires au Petit Séminaire Onema-Ototo St Gabriel de 1959 à 1964) puis au Petit Séminaire Kabwe Ste Thérèse de 1964 à 1966. Ses études de Philosophie, il les fit au Grand Séminaire Kabwe Christ-Roi de 1966 à 1968 et celles de Théologie au Grand Séminaire Christ-Roi de Kananga à Malole de 1968 à 1971.

De 1971 à 1972, il était étudiant à l'Université Nationale du Zaire. Il reçut l'ordination presbytérale comme prêtre du diocèse de Tshumbe le 20 août 1972 à Lodja. De 1972 à 1973, il fit Professeur au Petit Séminaire Onema-Ototo St Gabriel avant d'y devenir Directeur de 1973 à 1975. Il obtint un Doctorat en Psychologie Clinique, près l'Université René Descartes Sorbonne en 1981. Il est détenteur d'un DEA en Anthropologie Culturelle et Sociale, Ecole de Hautes Etudes en Sciences Sociales de Paris obtenu en 1980.

Secrétaire-Chancelier à l'évêché de Tshumbe de 1981 à 1982, Abbé DJOMO LOLA Nicolas assuma les charges de Secrétaire Général Académique de l'ISP Wembo-Nyama de 1982 à 1983. Recteur du Grand Séminaire Interdiocésain Saint Jean-Paul II de Lodja, au diocèse de Tshumbe de 1983 à 1997, il enseigna comme Professeur à temps partiel aux Facultés Catholiques de Kinshasa (actuelle UCC) de 1982 à 1997. De 2002 à 2008, il a été élu Président de l'Association des Conférences Episcopales de l'Afrique Centrale (ACEAC en sigle).

Nommé Evêque du diocèse de Tshumbe le 12 juillet 1997 et sacré le 09 novembre 1997 à Tshumbe Sainte Marie, il devint quelques années plus tard le Grand chancelier de l'Université Notre-Dame de Tshumbe. De 2008 à 2016, il a été élu puis réélu, pour un second mandat, Président de la Conférence Épiscolape Nationale de la République Démocratique du Congo, CENCO en sigle.

Le 03 juillet 2019, il accomplissait 75 ans d'âge et atteignit par le fait même l'âge canonique. Fidèle à la tradition de la Sainte Église Catholique, il présenta sa renonciation au gouvernement pastoral du diocèse de Tshumbe au Saint Père. De 2019 à 2022, il fut nommé Administrateur Apostolique du diocèse de Tshumbe. Le 11 juin 2022, le Saint-Père François accepta sa renonciation et confia le gouvernement pastoral du diocèse à un nouvel Évêque.

Dès lors, Mgr DJOMO LOLA Nicolas est Évêque émérite du diocèse de Tshumbe. De 2016 à 2024, il est Président du Conseil d'Administration de l'Institution Financière pour les Œuvres du Développement (IFOD).

2. Professeur Dr PONGOMBO ONOLOKE Alphonse

PONGOMBO ONOLOKE Alphonse, né en 1986, dans la province du Sankuru (en RDC), est docteur en Relations Internationales.

Il est Professeur Associé et enseigne au Département des Relations Internationales à l'Université de Kinshasa, en République Démocratique du Congo.

Directeur au Ministère des Affaires Etrangères (toujours en RDC), Alphonse est membre de plusieurs associations savantes. Son domaine de Recherche est basé sur la Géopolitique des Ressources Naturelles de l'Afrique Centrale, Diplomatie multilatérale et Politique étrangère des grandes puissances.

3. Professeur Dr Abbé WEMALOWA TOKOPANGA Louis

Louis WEMALOWA TOKOPANGA est né le 30 septembre 1955 à Olela (Lubefu). Ordonné prêtre à Lodja le 24 août 1980 au diocèse de Tshumbɛ, où il a été préfet de l'Institut ETETE à Djalo-Cité, puis Conseiller des Écoles conventionnées catholiques de l'EPS, ancien curé constructeur de la paroisse d'Ɛkɛnyi, aumônier catholique et professeur assistant à l'I.S.P. de Wɛmbɔ-Nyama avant de poursuivre ses études à l'étranger.

Il est docteur en philosophie de l'Université de Würzburg/RFA, avec spécialisation en phénoménologie structurale, en phonométrie, dans le dialogue interculturel et les religions non-chrétiennes et enseigne à l'Institut Pédagogique de Wembo-Nyama, ISP Wembo-

Nyama. Il est premier directeur du Centre d'Étude sur les Cultures africaines de l'Université du Kasayi (en Sigles C.E.C.A) et auteur de plusieurs articles. Il est le promoteur de la « Fondation ASHIDI » et directeur de publication de la revue de vulgarisation “Nte Ntɛkɛtɛ”.

4. Professeur Dr WETSHEMONGO KAMOMBA Michel

Michel WETSHEMONGO KAMOMBA est docteur en linguistique générale et appliquée de l'Université René Descartes Paris V Sorbonne - Diplômé de HDR (habilitation à diriger des recherches).

Ancien chercheur au CNRS (Centre National de la Recherche Scientifique) ; inscrit par le CNU (Conseil National des Universités) français à la liste de qualification pour l'enseignement dans la section 7 (linguistique générale) et dans la section 15 (autres groupes linguistiques).

Il est l'auteur de plusieurs ouvrages et articles sur la linguistique générale et sur la systématique grammaticale de la langue otetela.

5. Abbé NGUWO NDJOVU André

Né le 9 juillet 1945, ordonné prêtre le 20 août 1972, NGUWO NDJOVU André est licencié en théologie et licencié en philosophie. Coordinateur provincial des Écoles conventionnées catholiques du Kasaï-Oriental II, il a été recteur du Grand Séminaire Thelogicum de Malole à Kananga et curé de paroisse au diocèse de Tshumbe.

Il est le Directeur scientifique de la Commission Provinciale de Rédaction des Manuels Scolaires en Otetela, COPREMASCO en sigle.

Il a beaucoup écrit et publié. De ses écrits, il faut retenir notamment :

- *Le Pouvoir socio-politique du chef Tetela (Zaïre) et l'autorité ministérielle de l'Église : (réflexion théologique sur un choix africain d'une existence chrétienne authentique),* 1978.
- *En marche avec le Christ, Lumière des nations : célébration du centenaire de l'évangélisation au diocèse de Tshumbe,* Médiaspaul, Kinshasa, 2010.

6. Professeur Dr LOLEHA LUKUTU Polycarpe

LOLEHA LUKUTU Polycarpe est né à Luseli, le 11/01/1956 dans le territoire de Katako-Kombe, province du Sankuru, en RDC C.

Il est, depuis 1985, Licencié en Philosophie et Religions traditionnelles africaines des Facultés Catholiques de Kinshasa, actuelle Université Catholique du Congo (UCC). En 2015, il obtint un Diplôme d'Études Supérieures (DES) en Philosophie de l'Université de Kisangani. En 2019, il est Docteur en Philosophie de la même Université. Son domaine de recherches est la Philosophie du langage. Il est auteur de plusieurs articles. En 1998, il devient Assistant à l'Institut Supérieur Pédagogique de Buta et en 2008, il y est promu Chef de travaux avant d'y devenir, en 2021, Professeur Associé.

7. Professeur Dr Abbé ONGENDANGENDA MUYA Richard

Né à Okandandjadi le 12 décembre 1964, territoire de Katako-Kombe, Province du Sankuru, en République Démocratique du Congo, Richard Ongendangenda Muya est Prêtre du Diocèse de Tshumbe depuis 1991.

En 2014, il a obtenu un Doctorat en Théologie à la Katholieke Universiteit Leuven et en 2018, un Doctorat en Philosophie Sociale et Politique à Université Libre de Bruxelles.

En 2008, il obtint un DEA en Théologie Systématique à l'UCC et un autre DEA en Philosophie des Droits de la Chaire Unesco de l'Université de Kinshasa. Il est détenteur d'un Master en Théologie Systématique de l'UCC depuis 2006 avec une Agrégation de l'Enseignement secondaire du degré supérieur de la même Université en 2006.

En 2014, un prix universitaire "Sedes Sapientiae", de la Faculté de Théologie de la Kuleuven, lui avait été remis. La même année, il devint détenteur d'un Certificat de "Chercheur à vie" de la Kuleuven, Faculté de Théologie.

À l'UCC, il obtint, en 2006, le Prix "d'Excellence de la Fondation Rwij".

De ses charges professionnelles, il est Professeur à l'Université Catholique du Congo (UCC), à l'Université Pédagogique Nationale (UPN) et à l'Université Moderne de Kinkole (UMK).
Secrétaire Scientifique du Centre d'études des Religions Africaines (CERA) de l'UCC, Richard Ongendangenda évolue dans les domaines de recherche scientifique ci-après : Théologie Fondamentale, Philosophie politique et sociale, Droits de l'Homme et Questions d'éthique sociale.

Il est l'Auteur de plusieurs publications scientifiques dans ces divers domaines.

Notes

1. Le Sankuru vu comme “la maison commune” fut un thème abondamment développé dans la réflexion de l'Association des Ankutshu-Anamongo en marge du 40ème anniversaire du pelerinage "Enyamba la Wadi" au centre Bondeko de Limete, à Kinshasa, le 28 juin 2015.

2 PNUD, *Défis et solutions en matiére de développement,* "Résultat 3: Renforcer la résilience aux crises et aux chocs", 2024. Link: *https://www.undp.org/fr/defis-et-solutions-en-matiere-de-developpement*, consulté par nous le 29 février 2024 à 13h51.

3 Définition élaborée et tirée de la *Commission Mondiale pour l'Environnement et le Développement* de l'Organisation des Nations Unies (WCED en sigle), dite "Commission Brundtland", en 1987. Depuis lors, cette définition est devenue officielle. En 1992, à Rio de Janeiro, Mme Gro Harlem BRUNDTLAND dans la *Conférence des Nations-Unies sur l'environnement et le développement,* en avait aussi parlé.

4 Elle est la première femme à présider le Parlement congolais, l'Assemblée Constituante et Législative – Parlement de Transition, de février à août 2003.

5 On peut suivre, à cet effet, les émissions de SANKURUVOX TV, https://www.youtube.com/c/SANKURUVOXTV, sur l'éveil de conscience des sankurois se préparant aux élections de décembre 2023.

6 Le mot “WƐƐNYI”, le parlé Lubɛfu en Ɔtɛtɛla, est le synonime de “ƆLƆ” ou bien “ ƆLƆƆLƆ” ailleurs. On dira par exemple, pour maudire quelqu'un: “WƐƐ HƐƐNAKI ƆLƆ”.

7 Prêter à nouveau attention aux émissions de SANKURUVOX TV de 2023 dédiées à l'éveil de conscience des sankurois aux élections de décembre 2023, particulièrement celle du 19/07/2023, sous le titre “*En Décembre 2023, les élus individualistes et médiocres du Sankuru dehors*”. Dans cette émission, Honorabale Ne Muanda Nsemi, l'élu national du Bas-Congo, émettait un avis très critique sur les hommes politiques du Sankuru à l'adresse Url https://www.youtube.com/watch?v=QB-a4LcRQss. Avec lui, dans la même vidéo, le député national Éliézer Ntambwe Mposhi, l'élu de LUKUNGA, dans la ville province de Kinshasa, n'a pas non plus

ménagé les hommes politiques du Sankuru en déplorant leur médiocrité.

8 Ce proverbe français viendrait à l'opposé du proverbe ɔtɛtɛla.

9 Fondation Universitaire du Sankuru (F.U.S. en sigle), *Table- Ronde "Le Sankuru et les dix opportunités du développement de la R. D. Congo"*, Lodja, 2011, p. 6.

10 ROUSSEAU, J.J., *Du contrat social,* Bordas, Paris, 1969, p. 48.

11 NGUWO NDJOVU. A., *Le défi de la refondation de l'unité des Kusu-Tetela du Sankuru,* CERCA/Lakaso, 2006, p. 9.

12 Idem, *Le Sankuru, fondements d'une province au cœur de la R. D. Congo,* CERCA/Lakaso, 2011.

13 NGUWO NDJOVU, A., *Le Sankuru, fondements d'une province au cœur de la R. D. Congo,* CERCA/Lakaso, 2011, p. 9.

14 NGUWO NDJOVU. A., *Le Congrès des Ankutshu-Anamongo, visibilité politique du Sankuru,* CERCA/Lakaso, 2011, p. 7.

15 *Idem, ibidem.*

16 *Idem, ibidem.*

17 F.U.S, *Table- ronde sur le Sankuru.*

18 NGUWO NDJOVU, A., *Le Sankuru...,* p. 11.

19 F.U.S., *Table-ronde...,* p. 15.

20 NGUWO NDJOVU, A., *Le Sankuru, fondements d'une province,* p. 6.

21 *Idem, op. cit.*, p. 6.

22 VEYRET. V., *Le développement durable : Approche plurielles,* Hatier, Paris, 2005, p. 9.

23 VEYRET, J., *Op. cit.*, p. 31.

24 NGUWO NDJOVU, A., *Le Sankuru...,* p. 133.

25 NGUWO NDJOVU, A., *Le Sankuru ...,* p. 135.

26 NDAYWELL, I. et KAUMBA , L., *Vision et stratégies pour le développement durable de la République Démocratique du Congo,* CEDI, Kinshasa, 2010, p. 29.

27 VEYRET, Y., Op. cit., p. 10.

28 MENDE OMALANGA, L., *Au-delà de l'urgence humanitaire,* AGB-Kinshasa, 2011, p. 105.

29 NDAYWELL, I et KAUMBA, L., Op. cit., p. 32.

30 NGUWO NDJOVU, A., *Le défi de la refondation,* p. 27.

31 Patrice-E. LUMUMBA et Laurent-D. KABILA en sont une illustration en R. D. CONGO.

32 Principe de bonne foi dans l'application des traites et accords internationaux.

33 MENDE OMALANGA, L., *Le Congo-Kinshasa dans l'œil du cyclone,* p. 233.

34 La plupart des candidats à l'élection présidentielle de 2011 ont eu recours à ce stratègème.

35 MENDE OMALANGA, L., Op. cit., p. 226.

36 VERBEKE, A., *La révolte des batetela,* Tervuren, 1958.

37 OLONGO EKANGA, P.T. NGONGO LEETETA, *Héros souverain des Bakutshu-Tetela,* Bruxelles, 1970 et LOHAKA, OMANA, NGONGO LEETETA, *Pénétration arabe chez les Tetela du Sankuru.*

38 TURNER.T., *Cent ans de conflits politiques au Sankuru,* Université de Wisconsin, 1973.

39 LOKADI LONGANDJO, R., *Le Sankuru face au défi du développement,* CRP, Kinshasa, 2003.

40 HERVOUET, J., "Le niveau (contre) pouvoir du conseil constitutionnel", in *L'essentiel des relations internationales,* n°32 Août/Sept. 2010, p. 31.

41 AUBRAC, L. et alii, *Gouverner par le chaos. Ingénierie sociale et mondialisation,* éd. Max Milo, Paris, 2010, p. 10.

42 DE VILLERS, G., *Guerre et politique, les trente derniers mois de L.D. Kabila,* éd. Harmattan, Paris, 2001, p. 417.

43 SCHUMPETER, J., *Capitalisme, socialisme et démocratie,* éd. Payot, Paris, 1954, p. 403.

44 DE VILLERS, G., Op.cit., p. 418.

45 MEMMI, D., «Engagement politique», in Grawitz, M. et Leca, J., *traité de science politique,* tome III, éd. PUF, Paris, 1985, p. 313.

46 Ibidem.

47 KERVYN, N., LEYEN, J. Ph. et DESCHAMPS, M., *De l'identité nationaliste,* éd. Lemieux, Paris, 2015, p. 93.

48 AUNDU MATSANZA, G., *Résilience ou sursis de l'Etat. L'identité nationale au secours de la RD. Congo,* éd. Academia-Harmattan, Louvain-la-Neuve, 2018, p. 103.

49 REX, J., *Ethnicité et citoyenneté. La sociologie des sociétés multiculturelles,* éd. Harmatthan, Paris, 2005, p. 56.

50 GELLNER, E., *Nation et nationalisme,* éd. Payot, Paris, 1989, p. 197.

51 MAMBI, H., *Kleptocratie et mensonge en politique au Congo-Kinshasa. Résilience des citoyens pour sauver la république,* éd. Academia, Louvain-la-Neuve, 2020, p. 17.

52 Entretien réalisé avec Omasombo Tshonda à Kinshasa, le 05 novembre 2021.

53 INS, *Rapport de l'enquête avec questionnaire unifié à indicateur de base de bien-être,* septembre 2018, p. 36.

54 *Ibidem.*

55 INS, *Rapport de l'enquête...*, p. 203.

56 OLELA NONGA SHOTSHA, D., *Profil de pauvreté et des inégalités de la province du Sankuru,* éd. ICREDES, Kinshasa, 2019, p. 14.

57 BENARDINI, J.M., *Le Darwinisme social en France (1959-1918). Fascination et rejet d'une idéologie,* éd. CNRS, Paris, 2013, p. 8.

58 AUNDU MATSANZA, G., *L'Etat au monopole éclaté. Aux origines de la violence en RD. Congo,* éd. harmattan, Paris, 2012, p. 44.

59 Assemblée nationale, *Rapport-Synthèse des rapports des vacances parlementaires pour les périodes de décembre 2021 à mars 2022,* p. 118.

60 DARMON, M., *La socialisation,* 3ème éd. Armand colin, Paris, 2016, p. 6.

61 ROCHER, G., *Introduction à la sociologie générale,* éd. M.H.M., Paris, 1968, p. 55.

62 Exploiter Universalis sur *https://www.universalis.fr* consulté le 13/11/2023 à 08h30' 13

63 Voir la *Constitution de la République Démocratique du Congo, Kinshasa,* 18 février 2006, article 5 § 1. Même si la candidature du potentiel représentant du peuple doit être déposée par son parti politique, celle-ci doit se faire sanctionnée par le mandant, le peuple. Et ce potentiel représentant, une fois élu, a l'obligation de participer non seulement au soutien économique de son parti politique mais surtout au développement de sa circonscription électorale, à la promotion de l'intérêt commun de l'ensemble du peuple.

64 Benoît MERCIER et André DUHAMEL, *La démocratie; ses fondements, son histoire et ses pratiques*, Le Directeur général des élections, Québec, 2000, pp. 13 et 15. Parlant de la démocratie, il sied d'ajouter ici qu'Abraham Lincoln, issu d'un milieu modeste, était très tôt animé par une volonté de réussite sociale. Après des études de droit, il commença une carrière politique alors qu'il n'avait pas trente ans.

65 Lire, à ce propos, l'article de Claude J. DELBOS, *Le peuple souverain dans la démocratie et la république,* dans "Humanisme" 2014/4 (n° 305), pp. 29-34.

66 L'ouvrage du philosophe français sur le sens du pouvoir politique démocratique est assez révélateur à ce sujet. Il nous a été de grande inspiration. Alain, *Propos sur les pouvoirs : éléments d'éthique politique,* Gallimard, Paris, 1985.

67 Voir Le Robert, mot "redevabilité" et "redevable".

68 Consulter *Glossaire de l'Éducation en Situation d'Urgence* (ESU), terme "redevabilité".

69 OLSEN, B. H., "Décentalisation et gouvernance locale, Module 1: Définitions et concepts M." *Direction du Développement et de la Coopération,* Berne, 2007.

70 Nations Unies, 2013.

71 À ce sujet, nous nous sommes inspirés de notre cours de l'élaboration et de la gestion de projets en Sciences de l'Information et de la Communication à l'Université de Kinshasa, cours dispensé en 2023, ainsi que de l'étude de cas menée en 2019 au Bénin rédigée par Laurence Prinz. L'étude dont question est disponible en ligne à l'adresse URL ci-après : *https://www.civicus.org/index.php/fr/*

72 *Constitution de la République Démocratique du Congo*, article 14 §§ 2-3.

73 Idem, article 16 § 3.

74 Idem, article 36 §§ 1-2.

75 Idem, article 48.

76 Idem, article 52.

77 Nations Unies, 2013.

78 Pierre NDOUMAÏ, *Indépendance et néocolonialisme en Afrique: Bilan d'un courant dévastateur,* L'Harmattan, Paris, 2011, page 52.

79 Fabien GIRANDOLA, *Engagement (théorie de l'),* dans "Psychologie environnementale: 100 notions clés", Univers Psy, Dunod, 2022, pp. 103-105. Pour Kiesler, le principal théoricien de l'engagement, l'engagement correspond au lien qui existe entre l'individu et ses actes.

80 Jean SPREUTELS, «Compétence pénale de la Cour constitutionnelle de la RDC à l'égard du Président de la République et du Premier ministre.», *Fédéralisme Régionalisme* [En ligne], Numéro 1 - Premiers scrutins et contrôle de constitutionnalité en RDC: la mise en

œuvre d'une constitution "régionaliste", Volume 7 : 2007, URL: *https://popups.uliege.be/1374-3864/index.php?id=539.*

81 Ce constat ressort des enquêtes menées par le journal *Le Potentiel* du 15 septembre 2011.

82 Extrait du discours du Chef de l'État de la République Démocratique du Congo lors du 1er Forum sur l'énergie électrique, Matadi, le 20 août 2019.

83 *Ibidem.* Lire aussi Bilal MOUSJID, *En RDC, peut-on encore sauver le secteur de l'électricité ?,* in "Jeune Afrique", Premier site d'actualité sur l'Afrique, 27 juin 2023.

84 NYEME Tese, *Munga, Ethique en un milieu africain. Gentilisme et christianisme*, Ingrnbohl, Imprimérie du Père Théodore, 1980, pp. 268-269.

85 P. LOLEHA, *Performativité dans le discours parémiologique tetela: reconnaissance mutuelle comme contribution à la résolution du conflit «Ekonda l'eswe»*, Thèse de Doctorat, inédit, Kisangani, Faculté des lettres et sciences humaines, 2019, p. 317.

86 NKOMBE, *Métaphore et métanymie dans les symboles parémiologiques. L'intersubjectivité dans les proverbes tetela*, Kinshasa, Faculté de Théologie Catholique., 1972, p.171.

87 *Ibid.*, pp. 171-172.

88 N.C. MUJYNYA, « Ethique et Education » *in Ethique et Société*, Actes de la 3e semaine philosophique, du 3 au 4 Avril, Kinshasa, Faculté de Théologie Catholique, (1978), p. 92.

89 *Ibid,* pp. *43 et 245.*

90 *Ibid.*, p. 93.

91 *Ibid.*

92 *Ibid.*

93 N.C. MUJYNYA, *Art. cit.,* p. 93.

94 N.C. MUJYNYA, *Art. cit., p.* 94.

95 F. NKOMBE, « Langage et réalité vers une ontologie du verbe », in *Langage et Philosophie*, Actes de la 4ème semaine. Philosophique du 23 au 27 avril, Kinshasa, Faculté de Théologie Catholique, (1981), p. 106.

96 Waale wa nkɔkɔ loombakaana laahafu.

97 Njɔvu hawokumuyɔɔna.

98 Njovu hahekɔ ewangaande.

99 Lɔkɔmbɛkɔmbɛ loolola sɛndji.

100 G. OLUSANYA, *Sagesse et politique en Afrique. Manifeste pour technique démocratique*, Paris, Edition internationale, 2013, p. 221.

101 F.M. MAKUKANGA, « Philosophie de l'Art en Afrique noire » in *la philosophie africaine*, Acte de la 3ème semaine philosophique, du 3 au 4 avril Kinshasa, Faculté de Théologie Catholique, (1980), pp. 103-127.

102 HUISMANI, *L'Esthétique*, Paris, Seuil, 1971, p. 14.

103 J.B. BIDIMA, *La palabre. Une juridiction de la parole*, Paris, Michalon, 1997, p. 30.

104 *Idem.*

105 ROMBACH H., *Substanz, System, Struktur: Die Ontologie des Funktionalismus und der philosophische Hintergrund der modernen Wissenschaft* en 2 Tomes Alber Freiburg/ Muenchen 1981. Rombach fait le passage en revue de cette triade ontologique "Substance, système, structure". Nous voulons faire de même en parcourant avec lui les trois étapes.

106 H. ROMBACH, *Le monde comme une structure vivante*, traduction libre de l'ouvrage „Die Welt als lebendige Struktur" Rombach Verlag Reihe Philosophie 2003, pp. 7-9. Ce passage ne peut être appréhendé que dans un changement de paradigme. Avec Emmanuel Kant nous avons la possibilité de mieux saisir ce saut qualitatif. Dans la critique de la raison pure Kant ne s'intéresse pas à ce qu'on connaît mais plutôt au «comment» on connaît, puisque les erreurs ne viennent pas de l'objet à connaître de la méthode. La différence entre l'ontologie de la substance, l'ontologie du système et celle de la structure ne sont pas des différences historiques à interpréter diachroniquement. Elles se chevauchent et se récupèrent de temps en temps.

107 H. ROMBACH, *Le monde comme une structure vivante*, trad. de l'ouvrage „Die Welt als lebendige Struktur" Rombach Verlag Reihe Philosophie 2003, pp. 9-11.

108 L'appareil respiratoire, l'appareil digestif, la locomotion, l'odorat, l'ouïe, la vue, etc. Les sciences biologiques et anatomiques peuvent décrire ces différents systèmes en montrant comment ils fonctionnent. Les chimistes peuvent décomposer notre organisme en éléments fondamentaux comme le sel, le fer, l'azote, le carbone, hydrogène etc.... C'est depuis bien longtemps que l'on s'occupe du déchiffrage la chaîne ADN et de ses différentes combinaisons, sans parvenir pourtant à créer la vie, le système fonctionne, les progrès de la médecine en sont une preuve incontestable; mais un système ne fait pas la vie, un système n'explique pas pourquoi il y a un homme,

pourquoi cette combinaison a réussi à côté de celle d'un oiseau, d'un chimpanzé, d'un crocodile ; et cela malgré l'intelligence artificielle.

109. Epître de Saint Paul aux Galates, chapitres 4-6.

110. Rombach fait le passage en revue de cette triade ontologique "Substance, système, structure". Nous voulons faire de même en parcourant avec lui les trois étapes.

111. Janheinz JAHN, *Muntu. L'homme africain et la culture néo-africaine*, Paris Éditions du Seuil 1961, le texte original allemand était publié en 1958 par Eugen Diederichs Verlag à Duesseldorf-Koeln.

112. Katherine MANSFIELD (1888-1923), Écrivain néo-zélandais.

113. Régis DEBRAY dans une conférence prononcée dans la rencontre de Prière pour la paix, Communauté de Sant'Egidio, Aachen 2003.

114. Jean Charles COOVI GOMEZ dans une vidéo conférence enregistrée le 24 avril 2012.

115. Conférence sur l'Éducation pour tous, Jomtien, 1990, citée par Conférence des ministres de l'éducation des pays ayant le français en partage, *L'éducation de base: vers une nouvelle école. Document de réflexion et d'orientation,* CONFEMEN, Dakar, 1995, p. 19.

116. Définition tirée de l'Institut de statistique de l'UNESCO.

117. JONNAERT Philippe, Consultant Orford Canada et Ministère de l'Enseignement Primaire, Secondaire et Professionnel de la République Démocratique du Congo, *L'éducation de base en République Démocratique du Congo,* DIPROMAD/PEQPESU/EPSP, Kinshasa, 29 juillet 2018, p. 6. Ce document est accessible en ligne: http://www.moodle.uqam.ca dans la section rapports.

118. Cf. Vatican II, Constitution pastorale sur l'Église dans le monde de ce temps *Gaudium et spes,* Rome, 1965, n. 4 § 1.

119. Cf. Vatican II, Constitution pastorale sur l'Église dans le monde de ce temps *Gaudium et spes,* Rome, 1965, n. 40 § 2.

120. Manfred MAX-NEEF, Antonio ELIZALDE et Martin HOPENHAYN, *Human Scale Development; conception, application and further reflections (Le développement à l'échelle humaine: conception, application et réflexions complémentaires)*, New York & London, The Apex Press, 1991, 114 p. Les besoins humains fondamentaux décrits par Max-Neef constituent la base de la création du développement à l'écelle humaine.

121. Conférence Épiscopale Nationale du Congo (CENCO en sigle), Déclaration *Avance en eau profonde*, 05 décembre 2006, nn. 2. 22-23.

122. JEAN-PAUL II, *Pastores gregis*, n. 5.

123. Jean-Paul II, Lettre apostolique *Novo millenio ineunte*, du 06 janvier 2001, Cité du Vatican, Libreria Editrice Vaticana, 2001, n. 8.

124. BENOÎT XVI, Lettre encyclique *Deus caritas est*, du 25 décembre 2005, Cité du Vatican, Libreria Editrice Vaticana, 2006, n. 22.

125. 1 Macc. 1,54.

126. JEAN-PAUL II, *Salvifici doloris*, 11 février 1984, Libreria Editrice Vaticana, Cité du Vatican.

127. Concile Œcuménique Vatican II, Déclaration *Gravissimum educationis*, du 28 octobre 1965, n. 1.

128. BENOÎT XVI, *Discours aux Journées Mondiales de la Jeunesse de Cologne*, du 18 août 2005.

129. JEAN-PAUL II, *Novo millennio ineunte*, n. 9.

130. Cf. Concile Œcuménique Vatican II, Déclaration *Gravissimum educationis*, n. 5.

131. Cf. JEAN-PAUL II, *Ecclesia in Africa*, n. 70.

132. Cf. Mt 11, 4-6; Lc 4,18-19.

133. Synode des Evêques, Lineamenta *L'Église au service de la réconciliation, de la justice et de la paix. "Vous êtes le sel de la terre...Vous êtes la lumière du monde" (Mt 5,13.14)*, Kinshasa, Secrétariat Général du Synode des Evêques, 2006, p. 4.

134. Cf. N. DJOMO, *Ut unum sint*, n. 23.

135. Cf. N. DJOMO, *Ut unum sint*, n. 21.

136. Thierry LIBAERT, "Communication et développement durable: des relations ambiguës" dans *Communications et langages,* n° 150, 2006, pp. 127-133.

137. Thierry LIBAERT, André-Jean GUÉRIN, *Le développement durable,* Dunod, Paris (Malakoff), 2008.

138. Dominique WOLTON, *Il faut sauver la communication,* Flammarion, 2005, p. 66.

139. Lire davantage Thierry LIBAERT, "Communication et développement durable: des rel ations ambiguës" in *Communication et langages,* n° 150, 2006, pp. 127-133, p. 132.

140. Bernard LAMIZET, Ahmed SILEM, *Dictionnaire encyclopédique des sciences de l'information et de la communication,* ellipses, 1997. Concept "communication".

141. Guy BESSETTE, *Communication et participation communautaire: Guide pratique de communication participative pour le développement,* Broché, 20 décembre 2004.

142. Pour aller plus loin, lire EVANGELIA, *Définir le développement: types, facteurs et objectifs,* 5 janvier 2022.

143 Cfr Nations Unies, *L'amélioration de la qualité de vie des individus identifiée comme le principe devant guider l'intégration des politiques économiques et sociales,* réunion du 13 février 2002. Nous avons exploité également les travaux de la Société d'inclusion économique et sociale du canda qui a été créé afin d'élaborer, superviser, coordonner et instaurer des initiatives pour réduire la pauvreté et aider des milliers de Néo Brunswickois à devenir plus autonomes. Lire aussi l'article de EVANGELIA, *Définir le développement: types, facteurs et objectifs,* 5 janvier 2022.

144. Consulter TOUPICTIONNAIRE, *Le dictionnaire de politique, expression "développement économique".*

145. L'expression *développement durable* apparaît au début des années 1970 et 1980 dans des écrits scientifiques. L'un des premiers textes référencés faisant son usage dans le sens actuel est le Rapport du Club de Rome "Halte à la croissance", mais on en trouve des occurrences dans d'autres textes de la même époque dans des disciplines diverses. Ce rapport publié en 1972 et écrit par deux scientifiques du MIT tentait de questionner notre modèle de développement économique basé sur la croissance économique infinie dans un monde aux ressources finies. Il montrait alors les limites écologiques de notre modèle.

146. Définition tirée de la Commission Mondiale pour l'Environnement et le Développement de l'ONU (WCED), dite "Commission Brundtland", 1987. En 1992, à Rio de Janeiro, Gro Harlem BRUNDTLAND dans la *Conférence des Nations-Unies sur l'environnement et le développement,* en avait aussi parlé.

147. Slogan de Christina BALIT (1988) in *Communication for Developpement and Social Change* (Communication pour le développement et le changement social), popularisé par la FAO et exprimé par Thierry Libaert en ces termes : "Il n'y a pas de communication d'entreprise sans plan de communication". Balit (1988) note que les projets les plus réussis de la FAO comportant une composante communication pour le développement ont duré de sept à dix ans. Lire aussi Thierry LIBAERT, "Introduction" dans *Le plan de communication. Définir et organiser votre stratégie de communication,* Dunod, Malakoff, 2017, pp. 1-4.

148. Jean-Marie BARBIER, *Activité, interactivité, action, interaction,* 14 avril 2021.

149. Dans cette perspective, révélateur est le titre de l'ouvrage de Dominique Wolton. Le lecteur peut d'abord le découvrir avant d'en exploiter le contenu. C'est un ouvrage qui nous a profondément soutenu et largement inspiré. Dominique WOLTON, *Il faut sauver la communication,* Flammarion, Paris, 2005.

150. Nous y reviendrons plus tard.

151. Pour de plus amples informations, lire "La sécurité en tant que facteur de développement" dans *Revue de l'OCDE pour le développement,* éditions de l'OCDE, 2001/3 (n° 2), pp. 137-152.

152. Voir *Prévenir les conflits : quels moyens d'action ?,* ouvrage où sont regroupés les lignes directrices de 1997 sur *Les conflits, la paix et la coopération pour le développement à l'aube du XXI*e *siècle* et le complément qui leur a été apporté en 2001.

153. Estimations de l'UNICEF fournies par l'Annuaire statistique de la République Démocratique du Congo de 2017 consultables à l'adresse URL ci-après : *https://www.unicef.org/drcongo/media/7316/file/_COD-profil-enfants-sankuru.pdf.*

154. Données produites par le site web de la province du Sankuru au temps de Professeur Berthold ULUNGU EKUNDA LUKATA, alors Gouverneur de Province, exploitables sur *http://www.sankuru.gouv.cd/index.php.*

155. Nathalie SONNAC, "Les médias : une industrie à part entière et entièrement à part", in *Questions de communication*, n° 9, 2006, pp. 455-473.

156. Lire l'article : Nathalie SONNAC, *L'écosystème des médias. Les enjeux socioéconomiques d'une interaction entre deux marchés,* 2013.

157. Cf. "Définitions : média, médias" sur *Larousse.fr*, consulté le 13 janvier 2019.

158. Tel est l'un des contenus véhiculés par la *Radio Osase*, une radio communautaire catholique au diocèse de Tshumbe.

159. Lire Philippe BOULANGER, "Chapitre 5 : Médias et pays en développement", in *Géopolitique des médias : acteurs, rivalités et conflits,* pp. 119-152, Armand Colin, Paris, 2014.

160. Voir plus haut la note 9. La *Radio-Télévision des Mille Collines* (RTLM en sigle) est un média privé du Rwanda. Elle fut créée en 1993 pour conncurrencer la Radio Rwanda, radio nationale et fut mise

en ondes le 08 juillet 1993. Un peu plus d'une année après, cette radio fut fermée, soit le 31 juillet 1994. RTLM était un média incitatif à la haine. Elle avait permis aux extrémistes Hutu, peuple rwandais, de propager leurs appels à la haine contre une autre portion du peuple rwandais, les Tutsi.

161. Cf. L'organisation des journalistes d'Afrique australe MISA (Media Institute of Southern Africa), l'AMARC (Association mondiale des radiodiffuseurs communautaires), Article 19 : Campagne globale pour la liberté d'expression, APC (Association for Progressive Communications) et SACOD (Southern African Communications for Development).

162. Dominique WOLTON, *Penser la communication,* Flammarion, Paris, 03/03/2008, sert de boussole à ce paragraphe.

163. Dominique WOLTON, *Sauver la communication,* Flammarion, Paris, 19/11/2008.

164. REYBAUD, *J. Paturot,* 1842, p. 303.

165. Le Dictionnaire, définition "radio".

166. Pierre-Gilles de Gennes, *Encyclopædia Universalis,* définition de radio.

167. Une exhortation d'inspiration franciscaine.

168. Eric CHINJE, cité par Zipporah MUSAU, *Nouvelle ère pour les médias,* AfriqueRenouveau : Août-Novembre 2016, de "La section Afrique du Département de l'information de l'ONU". C'est nous qui mettons en évidence dans le texte les extraits en gras.

169. Birgitte JALLOV, *Les médias communautaires en Afrique subsaharienne - partie 2,* éditeur Friedrich-Ebert-Stiftung, Septembre, 2022, p. 5. Quant à l'Association mondiale des radiodiffuseurs communautaires, «une radio communautaire est une radio détenue et gérée par la communauté; Les programmes sont produits par la communauté et traitent de questions qui se posent au sein de la communauté et qui la concernent. Pour de plus amples informations, visiter leur site web à l'adresse électronique suivante: *http://www.amarc.org/documents/manuals/What_is_CR_english.pdf*

170. Pierre MASSE, *Le plan de l'anti-hasard,* Paris, Gallimard, 1965, p. 54.

171. OKOLO OKONDA, *Pour une axiomatique du développement,* Paris, Gallimard, 1982, p. 35.

172. VAN PARYS, J.M., *Foi chrétienne et développement. Actes de la XVIIè semaine philosophique de Kinshasa* (du 05 au 11 Avril 1992).

173. J. LADRIERE, *Discours de clôture, in justification de l'éthique, XXe congrès de l'association des sociétés de philosophie de langue française,* p. 15.

174. NDAYWELL, I. et KAFUMBA, L., *Vision et stratégie pour le développement durable de la R. D. Congo,* CEDI, Kinshasa, 2011, p. 41.

175. NGUWO NDJOVU, A., *Le Sankuru...,* Op. cit., p. 43.

176. NDAYWELL, I. et KAUMBA, *op. cit.*, p. 44.

177. *Ibidem.*

178. NDAYWELL. I. et KAUMBA. L., *op. cit.*, p. 46.

179. *Cf au point* 5.2.3.2.

180. NDAYWELL. I. et KAUMBA. L., *op. cit.*, p. 46.

181 *Idem*, op. cit., p. 47.

182. *Ibidem.*

183. *Conférence Nationale Souveraine* (CNS), Actes n° 92, Art. 26.

184. *Constitution de la République Démocratique du Congo*, Acticles 195 et 197.

185. NGUWO NDJOVU, A., *Défi de la refondation de l'Unité des Kusu-Tetela du Sankuru-Lomami,* CERCA / Lakaso, 2006, p. 5.

186. *Revue annuelle du district sanitaire du Sankuru, population projection 2009.*

187. Division provinciale des mines et géologie, Lodja, 2010.

188. Office des routes, station de Lodja, 2010.

189. Cf. *Constitution de la République du Congo* (Kinshasa, 18 février 2006), Art. 2. Le district du Sankuru apparut pour la première fois sur la carte administrative en 1912 et subsistera, sauf pendant la brève période de 1932 à 1933. Il a donc une histoire séculaire et une existence presque continue en tant qu'entité administrative distincte. Bien que ses frontières aient changé, les six territoires du Sankuru constituent le cœur du district, depuis 1912. Cf. CAMERON, cité par T. TURNER, *L'ethnie tetela et le MNC/ LUMUMBA*, Études congolaises, 1960, p. 199. Lire, pour plus d'informations sur la progressive érection de la Province du Sankuru et son émergence politico-administrative, A. NGUWO Ndjovu, *Le Sankuru. Fondements d'une Province. De l'émergence politico-administrative à la chimère du conflit Ekonda-Eswe*, Kinshasa, Cards/ Lakaso, 2023,

pp. 5-23; MANYA K'Omalowete, *Évolution du pouvoir local au Sankuru*, Berne, Peter Lang, 1996.

190. R. ONGENDANGENDA Muya, « Droits de l'homme et limite du pouvoir politique. Comprendre l'État de droit », dans *Congo-Afrique*, n°568, (octobre 2022), p. 982.

191. *Ibidem.*

192. *Ibidem.*

193 Cf. N. MACHIAVEL, *Le Prince* (Texte intégral), Paris, De Borée, «Poche classique», 2012.

194. Une exception ou une nuance: un projet gouvernemental des mini-réseaux de distribution d'eau dont le lobbying a été mené depuis 2019 par un fils du Sankuru (avec l'appui du Président de la république) au Ministère du Développement Rural, vient de voir le jour dans les grandes agglomérations du Sankuru (Bena-Dibele, Kole, Lomela, Lodja, Katako-Kombe, Tshumbe, Lumumba-ville et Lusambo). Cf. PRISE : *Projet de Renforcement des Infrastructures Socio-Économiques*.

195. On lira avantageusement, F. ONOKOKO Okitongombe, *L'éducation des enfants et des jeunes du Sankuru à l'épreuve des inégalités de la République Démocratique Congo*, (Thèse de doctorat), Université de Nice, 2022, pp. 149-227.

196. *Ibidem*, pp. 229-285.

197. En application de la Constitution de la République Démocratique du Congo, (Kinshasa, 18 février 2006) en son article 43.

198. Cf. R. ARON, *Paix et guerre entre nations*, Paris, Calmann Lévy, 1962.

199. P. HASSNER, *La violence et la paix. De la bombe atomique au nettoyage ethnique*, Paris, Esprit, 1995, p. 24.

200. R. ONGENDANGENDA Muya, «Conscience politique d'appartenance nationale et exigence de la pluralité des hommes», dans *Cahiers des Religions Africaines* (Conscience nationale, identités et appartenances dans l'Afrique postcoloniale), Nouvelle série, vol. 4, n°7-8 (avril-décembre 2023), pp. 212-213. On lira aussi avec bonheur, L. Dubreuil, *La dictature des identités*, Paris, Gallimard, 2019, particulièrement, pp. 7-65.

201. Au moment où nous rédigeons cet article, dans la cité de Djalo, le même phénomène d'incendie de maisons vient de se produire, dans la nuit du 08 au 09/05/2024, une vingtaine de maisons ont été incendiées à la suite de l'instrumentalisation politicienne des uns et des autres. Et,

depuis, des familles entières passent la nuit à la belle étoile, privées de tout et à la merci des intempéries !

202. Ce, d'autant plus que la Province du Sankuru regorge de richesses naturelles qui peuvent la transformer en un espace moderne où la vie peut être plus humaine. D'après le site du Gouvernement provincial du Sankuru, notre Province regorgerait de minerais non encore exploités, selon l'ordre ci-après: Katako-Kombe (Or, Pétrole, Diamant) ; Lubefu (Diamant, cuivre) ; Lusambu (Diamant, Coltan, Mercure, Cuivre) ; Kole (Pétrole, Diamant, Mercure, Quartz) ; Lodja (Coltan, Mercure, Diamant), Cf.*sankuru.Gouv.cd*

203. ARISTOTE, *Politique*, I, 2, 9. Cf. R. ONGENDANGENDA Muya, «Conscience politique d'appartenance nationale et exigence de la pluralité des hommes», p. 193.

204. R.ONGENDANGENDA Muya, «Conscience politique d'appartenance nationale et exigence de la pluralité des hommes», p. 192.

205. Cette expression (l'Homme unidimensionnel) fit sa fortune philosophique et contribua à sa renommée internationale, dans les années soixante. C'est aussi et surtout le titre d'un ouvrage, paru en français aux éditions de Minuit en 1965.

206. Sur la politique comme lieu de la pluralité des hommes, on voudra bien lire avec intérêt, R. Ongendangenda Muya, «Conscience politique...», *o.c.*, pp. 193-194.

207. C. SAVES, *Tristes topiques du politique*, Paris, Ellipses, 1997, p. 60. Bien entendu, le chemin de la politique est plus ardu, moins immédiatement gratifiant et plus incertain que celui de la gouvernance. Il est même, dans ce contexte, tout à fait révolutionnaire, au sens où la révolution consiste à rendre révolues des institutions de pouvoir préjudiciables à la chose commune, ce qui nuit à la chose commune. Cf. A. DENEAULT, *La Médiocratie*, Québec, Lux Éditeur, 2015, p. 143. Pour plus de détails, lire le Chapitre: «La révolution: rendre révolu ce qui nuit à la chose commune», pp. 191-201.

208. M-A. DILHAC, *La tolérance, un risque pour la démocratie. Théorie d'un impératif politique*, Paris, Vrin, 2014, p. 8.

209. Cf. M. HUNYADI, «À l'aube du monde commun: la tolérance mise en latence de conflits continués», dans *Revue de métaphysique et de morale* 58 (2), 2008, pp. 191-205.

210. Pensons évidemment à Carl Schmitt et, entre autres, aux travaux de CHANTAL MOUFFE et ERNESTO LACLAU-C.SCHMITT, *La notion de politique* (1932), Paris, Calmann-Lévy, 1972 ; E. LACLAU, C. MOUFFE, *Hégémonie et stratégie socialiste : vers une politique*

démocratique radicale (1985), Besançon, Les solitaires intempestifs, 2008.

211. Cf. J-J ROUSSEAU, *Du contrat social* Précédé de *La démocratie selon Rousseau* par J.-P. Simon, Paris, Seuil, 1977.

212. Cf. P. ROSANVALLON, *La société des égaux*, Paris, Seuil, coll. «Les livres du nouveau monde», 2011.

213. Cf. E.J. SEYES, *Qu'est-ce que le Tiers-État*? Paris, Boucher, 2002.

214. Cf. J. RANCIERE, *La mésentente. Politique et philosophie*, Paris, Galilée, 1995; Id. *Aux bords du politique*, Paris, La Fabrique, 1998.

215. Cf. J. STUART MILL, *Considérations sur le gouvernement représentatif* (1861), Paris, Gallimard, 2009.

216. Cf. J. RAWLS, *Libéralisme politique* (1993), Paris, PUF, 1995.

217. J. RAWLS, *Libéralisme politique* (1993), Paris, PUF, 1995, p. 27.

218. On peut dire, pour reprendre Stephen Macedo, que la politique démocratique est une «politique de la justification»; Cf. S. MACEDO, «The politics of Justification», dans *Political theory* 18(2), 1990, pp. 280-304.

219. Cf. J. RAWLS, *Théorie de la justice* (1971), Paris, Seuil, 1987.

220. C. SAVES, *Tristes topiques du politique*, Paris, Ellipses, 1997, p. 164.

221. Cf. M. WEBER, *Le savant et le politique*, Paris, Union Générale d'Éditions, Collection 10/18, 1982.

222. *Les Maximes et traits* d'Alphonse de Chateaubriand ont été opportunément réédités (Paris, Éditions de Fallois, 1994). Nombre de politiques gagneraient à les lire...et à les méditer.

223. Cf. A. DENEAULT, *La Médiocratie*, Québec, Lux Éditeur, 2015, p. 143. Pour plus de détails, On pourra savourer le Chapitre: «La révolution: rendre révolu ce qui nuit à la chose commune», pp. 191-201.

224. Cf. A. GLUCKSMANN, *La force du vertige,* Paris, Grasset, 1983.

225. Cf. R. ONGENDANGENDA Muya, « Conscience politique d'appartenance et exigence de la pluralité des hommes », pp. 194-196.

226. Cf. C. SAVES, *o.c.*, p. 167.

227. Cf. M. ULLMANN, *L'État c'est nous*, Paris, Calmann-Lévy, 1994.

228. Cf. K. KRAUS, *Les derniers jours de l'humanité* (pièce de théâtre, rédigée entre 1915 et 1917). Dramaturge, poète, journaliste pamphlétaire et polémiste autrichien (1874-1936) qui a regardé

l'Europe s'entretuer depuis Vienne, capitale de l'Empire austro-hongrois qui allait être balayé en 1918. Témoin furieux des errements politiques et journalistiques de la société viennoise après la première guerre mondiale, il écrit ce qu'il définit comme «une tragédie qui se décompose en autant de tableaux de l'humanité en décomposition ».

229. Malcolm GUTHRIE, *African Language Studies,* AbeBooks France, 1961.

230. Circulaire Kongo Overizee – *Essor du Congo*, Elisabethville, 22.04.1953.

231. Ferdinand SAUSSURE, *Cours de linguistique générale*, Payot Lausanne, 1916, 337 p.

232. LEDEGEN G., *Le bon français – Les étudiants et la norme linguistique*, L'Harmattan, 2000, 223 p.

233. Reeve T.E. In Wembonyama's land, San Fransisco, 1920.

234. VAN DEN BON P., DECKERS J., HANDENKIJN H., (*traduction des prières ciluba en ʃt ɭt ɭla*)

235. ADAIR P., "Technologie appropriée et besoins essentiels. Tiers Monde", Time 25, n°100, *Le développement en question*, 1984, pp. 779-786.

236. Revue *La pensée et les hommes* – EAN, Avenue Victoria5 – 1000 – Bruxelles, 27/08/2005

237. Cette carte présente la physionomie adminitrative de la Province du Sankuru. Nous l'avons consultée et tirée de *https://gifex.com/fr/fichier/carte-de-la-province-du-sankuru/*

238. Carte satellitaire de la Province du Sankuru actualisée par *https://www.facebook.com/groups/sankurutimes/*

Table des matières

Structures éditoriales du groupe L'Harmattan

L'Harmattan Italie
Via degli Artisti, 15
10124 Torino
harmattan.italia@gmail.com

L'Harmattan Hongrie
Kossuth l. u. 14-16.
1053 Budapest
harmattan@harmattan.hu

L'Harmattan Sénégal
10 VDN SICAP AMITIE 3
BP 45034 Dakar-Fann
direction@senharmattan.com

L'Harmattan Cameroun
Tsinga/Derrière polyclinique FECAFOOT
BP 11486 Yaoundé
Jacques.koukam@harmattan.fr

L'Harmattan Burkina Faso
Villa 281, secteur 23 623, rue 14.32
Ouagadougou
zagbie@outlook.fr

L'Harmattan Guinée
Almamya, rue KA 028 OKB Agency
BP 3470 Conakry
harmattanguinee@yahoo.fr

L'Harmattan RDC
185, avenue Nyangwe
Commune de Lingwala – Kinshasa
matangilamusadila@yahoo.fr

L'Harmattan Congo
219, avenue Nelson Mandela
BP 2874 Brazzaville
deunovmikhael@gmail.com

L'Harmattan Mali
Immeuble Mgr Jean Marie Cissé
Aci Hamadallaye
BP 145 Bamako
syllaka@yahoo.fr

L'Harmattan Togo
Djidjole – Maison Amela
face EPP BATOME
02 BP 20680 Lomé
didieramela11@gmail.com

L'Harmattan Côte d'Ivoire
Résidence Karl – Cité des Arts
Abidjan-Cocody
03 BP 1588 Abidjan
harmattan.ivoire@gmail.com

L'Harmattan Bénin
Rue 604, (Immeuble à l'entrée
de la rue UCAO- Cite de Saint-Jean)
Cotonou
stepcorpus@gmail.com

Nos librairies en France

Librairie internationale
16, rue des Écoles
75005 Paris
librairie.internationale@harmattan.fr
01 40 46 79 11
www.librairieharmattan.com

Librairie des savoirs
21, rue des Écoles
75005 Paris
librairie.sh@harmattan.fr
01 46 34 13 71
www.librairieharmattansh.com

www.ingramcontent.com/pod-product-compliance
Lightning Source LLC
LaVergne TN
LVHW011313061026
849535LV00005B/1537
* 9 7 8 2 3 3 6 5 2 7 5 2 9 *